生涯弁護人

事件ファイル ❷

弘中惇一郎

講談社

安部 英
カルロス・ゴーン
野村沙知代
……

Bookdesign
albireo

生涯弁護人

事件ファイル❷

安部 英　カルロス・ゴーン　野村沙知代……

●本書の註で説明している法律は、特に断りのない限り、二〇二一年一〇月時点での条文を記載している。
●本文一部敬称略。

はじめに

二〇一九（令和元）年も押し詰まった一二月三〇日、カルロス・ゴーン前日産自動車会長（当時）の〝国外逃亡事件〟が起こった。想像もしていなかった騒ぎのなかで、「令和」最初の年は暮れていった。

翌二〇二〇年の正月には、ゴーン氏が〝逃亡先〟のレバノンで開いた記者会見で、「日本では公正な裁判が受けられない」などと発言し、世間はまたしても騒然となった。

ゴーン氏は、二〇一八年から一九年にかけて、日産自動車（以下、日産）の役員報酬についての有価証券報告書虚偽記載容疑と特別背任容疑で、計四回、逮捕・起訴されていた。私がこの事件を受任したのは、二〇一九（平成三一）年の二月半ば、三度目の逮捕・起訴のあとであった。

日本では、ゴーン氏が日産から受け取っていた高額の報酬やリッチな生活ぶりがしきりに報じられてバッシングの的となり、その後は国外逃亡劇ばかりが注目された感がある。

しかし、「カルロス・ゴーン事件」の本質は、彼がレバノンでの記者会見で述べた、「日本では公正な裁判が受けられない」という点であることを、忘れてはならない。

この事件は、「人質《ひとじち》司法」と言われる日本の刑事裁判の在り方が、世界中から批判される問題となった。それだけではない。ゴーン氏を逮捕・起訴した東京地検特捜部のやり方は、司法取引制度を悪用しての日産幹部の抱き込み、ゴーン氏を「悪人」に仕立て上げるためのメディアへの情報リーク、証拠開示の妨害と露骨な裁判の引き延ばし、長期にわたりゴーン氏に妻との接触を禁じる非人道的扱いなど、海外ではそれ自体が違法とされるような問題のオンパレードであった。「カルロス・ゴーン事件」は、日本の刑事裁判の在り方を考えるうえで、きわめて重要な事件なのである。

検察は、メディアを通じて、「日産を食い物にして私腹を肥やした大悪人」というゴーン氏のイメージを世間に流布した。日本国民の大半はそのような印象を持っていたと思うが、弁護活動のなかで触れたゴーン氏は率直な人柄で、昼食にラーメンを取り寄せて食べる庶民的なところもあった。そもそも、「日産を食い物にして私腹を肥やした」とされるこの事件は、日産と検察が二人三脚で作り上げたものであり、被害性も事件性も皆無で、我々弁護団は、ゴーン氏の「完全無罪」を確信していたのである。

これについては、本書第五章で詳しく述べている。読者諸氏は、「カルロス・ゴーン事件」が自分の思っていた事件とはまったく異なるものだったことに驚くであろう。

「時代の風」を受けて走り続けた半世紀

私が弁護士登録をしたのは一九七〇（昭和四五）年四月、二四歳の時であった。

この半世紀の間に、「時代の風」を味わった事件がたくさんあった。振り返ってみれば、自分なりに、その時代の風に吹かれながら、走り続けてきたという実感がある。

一九七〇年代の初めは、ベトナム戦争に対する抗議活動、学園闘争が、全国に燃え広がった時期だった。弁護士バッジをつけたばかりの私は、米国人青年がベトナム戦争への抗議活動を理由に国外退去を命じられた「マクリーン事件」に加えて、「東大裁判」（東大安田講堂などへの立て籠もり事件）や赤軍派による「大菩薩峠《だいぼさつとうげ》事件」などの刑事公安事件を担当した。七〇年代は、薬害や医療事故が社会問題となった時期でもあった。私はこれらの事件も手掛け、医療過誤問題は弁護士活動の大きなテーマの一つとなった。

一九八〇～九〇年代には、三浦和義《みうらかずよし》氏の「ロス疑惑事件」や安部英《あべたけし》医師の「薬害エイズ事件」のような、マスコミ主導型の事件が起こった。安部氏の事件の公判では、検察側が「シナリオ尋問」をしていたことを暴《あば》いた。シナリオ尋問とは、検察側があらかじめ作っておいた証人尋問の台本を証人に丸暗記させて、自分たちに都合のいいように証言させることである。つまり、「白」を「黒」と主張するための手段の一つだ。当然ながら、この証言は信用性がないとして裁判所に排斥され、安部氏は一審で無罪判決を勝ち取った。

被告人が検察とマスコミによって「悪人」に仕立てられるという構図は、「カルロス・ゴーン事件」にも共通する問題だ。三浦氏も、安部医師も、ゴーン氏も、私から見れば「悪人」ではなく、冤罪《えんざい》の被害者だった。係争中なので本書では取り上げなかったが、二〇一九年末に起きた「ＩＲ（カジノを含む統合型リゾート）汚職事件」もそうである。

二〇〇〇年代には、検察の権力濫用的な捜査により、政治家の小澤一郎《おざわいちろう》氏や鈴木宗男《すずきむねお》氏を失脚させようとする刑事事件が起こった。これらの事件は、国策捜査（検察庁、ことに特捜部が、ある政治的意図に基づいておこなう捜査）が生んだ冤罪の典型である。さらに、特捜部の強引な捜査を示すものとして、厚生官僚だった村木厚子《むらきあつこ》氏が無実の罪で逮捕・起訴される事件が起こり、検察による証拠改竄《かいざん》という前代未聞の不祥事が明るみに出た。

このように、世間から「悪人」と烙印を押された人たちの弁護を、私はたびたび手掛けてきた。千人のうち九百九十九人が「悪人だ」と決めつけている人の弁護をすることは、一般には理解されにくく、時には世論からバッシングを受けたこともある。

しかし、文献の渉猟《しょうりょう》、関係者への聞き込み、事件現場に何度も足を運んでの実況見分、事件の再現実験などにより、証拠や証言を積み上げ、検討していくと、隠されていた真実が、何かしら見えてくる。どのような事件であれ、こうした地道な作業をいとわずに続けていけば、弁護活動の構図を、より明確に描けるようになると思っている。

日本の刑事司法の問題点

日本の刑事手続には、先進国の司法とはとても言えないような問題点が多々存在する。

たとえば、被疑者（いわゆる容疑者）や被告人の取り調べに弁護士は立ち会えない。取り調べでは、警察官や検察官の高圧的な言動や誘導により、被疑者・被告人にとって不利な調書を一方的に取られることが多い。

また、取り調べで否認したり、黙秘したりすると、「罪証（証拠）隠滅のおそれがある」という理由が濫用されて、被告人はなかなか保釈されず、長期間勾留される。これが、先に述べた「人質司法」と言われるものである。

さらに、被告人、弁護人は、検察官の手持ち証拠の一部しか見ることができない。検察は、すべての証拠を持っているにもかかわらず、有罪を立証するための証拠しか開示せず、被告人にとって有利な証拠はできるだけ出さないでおこうとするのである。そのため、弁護側は、検察がいったいどのような証拠を持っているのかわからないままに裁判を闘っていくしかない。

こうした司法の「壁」については本書の各章で詳しく述べるが、日本の刑事裁判や捜査の現状は、被疑者・被告人にとってきわめてアンフェアである。

これは、昔から存在する問題だ。どうして警察・検察がアンフェアなことをやり続けられるのだろうかと考えると、「そうしてほしい」という国民の願望と合致しているからなのだろうという気がする。

日本の市民は、何か犯罪が起こると、「早くその犯人をつかまえて、処罰して、どこかに隔離してほしい」という気持ちが、かなり強いような気がする。まれに「脱走」などということが起こると大騒ぎになる。これは、日本が島国で、民族の移動がないとか、国の成り立ちがかなり単純であるといった歴史的背景とも関係するのかもしれない。

このような異分子排除の願望は、「どんな方法でもいいから悪者は処罰して隔離しろ。多少手続が荒っぽくてもいいではないか」という思考に繋《つな》がりやすい。だから警察・検察には、日本国憲法や他国の基準と乖離《かいり》したアンフェアなことをしていても、「自分たちは国民の求めに応えて日本国の治安を守っている。それの何が悪いのだ」との意識があるのだと思う。

しかし、被疑者・被告人にとってアンフェアな司法制度からは冤罪が生まれやすい。

「十人の真犯人を逃《のが》すとも、一人の無辜《むこ》（罪のない人）を罰するなかれ」という法格言がある。刑事手続において、最も重視されなければならない言葉である。警察・検察に圧倒的な力を持たせて、弁護の力を可能な限り削《そ》ぐという現在の日本のやり方は、この法格言とは真逆の、「十の冤罪を出すとも、一人の真犯人を逃すなかれ」という発想に基づくものだと言わざるを得ない。

ある日突然、まったく身に覚えのない罪を着せられ、人生をめちゃくちゃにされるという事態が、私たちの身に起こらない保証はないのである。

本書の構成

本書は、弁護士人生半世紀の一つの区切りとして、私がこれまで取り組んできた二〇〇〇近い事件のなかから、特に印象深いものを取り上げたものである。どのように裁判戦略を組み立てて闘ったか、その具体的な戦略・戦術について、可能な限り記したつもりである。事件を担当した検察官や裁判官についても、実名で記すようにした。

この「事件ファイル②」では、以下の事件について述べている。

第一章は、「安部英医師薬害エイズ事件」である。一九九〇年代、世界中で薬害エイズ問題が起こったが、一臨床医の刑事責任を問題にして、糾弾したのは日本だけだった。

血友病治療の第一人者である安部氏は、「実の父親以上に親しみがある」と患者たちから慕われていたが、検察とメディアによって「薬害エイズを引き起こした極悪人」に仕立てられ、日本中から大バッシングを受けた。安部医師への無罪判決を勝ち取れたことには、日本の医療を曲げないために大きな意味があったと思っている。それだけに、彼の死後、無罪を勝ち取ったことすら忘れられ、「極悪人」のイメージが今なお残存していることが、残念でならない。

第二章では、「下館《しもだて》タイ女性殺人事件」と、二件の「小学生交通事故死事件」を取り上げた。下館の事件の被告人は、三人のタイ人女性で、いずれも日本へ人身売買され、売春を強要されていた。地獄のような境遇から脱出するために、やむにやまれず監視役の同胞女性を殺害してしまった彼女たちは、女性の人権を蹂躙《じゅうりん》する組織犯罪の被害者だった。

一方、「小学生交通事故死事件」は、交通事故が激化した一九七〇年代に受任した訴訟であり、悲惨な事故で子供を失った親御さんとの二人三脚で闘った。弱者の救済は、弁護士に課された大きなテーマである。

第三章では、タレントの野村沙知代《のむらさちよ》氏や歌手の中森明菜《なかもりあきな》氏ら、芸能人をめぐる人権侵害事件（名誉毀損・プライバシー侵害など）と、雇用契約をめぐるプロダクションとの紛争事件（非正規社員やフリーランスにも共通する問題）を取り上げる一方で、表現の自由を護るために、メディア側に立って弁護活動をおこなった三つの事件も取り上げた。

第四章で取り上げたのは、警察官による暴行事件二件と、痴漢冤罪事件二件だ。前者のうち、「八千代台《やちよだい》交番事件」は、酒に酔ってタクシー運転手とトラブルになった会社員が、交番で警察官から暴行を受け死亡した事件である。痴漢冤罪は、二〇〇〇年代に「痴漢は犯罪」とようやく言われだしたものの、その行き過ぎもあって提起された問題だ。いずれも、誰もが当事者となり得る事件である。

第五章は、「カルロス・ゴーン事件」だ。私がこの事件を受任したのは、弁護士五〇年目というかなりくたびれた時期であったが、ゴーン氏の保釈獲得やメディア対応に奔走した。ゴーン氏の〝国外逃亡〟後、私の事務所が東京地検特捜部によるきわめて違法な家宅捜索を受けたことについても、詳しく記している。

頭と足で組み立てる裁判戦略

どのような事件においても、私が弁護活動をするうえで実践してきたポリシーを挙げるとすれば、一つは、「依頼人の話をよく聴き、何を望んでいるのかを探ること」である。

依頼人のちょっとした話が、思わぬところで解決の糸口に繋がったりすることもある。何より、依頼人にとって弁護人は、法律の専門家としてすべてを委ねる存在だ。その訴えや思いをきちんと受け止めることは、一緒に裁判を闘っていくための第一歩となる。

刑事弁護の場合、依頼人は被告人ということになる。本書には、世間から「悪人」として糾弾された刑事被告人が何人も登場するが、私は彼らを「悪人」だと思ったことはない。

たとえマスコミがどのように報じ、世間がどう噂しようと、弁護士は事件に対して予断や偏見を持つべきではないし、依頼人に対して先入観を持って接するべきではない。依頼人との信頼関係は、弁護活動の大前提である。

もう一つは、「しっくりこないと感じることがあれば、そのままにしないこと」である。

他の弁護士が当たり前のこととしてスルーしている部分でも、「なにかしっくりこないな」と感じることがあれば、疑問を呈する必要がある。実務の前例や過去の判例がどうであろうと、自分の頭で考え、実際の現場に行って自身の目で確かめ、自ら動いて疑問を掘り下げていくと、じつは事件解決のキーがそこにあった、ということは少なくない。だから、いつも無い知恵を絞って一生懸命考えている。

こうして事実関係をじっくり検討し、司法の「壁」をさまざまな戦略や論理で突破していくところに、弁護士という仕事の醍醐味《だいごみ》があると思う。

弁護活動の結果、依頼人の権利を護れたのか、あるいは失敗したのかは、他人からの評価ではなく、「やるべきことはやった」という自分自身の納得感で決まる。褒めてくれる人がいてもいい気になってはいけないし、悪口を言われたからといって怒ることもない。

何より、志を共有する仲間の弁護士がいて、チームを組み、力を合わせて頑張り、一仕事終われば酒を酌み交わす、これが最高の時間である。

なお、本書と同時に刊行される『生涯弁護人　事件ファイル①』の構成は、次の通りである。

第一章　**国策捜査との闘い**

村木厚子事件

小澤一郎事件

鈴木宗男事件

1　やまりん事件　2　島田建設事件　3　議院証言法違反

第二章　**政治の季節**

マクリーン事件

刑事公安事件

1　東大裁判　2　大菩薩峠事件　3　明治公園爆弾事件・米子《よなご》銀行強盗事件

第三章　**医療被害と向き合う**

　薬害事件

　　1　クロマイ薬害事件　2　クロロキン薬害事件

　医療過誤事件

　　1　出血多量による産婦死亡事件　2　異型輸血死亡事件

　　3　本人の同意なき子宮摘出事件　4　腹膜炎の見逃しによる死亡事件

第四章　**「悪人」を弁護する**

　三浦和義事件

　　1　「殴打事件」裁判　2　「銃撃事件」裁判

「事件ファイル①、②」ともに、啓蒙書でもなければ、教科書でもない。私が、たまたま巡り合ったいくつかの事件について、どのように動いたか、どういうふうにもがいたかの記録、まさに「事件ファイル」だ。興味のある事件から読んでいただければ幸いである。

事件ファイル❷ CONTENTS

第三章

第一章

報道が作り出す犯罪

1996年4月17日、参議院厚生委員会に参考人招致され、発言を求め手を挙げる元厚生省エイズ研究班長の安部英氏

（写真提供：共同通信社）

安部英医師薬害エイズ事件

——一九九六年受任

冤罪が生まれる構図

被害者と、捜査権力（警察・検察）と、マスメディアという三者が一本の線で結ばれるようになった時、人権にとってきわめて危険な状況になる——。私は常々、そう思っている。

感情が先行する被害者と強大な捜査権力が同じ方向に向き、それをマスメディアが煽《あお》ると、社会に冷静な空気が保たれにくくなる。その結果、理性や論理ではなく非合理な感情に多くの国民が支配され、「犯人探し」や「犯人づくり」をしてしまうことになる。

薬害エイズ事件における安部《あべ》英《たけし》医師に対する追及は、まさにその典型であった。

非加熱濃縮血液凝固因子製剤の投与により、血友病患者がＨＩＶ（ヒト免疫不全ウイルス、いわゆるエイズウイルス）に感染し、やがてエイズを発症して死亡するという、まことに悲惨で不幸な出来事は、国民を大きな不安に陥れた。

こうした場合、それでも冷静に原因を究明して再発防止に向けて策を講じていくか、それとも、感情の赴くままに「犯人探し」に狂奔するか、という岐路がある。

残念ながら我が国は取るべき途《みち》を誤り、一人の臨床医に薬害エイズ事件の全責任を負わせ、なぶりものにするという愚挙を犯してしまった。

薬害エイズ問題は日本だけに起きたものではなく、発生源の米国をはじめ、世界各国で日本よりもはるかに多くの感染が報告された。しかし、非加熱血液製剤を用いた臨床医が刑事責任を問われたケースは海外にはいっさいなく、フランスで行政職の医師が刑事責任を追及された事例があるだけだ。ところが、日本は、世界で唯一、臨床医である安部氏を犯罪者扱いし、刑事責任を追及してしまった。

捜査当局、それも特捜部がターゲットにするのは、権力を有する政治家や高級官僚、財界人、権威ある学者など、大衆が憧れとともに嫉妬をおぼえる人々だ。そうした人をやり玉に挙げるストーリーを大衆は喜ぶ。血友病治療の第一人者で、元帝京大学副学長の安部氏は、大衆好みの「悪人」に仕立て上げるにはうってつけだった。

そして捜査当局は、標的にした人物についての悪いイメージをマスメディアが報じるよう、手持ちの材料を少しずつリークする。いわゆる「検察リーク」である。「事件ファイル①」第一章で述べた諸事件や後述する「カルロス・ゴーン事件」(第五章)にも言えることだが、報道によって「極悪人」のイメージができあがってしまうと、それを払拭《ふっしょく》するのは並大抵のことではない。こうして、捜査当局は、世論を味方に付け、世論全体が厳罰を望んでいるかのような空気をつくり、それを追い風にして、強引に捜査を進めていく。

このような構図のなかで、事実とまったく違うストーリーが受け入れられていき、冤罪《えんざい》が生まれる。また、何か事件が起こればすぐに「極刑を！」と言い立てる風潮にもなりやすい。その隊列に弁護士までが加われば、事態はますます悪化する。

事件の概要

「薬害エイズ問題」はなぜ起こったか

本件は、帝京大附属病院で非加熱血液製剤の投与を受けた血友病患者が、その製剤がＨＩＶに汚染されていたため、後にエイズを発症し、死亡したとして、大学の副学長であるとともに、同病院で内科の科長の立場にあった安部英氏が、適切な治療方針を樹立しなかったとして、業務上過失致死罪[*1]に問われた事案である。安部医師は、その患者の治療に当たっていたわけではないので、医師としての医療行為ではなく、科としての治療方針の樹立ないし維持が問題とされたのである。

まず、薬害エイズ問題がどのようにして起こったかの経緯を簡単に説明しておこう。

血友病は、出血を止めるために必要な血液凝固因子の一部が先天的に欠けているか、働きが不十分なために、止血機能が十分に働かない遺伝性疾患である。出血が止まりにくいため、脳や内臓で出血が起きた場合には致命的な結果をもたらす。関節内部で出血することも多く、激痛をともない、関節が動きにくくなるなどの後遺症が残る。

血友病の治療の基本は、欠乏している血液凝固因子を随時、補充することだ。

最初に登場した補充療法は、健康な人の全血液成分を輸血する全血輸血だったが、不足していない他の血液成分も含めて注入するため、必要な量に足る血液凝固因子を補充することは難しく、肝臓に鉄分が沈着して肝硬変を起こすこともあった。次に、血漿《けっしょう》だけを輸血するようになったが、これを続けると血液量が増えすぎてしまうなどの問題があった。

その後、献血や売血などで得た血液中の成分から高濃度の血液凝固因子を取り出したクリオ製剤が登場したが、出血部位によっては確実な止血が難しく、他の血液成分がかなり含まれているため重篤なアレルギー反応（アナフィラキシーショック）を起こす患者もいた。さらに、クリオ製剤の投与は点滴でおこなうため、出血のたびに病院で治療を受けるしかなかった。血友病患者が出血した場合、できるだけ早く血液凝固因子を補充することが重要で、クリオ製剤にはこの点で治療法としての限界があった。

これらの問題を解決する治療法として、一九七〇年代に登場したのが濃縮血液凝固因子製剤（以下、濃縮製剤）だ。献血や売血で得た血液中の成分から血液凝固因子を取り出し、余分な成分を除去し、さらに濃縮したものだ。ただ、血液凝固因子は加熱すると変質してしまう可能性が高いため、当時は非加熱の濃縮製剤（非加熱血液製剤）しかなかった。

非加熱血液製剤は、クリオ製剤が有したアレルギー反応の問題を解決したばかりか、出血のたびに病院へ行かずとも、患者が自宅で保管して自分で注射できるという利便性があり、日本では一九八三（昭和五八）年二月に自己注射が健康保険適用となった。従前の補充療法に比べて格段に優れた効能のある非加熱血液製剤の自己注射療法は、血友病患者のＱＯＬ（生活の質）を大きく改善したとして、〝福音〟とさえ言われるほどの高い評価を受けていた。

他方、アメリカでは、一九八〇年代初めから、肺炎、リンパ節肥大、全身衰弱などを引き起こす正体不明の疾患が広まりつつあった。これらの疾患は、原因ウイルスが発見（同定）される以前の一九八二年に「エイズ（後天性免疫不全症候群、Acquired Immune Deficiency Syndrome; AIDS）」と命名された。

その後、エイズの原因ウイルスは、八三～八四年に、フランスのリュック・モンタニエ博士らと、アメリカのロバート・ギャロ博士らにより別々に発見（同定）された。遠く離れた場所にいる互いに何の関係もない科学者が、ほぼ同時期に同一の発見をすることは、共時性と呼ばれ、科学史ではよくあることだ。モンタニエ博士とギャロ博士が発見したウイルスにはそれぞれ名前があったが、最終的には同一のものとされ、のちにＨＩＶの名称に統一された。

現在では、ＨＩＶに感染して治療をせずにいると、免疫力が徐々に低下し、感染後数年～一〇年ほどで、健康な人であれば何ともない菌やウイルスによりさまざまな疾患を引き起こすことがわかっている。しかし、ギャロ博士らがエイズの原因ウイルスを発見した当時は、発症機序（メカニズム）も治療法もわからなかった。感染率・発症率・死亡率などの知見が確定したのも、かなりあとになってからである。

アメリカでエイズ患者が多発したのは、男性同性愛者、違法薬物常用者（違法薬物を注射器の回し打ちなどで注入する者たち）、そして血友病の患者たちだった。これにハイチ出身者がなぜか危険因子と言われて、頭文字からこの「四つのＨ」[*2]が問題と言われた。

当時、世界各国で血友病の治療に使われていた非加熱血液製剤は、原料となる血漿を主にアメリカで調達しており、米国の血液製剤製造企業は、この分野の世界市場をほぼ独占する勢いだった。ベトナム戦争が終わり血液製剤の持って行き場がなくなったため、それまでアメリカの中だけで販売していた血液製剤を各国に輸出したためとも言われる。

ちょうどその頃、アメリカでは男性同性愛者のグループが、社会的認知を得るために、政治的に活発に活動し、社会貢献をしようとの思いから献血にも積極的に協力していた。

そうした人たちのなかに、ＨＩＶ感染者が含まれていた。濃縮製剤は、献血や売血で集めた数千人もの人々の血液を一つの樽で混ぜ、そこから血液凝固因子を取り出して濃縮していたため、彼らの血液が濃縮製剤全体を汚染してしまうこととなった。

エイズは感染から発症まで非常に長い潜伏期間があるため、気付いた時には、アメリカで作られた非加熱血液製剤が世界中の血友病患者にＨＩＶ感染を広げていたのである。

＊1　業務上過失致死罪：「業務上必要な注意を怠り、よって人を死傷させた者は、五年以下の懲役若しくは禁錮又は百万円以下の罰金に処する。重大な過失により人を死傷させた者も、同様とする。」（刑法第二一一条「業務上過失致死傷等」）。二〇〇六年改正前の罰金は五〇万円。

＊2　四つのＨ：男性同性愛者（Homosexual）、違法薬物常用者（Intravenous drug user＝薬物静脈注入者）、血友病患者（Hemophilia patients）、ハイチ人（Haitian）の頭文字。薬物静脈注入者には「Ｈ」は付かないが、ヘロイン中毒者（Heroin addict）から命名された。

「エイズパニック」で犯人探しが始まった

いわゆる「エイズパニック」が日本で起きたのは一九八〇年代後半であった。

一九八六年一一月、エイズを発症したとされるフィリピン人女性が長野県松本市内で売春をしていたと伝えられたため、多くのマスメディアが松本市内に押しかけ、女性が働いていた店や客となった男性を探し回り大騒ぎになった。さらに、松本市内に住む外国人女性たちが銭湯、スーパー、レストランなどに入ることを拒否されたり、松本ナンバーの車が人々に避けられたりする事態となった。

翌八七年一月には、神戸市で日本人女性として初のＨＩＶ感染が確認されたとセンセーショナルに報じられ、不安にかられた人々の電話相談が神戸市の対策本部に殺到。二月には高知市でＨＩＶに感染した女性が出産を控えていると報じられ、その女性が人工妊娠中絶を受けないことを非難する投書がマスメディアに届いたりした。こうした現象は、二〇二〇年から流行した新型コロナウイルス感染症をめぐる人々の反応と似たところがあるように思える。

現在では、ＨＩＶに感染しても、早期発見・早期治療により、エイズの発症を防げば、感染していない人と同じくらい長く健康的に生活できる。だが、当時は特効薬がなく、エイズに関する正しい知識も普及していなかったため、人々は「エイズ」と聞いただけで恐怖をおぼえ、ＨＩＶ感染者やエイズという病気そのものに対する偏見と差別意識が醸成されることとなった。血友病患者に対しても、ＨＩＶ感染の有無にかかわらず、病院が受診を拒否したり、出社や登校を控えるよう促したりする差別的な対応があった。

一九八九年、非加熱血液製剤によりＨＩＶ感染した血友病患者らが、同製剤を承認した国（厚生省＝当時）と製造・輸入・販売をした製薬会社五社に対して損害賠償を求める民事訴訟を次々に起こした（大阪ＨＩＶ訴訟ならびに東京ＨＩＶ訴訟。以下、これらをＨＩＶ民事訴訟と総称することもある）。

原告団や支援者らは、一九九五年七月に厚生省庁舎を取り囲んで抗議。翌九六年二月には、厚生省前で何日にもわたって座り込みの抗議活動をおこなった。第一次橋本龍太郎《はしもとりゅうたろう》内閣[*1]で厚生大臣に就任したばかりだった菅直人《かんなおと》氏は、二月一六日に国の責任を認めて原告患者らに謝罪し、HIV民事訴訟は三月に相次いで和解に至った。

一方、薬害エイズという悲劇を引き起こした「犯人探し」は熱を帯びており、九六年一月二五日、元帝京大副学長の安部英医師が告訴された。一九八五年に帝京大附属病院で非加熱血液製剤を三回投与され、そのうちのいずれかでHIVに感染して九一年に悪性リンパ腫で亡くなった血友病患者の遺族と弁護団が、安部氏を「殺人罪」で告訴したのだ。

安部氏は、九六年四月に参議院と衆議院においてそれぞれ参考人として招致され、七月には衆議院で証人喚問された。そして八月二九日、東京地検特捜部により業務上過失致死容疑で逮捕され、九月一八日に同罪で起訴された。

なお、本件の起訴罪名は殺人罪ではない。安部氏を殺人罪で起訴するには、非加熱血液製剤による致死の危険性を認識していたこと、認識しながらあえて同製剤を投与する故意があったこと、そして殺人の動機が必要だが、検察官はそれらがいずれもないと判断し、安部氏を殺人罪ではなく業務上過失致死罪で起訴したのである。

＊1　第一次橋本龍太郎内閣：自由民主党・日本社会党（橋本内閣発足直後、社会民主党に党名変更）・新党さきがけの三党による連立内閣（自社さ連立政権）。自由民主党総裁の橋本龍太郎を内閣総理大臣として一九九六年一月一一日に成立し、同年一一月七日の第二次橋本内閣（自民単独）成立まで続いた。当時、菅直人は新党さきがけに所属し、厚生大臣として初入閣を果たしていた。

安部英医師薬害エイズ事件関連年表

1985. 5.12 〜 6. 7	本件患者、帝京大附属病院で非加熱血液製剤を 3 回投与され、後に、そのうちのいずれかで、HIV に感染
1989. 2.17	後天性免疫不全症候群の予防に関する法律（エイズ予防法）施行
8月	大阪 HIV 訴訟提訴→後に和解
10月	東京 HIV 訴訟提訴→後に和解
1991.12月	本件患者、HIV 感染に起因する悪性リンパ腫で死亡
1996. 1.25	本件患者の遺族・弁護団、安部氏を殺人罪で告訴
2. 9	菅直人厚生大臣、「郡司ファイル」の「発見」を発表
2.16	菅厚生大臣、HIV 民事訴訟原告団に国の責任を認め謝罪
4.17	安部氏、参議院にて参考人質問
4.19	安部氏、衆議院にて参考人質問
7.19	安部氏、櫻井よしこ氏・毎日新聞・新潮社・保田行雄弁護士を名誉毀損で提訴
7.23	安部氏、衆議院にて証人喚問
8.29	東京地検特捜部、安部氏を業務上過失致死容疑で逮捕 → 9 月 18 日起訴→ 10 月 25 日保釈（勾留 56 日）
1997. 3.10	第 1 回公判
2001. 3.28	第 53 回公判　無罪判決→検察側控訴（4 月 10 日）
2002.11.29	控訴審第 1 回公判
2004. 2. 7	安部氏の公判維持能力についての鑑定書提出 →控訴審公判停止決定
2005. 4. 5	安部氏死去（88 歳）→ 5 月 13 日公訴棄却決定
6月	名誉毀損事件、対櫻井氏訴訟判決（逆転棄却）、対新潮社・保田弁護士上告審決定（双方上告棄却）、対毎日新聞上告審決定（却下）

受任の経緯

運命を感じた依頼

私が本件を受任したのは安部氏が「殺人罪」で告訴されたことに始まる。司法研修所での恩師（民事裁判教官）である元裁判官の武藤春光《むとうしゅんこう》弁護士から、「弘中君、手伝ってくれたまえ」と声を掛けられた。当時、武藤先生は帝京大法学部で教授を務めておられ、安部氏と同じ大学ということで弁護を依頼されたらしい。

じつは、私はそれ以前にも、元裁判官の玉重無得《たましげむとく》弁護士（故人）から安部氏の件で相談を受けたことがあった。玉重氏は私と同じ山口県出身で、かつて私の祖父は同郷のよしみから若き日の玉重氏に奨学金を出すなどの援助をしていたことがあった。その後、玉重氏は裁判官になり、四〇代で退官したあと弁護士に転身。祖父との関係から私と親しく、安部氏が山口県長門《ながと》市出身ということもあり、安部氏が、毎日新聞の記事として、製薬会社から金をもらって加熱血液製剤（加熱によりウイルスなどの病原体を死滅させた血液製剤）の治験開始を遅らせた、などと書かれた件について、「相談に乗ってくれないか」と言われたのだ。しかし、当時の私は医療過誤事件で患者側の弁護をしていたため、その時はお断りしていた。

それからしばらくして、今度は恩師の武藤先生から声を掛けられた。この時も躊躇《ちゅうちょ》はしたが、武藤先生には修習生時代にお世話になっただけでなく、大変尊敬していて、ご自宅にも頻繁に伺うなど、非常に強いつながりがあった。そして、こんなに続けて話が来るのは運命かもしれないという思いもあり、詳しい話を伺いに行くこととなった。

初めて安部氏と会ったのは武藤先生のお宅だった。東京近郊の小田急線・町田駅を降りてからタクシーで二〇分ほど走ったところにあり、都心からかなり時間がかかったが、武藤先生は弁護士としての事務所は持っておられず、打ち合わせをする場所は自宅しかなかった。

帰りは安部氏と一緒だった。当時は町田駅から新宿駅まで急行でも四〇分近くかかったと思うが、八〇歳の安部氏はその間ずっと吊革を持って立ったまま、私にいろいろと話しかけてきた。

「ずいぶん元気な人だな。たいしたものだ」と、驚くと同時に感心した。メディアが報じるイメージとはまるで違う「人間くささ」を感じた。

その後、この事件について調べていくうちに、「この事件のテーマは、これまで私が取り組んできた薬害であり、医療問題であり、刑事事件であり、報道のあり方だ。これは自分がやらなければ」と思うようになった。

菅直人厚相お得意のパフォーマンスで態度を変えた検察

先述した安部氏に対する「殺人罪」での告訴は、ＨＩＶ民事訴訟の弁護団が訴訟を進めるなかで、一種のインパクトを与えるためにおこなったものだと考えられる。

薬害事件や医療過誤事件の原告は、自分たちが受けた被害に納得しがたい気持ちが非常に強い。しかし、民事訴訟は結局お金（賠償金）の問題になってしまうし、被告である医師・病院・製薬会社はいろいろな理屈で反論してくる。そのため原告側としては、何か一つ、激しい手段を取りたくなるのである。

だが、安部氏の場合、殺人罪で起訴する要件が皆無であることは先に述べたとおりだ。その当時は、検察も、「これは事件になりませんよ。上申書を出していただければこの件は終わらせます」と明言していた。武藤先生と私もそのつもりで、告訴状に反論して、結論を「本件は不起訴とすべきである」とした上申書を検察庁に提出し、これで事件は収束するだろうと考えていた。

ところが、菅直人氏が厚生大臣に就任すると状況は一変した。

九六年二月九日、菅厚相はＨＩＶ民事訴訟の原告団を大臣室へ招き入れ、「こんな大事なものが倉庫に隠されていました」として、いわゆる「郡司《ぐんじ》ファイル」なる資料を示し、「八三年当時、省内には非加熱血液製剤が危険だという認識があった」と国の非を認めた。

このファイルは、元厚生省薬務局生物製剤課長の郡司篤晃《あつあき》[*1]氏が作成していたものだ。郡司氏は、アメリカでエイズという新奇な病気が広がっているとの情報を受け、一九八三年六月に「エイズの実態把握に関する研究班」（以下、エイズ研究班）を厚生省内に立ち上げた人物で、エイズ研究班の班長に選ばれたのは安部氏だった。

「郡司ファイル」の中には、「非加熱製剤を使用しないよう業者に行政指導をする」などと書かれた一枚のメモがあった。フリージャーナリストの櫻井《さくらい》よしこ氏らはこのメモに注目し、これがエイズ研究班の方針だったのに、一週間後に製薬業界や安部班長からの圧力で方針が変更されたとして、「暗黒の一週間」などと囃《はや》し立てた。

ところが、このメモは新任の技官補佐が思いついた個人的意見にすぎなかった。課としての考えをまとめた書類ではなく、課内やエイズ研究班で議論されたことさえ一度もなかったのである。事情はこうだ。

厚生省の新庁舎ができた時、面積の増加がなかったため、職員たちは「机の上に物を置くな。日常使わない物は倉庫に入れろ」と指示され、雑多なメモや新聞記事などはファイルにまとめて倉庫に入れた。その一つが「郡司ファイル」で、中身は課内のスタッフが自分の勉強のために記したメモなどであった。件《くだん》のメモもその中にあったが、基本的な間違いが多かったため郡司氏が添削した。彼は、部下がせっかく書いたメモをすぐに捨てるのも気が引けて、他の雑多なメモと一緒にファイルに入れておいただけだったのだ。

厚生大臣が被害者への謝罪の根拠とした資料ということで「郡司ファイル」は大きな注目を集めたが、その中身は〝隠蔽されていた重大な資料〟とはほど遠く、郡司氏自身が「あれはゴミファイル」と断言していたレベルのものだったのである。

こうした背景を考えれば、「郡司ファイルの発見」は菅直人氏が得意とするパフォーマンスの一つであったことがわかるだろう。現職の大臣が「こんなものを見つけました。これが隠しファイルです」などと言えば、何の意味もない

1996年2月21日、公表されたエイズ資料を手に記者会見する菅直人厚相（写真提供：共同通信社）

ファイルであっても、世間はあっと驚き、「菅さんは厚生省の秘密主義に風穴を開けた。すごい人だ」と思い込んでしまう。実際、菅氏はこの一件で〝英雄〟になり、後には首相の座まで昇り詰めた。

厚生大臣による「郡司ファイルの発見」というパフォーマンスと被害者への謝罪によって、国が被害者に味方をするという雰囲気が醸成された。この結果、それまで「事件にならない」と言っていた検察は、急に態度を変え、安部氏の逮捕・起訴に向けて本気で動き出した。メディアは安部氏を執拗に追いかけ回し、私は対応に追われた。

被害者と捜査権力とマスメディアが一体となった「犯人づくり」は、こうして始まったのである。

＊1　郡司篤晃：東京大学医学部卒業後、東京女子医科大学附属日本心臓血圧研究所を経て、一九七五年厚生省入省。薬務局生物製剤課長時代（八二～八四年）にエイズ対策の中心となった。八五年に厚生省を辞し、東大医学部保健管理学教室教授に就任。二〇一五年七月、『安全という幻想：エイズ騒動から学ぶ』（聖学院大学出版会）を上梓し、薬害エイズ問題の全体像を明らかにし、一連の薬害エイズ報道を批判。直後の九月に死去した。

集中砲火を浴びた証人喚問

安部氏は衆参両院に、参考人あるいは証人として呼ばれて質問されることになり、私は安部氏の補佐人として国会に通った。「事件ファイル①」第一章「鈴木宗男《むねお》事件」でも触れたように、国会での証人喚問は法廷の証人尋問とはまったく違う。

国会における「参考人招致」[*1]及び「証人喚問」は、いずれも憲法第六二条で定められた「議院の国政調査権」に基づく。「参考人招致」は、国会で開催される委員会に参考人として呼んで意見を聴くというものであり、出頭や証言に強制力はなく、また偽証罪の適用もない。これに比して、「証人喚問」は、出頭は義務とされ、また偽証罪の制裁（ただし刑法の偽証罪ではなく「議院における証人の宣誓及び証言等に関する法律」違反として）がある。ただ、議院でのやりとり自体は、同じような形でおこなわれる。

補佐人は参考人あるいは証人の後ろに座り、助言はできるが、自ら発言することはできない。私と安部氏は事前に入念な打ち合わせをしていたので、安部氏から助言を求められることはあまりなかった。質問に立つ議員には、党所属議員数によって分単位で質問時間が割り当てられる。質問のもっていき方は党によってずいぶん違うので興味深く感じたが、尋問中以外は取材陣の撮影が許可されていたため、質問者が代わるたびに間断なくフラッシュが焚かれ、鬱陶しくて閉口した。法廷ではとうてい考えられないことである。

九六年七月二三日に衆議院厚生委員会でおこなわれた証人喚問で質問に立ったのは、田中眞紀子《たなかまきこ》氏（自民党）、枝野幸男《えだのゆきお》氏（新党さきがけ）、坂口力《さかぐちちから》氏（新進党）など、大物議員が多く、その意味では役者が揃っていたが、どの議員もマスメディアと同様に、根拠もないまま安部氏の責任を問うばかりで、エイズや血友病治療に関する科学的見地からの質問は皆無だった。

なかには、「これだけの被害が出たわけだから、お医者である前に人間である、そのことを強く訴えたい」と意味不明の人情論をぶち上げる議員もおり、

「医者であることと人間であることの区別をなさっていますが、私は両方であったつもりであ

ります」

と、安部氏に撥《は》ね返される場面もあった。

証人喚問に先立って衆参各院に参考人招致された時も、安部氏は毅然としていた。

たとえば、衆議院参考人質問（四月一九日）で土肥隆一《どいりゅういち》議員（民主改革連合）は、ＨＩＶ民事訴訟の原告団に菅厚相が謝罪し、提訴された製薬会社の一つであるミドリ十字の役員に至っては土下座をして詫びたことを指摘して、「先生はまったく責任を感じられませんか」と迫ったが、安部氏は、

「ミドリ十字さんには、おじぎ（土下座のこと）をしなければならない理由があったのだと思いますよ。しかし、私は一生懸命にやらせていただきましたから、医師として良心に恥じるところはございません。自分の能力が足りなかったと言われるならば、そうであったことを残念に思いますけれど、それはそれで、おじぎをして謝るということは、私としてはできかねますね」

と、きっぱりと述べた。

参議院参考人質問（四月一七日）では、西山登紀子《にしやまときこ》議員（共産党）の「責任は非常に重いと思うのですがいかがでしょうか」との質問に対して、こう切り返した。

1996 年 7 月 23 日、薬害エイズ事件の証人喚問（衆院厚生委）で宣誓に臨む安部英氏（写真提供：共同通信社）

「失礼でございますが、どういう責任でしょうか?」

じつは、これは私と武藤先生とが事前に助言していたものだった。

「国会では必ず『あなたは責任を感じませんか』と訊《き》かれますから、その時は毅然として『いったい何の責任のことでしょうか?』と、逆に訊き返してください」

安部氏は言われたとおりにやったのである。けしかけた我々もよくなかったかもしれないが、この受け答えがさらなる非難を呼び込んだ。

安部氏の表情はいつも厳しく、声は甲高く、ものの言い方もきつい。大衆が求める悪人像にはぴったりである。それに加えて、国会における参考人質問や証人喚問で毅然とした態度を貫いたことが「ふてぶてしい」と受け取られ、安部氏の悪役度はさらに上昇してしまった。

＊1 国会における参考人招致：衆参各議院の委員会は、審査または調査のために参考人に出頭を求め意見を聞くことができる(国会法第一〇六条、衆議院規則第八五条の二、参議院規則第一八六条)。出頭や証言は任意で、虚偽の証言をしても偽証罪による処罰はない。

容赦ないメディアの「安部叩き」に名誉毀損訴訟で対抗

非加熱血液製剤によるＨＩＶ感染やエイズの発症は世界中で同時期に起こった。欧米、南米、カナダなどに比べると日本の感染者数はきわめて少ないほうであり、非加熱血液製剤の使用時期や使用方法において他国と異なる特別の問題があったわけでもない。

日本の血友病専門医は、安部氏を含めて皆、多少の不安を感じながらも非加熱血液製剤による治療をやめなかった。今でこそ、エイズが生易しい病気でないことは誰でも知っているが、当時はその正体がよくわからず、短期間で治療法を変えようもなかったからだ。

医学には、あとから考えればこうしておけばよかったと思うことでも、その時点ではどれだけ頑張ってもわからないこと、できないことが必ずある。それを「あと知恵」で安部氏一人の責任だとするのは根本的に間違っていると私は思っていた。

しかし、メディアは、そういったことを無視して、「諸悪の根源は安部氏」という物語を組み立て、「あと知恵」で安部氏を非難し、薬害エイズ問題の本質を捻《ね》じ曲げる報道を続けた。「郡司ファイル」の内容を曲解して「暗黒の一週間」と言い立てた櫻井よしこ氏は、その後も繰り返し薬害エイズ問題を産官学の癒着事件だと報じ、安部氏に対するインタビュー内容を都合よく改竄《かいざん》した記事を雑誌に掲載し、この記事をもとにした単行本も出版した。

また、櫻井氏と毎日新聞は、「安部氏は製薬会社のために加熱血液製剤の治験開始を遅らせ、その見返りに多額の金銭を受け取った」と、事実に反することを報じたりもした。

新潮社は、『週刊新潮』で、安部氏に関して「大量殺人の容疑者」などと記述した記事を掲載し、その記事のなかで東京HIV訴訟の原告弁護団の一人である保田行雄《やすだゆくお》弁護士は、「殺人罪ということになれば、大量殺人ですから、死刑もあり得るでしょう」とまで述べた。

マスコミの「安部叩き」はとどまるところを知らず、安部氏は、メディアの攻勢を逃れて、ホテルを転々とせざるを得なくなった。

その頃、NHKから「安部氏の見解をまとまった形で伝える番組を作りたい」との取材申し込みがあり、この言葉を信じた私と安部氏は、スタジオに出向いて三〜四時間のインタビューを受けた。だが、ＮＨＫは、インタビューフィルムの中のごくごく一部をニュース番組で安部氏の説明とは異なる趣旨で使っただけで、まとまった番組が放送されることはなかった。

この顚末《てんまつ》を聞きつけたＴＢＳが、「録画だからそういうことになるんです。うちは、生番組の『ＮＥＷＳ23』で安部氏の肉声を直接視聴者に伝えます」と誘ってきた。同番組のキャスターは良心的ジャーナリストとして知られた筑紫哲也《ちくしてつや》氏だったため、私は安部氏を説得してＴＢＳに出向いて番組に出演してもらった。

ところが、ＴＢＳは、事前に何の説明もなく、生番組の合間に、安部氏が櫻井よしこ氏に食ってかかった録画映像を挿入したりした。櫻井氏の挑発的発言に安部氏が抗議した場面だが、前段の挑発シーンはカットされ、安部氏が怒りっぽく乱暴な人物であるかのように印象操作をされていた。メディアのやることは、「三浦和義《みうらかずよし》事件」（「事件ファイル①」第四章）の時と何一つ変わっていなかったのだ。

さらに、この生番組については編集して再利用しない約束だったにもかかわらず、翌日の『ＮＥＷＳ23』で再利用され、安部氏の出演場面を背景に流しながら、東京ＨＩＶ訴訟の原告の一人である川田龍平《かわだりゅうへい》氏と保田行雄弁護士が、激しい言葉で安部氏の言葉を取り上げては非難した。私が、この悪質な約束違反に抗議すると、担当者は平謝りしたが、安部氏の話の印象は大幅に薄められてしまった。

ＮＨＫも、ＴＢＳも、安部氏を犯人視する圧倒的な空気に水を差すような報道はできないと考え、このような「騙《だま》しのテクニック」を使ったのだろう。事実よりも世間の空気を優先して「受け」を狙うマスコミの悪弊は、今に至るまで変わっていない。

安部氏を「殺人者」扱いする報道があふれ、東京地検特捜部もそれに呼応する流れができていくなか、安部氏は、反論の機会も与えられずに追い詰められ、憔悴《しょうすい》していった。

そこで、我々は、こうなったら先制攻撃をしようと考えて、七月に名誉毀損訴訟を起こした。間違った報道は地にあふれていたが、雑魚《ざこ》を相手にしてもしようがないと考えて、社会的影響力の大きい相手に絞ることにした。安部氏批判の急先鋒である櫻井よしこ氏、毎日新聞、保田行雄弁護士とその記事を掲載した新潮社に的を絞ったのである。

三件の名誉毀損損害賠償訴訟を提起したうえで、安部医師を伴って司法記者クラブに出向き記者会見に臨んだところ、多くのメディアのほかに櫻井よしこ氏や川田悦子《えつこ》氏（龍平氏の母）なども顔を揃えていた。どのメディアも我々に対して批判的で、会場は騒然とした空気に包まれた。取材陣から散々に非難を浴びた安部氏が、

「私は魔女狩りの魔女ですか」

と、声を荒らげたことが強く印象に残っている。

孤立無援の弁護団

一連の「三浦和義事件」でも弁護団への風当たりは強かったが、薬害エイズ問題は、あまりにも被害が悲惨だったため、アゲインストの風はさらに強く、バッシングは私にも降りかかってきた。

国会の証人喚問のテレビニュースで私が安部氏の補佐人になったことを知ったクロロキン全

国統一訴訟の原告団からは、「安部氏の味方をするのはけしからん。薬害被害者の敵だ」と非難された。さまざまな薬害事件には原告団同士の繋がりもあるため、「他の薬害原告団の手前、安部氏の弁護をされては困る」とも言われた。

私は安部氏が冤罪であることを説明し、事実に反する誤った歴史認識は薬害撲滅の精神にも反すると反論したが、原告団は納得せず、「安部氏の弁護人を辞めなければ解任する」と申し入れてきた。弁護団長からも、「ここは引いてほしい」と促された。

足かけ二〇年にわたりクロロキン全国統一訴訟の弁護活動に力を注いできたが、皆がそういう考え方ならしかたがない、と思った。クロロキン薬害の訴訟は、当時はすでに第一次提訴についてては最高裁判決が出ていて残りの第二次訴訟の最高裁判決を待っているところであり、すでに弁護士としてやるべき仕事は皆無だったが、私は辞任届を提出した。

原告団長の岩崎明氏から「泣いて馬謖《ばしょく》を斬《き》る[*1]のだ」と言われたのが、妙な言葉を知っているなと、印象に残った。

＊

「事件ファイル①」第三章で述べたように、「青年医師連合」（略称「青医連」）の医師と組んで医療過誤事件に取り組むようになった私は、それをさらに発展させるために、医療問題に関心のある若い弁護士を集めて「医療事故研究会」を結成し、同会の事務局長として、全国の医療被害者の相談を受け、弁護士が法的対応をすべきと思った事件については、メンバーの弁護士に順次担当してもらうほか、定期的に会合を開いて進捗状況を確認したり、医療過誤問題の研究会を開催するなどしていた。

また、全国の医療被害弁護団を束ねた名古屋の「医療事故情報センター」では、この医療事故研究会を代表する形で、副理事長として活動するようになっていた。

ところが、医療事故情報センターでも、「安部氏の味方をするなんてとんでもないことだ」と責められた。同センターは、医療過誤事件で患者側に立つ弁護士を結ぶ組織で、メンバーのなかにはＨＩＶ民事訴訟の弁護団に加わっている人も多かった。

「安部氏の味方」と言われても、私は医療過誤や薬害の被害者と対立しているわけではなく、刑事事件として安部氏の弁護をしているだけであり、非難は不当だと思った。同センター理事長（当時）の加藤良夫《かとうよしお》弁護士も、「刑事事件は患者さんと戦うわけではなく検察と戦うのだから、いいではないか」と言ってくれたが、他の理事たちは納得しなかった。

医療事故情報センターには、「この組織に入った以上、医療過誤事件で医師側の弁護をしてはならない」という決まりがあった。医師側の弁護をすると、患者の方々は「いったいどちらの味方なのだ」と疑念を抱き、組織自体が信用されなくなってしまう、という理屈からだ。かつて労働事件において「労働者の弁護をする以上、労使問題で使用者側の弁護をしてはならない」と言われたのと同様の雰囲気があったのである。私は、内容にかかわらず、常に特定の側に立つべき、という考え方にはなんとなく違和感があった。

結局、「医療被害者の敵だから」という理由で、私は医療事故情報センターの副理事長を解任された。そうなった以上は、医療事故研究会の事務局長であることも無理と判断して、同会からも離脱することにした。

弁護士になりたての頃から薬害や医療過誤事件の弁護活動に取り組んできた私には、この分野のプロパーであるとの自負が少なからずあった。しかし、安部氏の弁護を引き受けたことで、それまで積み重ねてきた努力と実績はすべて無に帰した。

仲間と思っている人たちから裏切り者のごとく非難された時はさすがにこたえたが、元来、私はその時にやってみたいこと、好奇心をそそられることに向かっていく質《たち》だ。ダメージは大きく相当の〝出血〟もしたが、クビならクビでいい、という開き直った気持ちだった。

安部氏をゆるぎなく弁護することは、今後の医療問題や薬害問題を正しく議論するためにも絶対必要なことだ。何より、そう強く思っていたのである。

＊1　泣いて馬謖を斬る：全体の秩序や規律を保つためには、たとえ愛する者であっても、掟に背けば私情を捨てて処罰するという喩え。『十八史略』記載の故事による。

「弁護士を代えろ」と検察官は迫った

一九九六年八月、東京地検特捜部は、業務上過失致死容疑で安部氏逮捕に踏み切った。

東京拘置所での勾留は五六日間におよんだ。安部氏は八〇歳を超える高齢のうえ心臓病の持病がある。車椅子に乗せられて取調室へ連れていかれ、検察官から連日責め立てられたのだから、非常につらかったと思う。

勾留中、安部氏は欠かさず日記を付け、知人に手紙を書いた。

「気持ちは決して萎えておりませんが、ここに来て6・5キロやせました。（中略）最後の死を賭して頑張ります。」（知人宛ての手紙から）

特捜部はいつもの手法で、客観的な証拠に基づくのではなく、「とにかく過失を認めろ」と安部氏を責め立て、自白を強要した。以下は日記からの抜粋だ（〈 〉内は筆者の補足。以下同）。これを読むと、安部氏が検察官に事実を理解してもらいたい一心で、気力体力の限界まで反論したことがわかる。

「九月六日　朝の調べ‥〈検察官は〉私の著書を見ながら　ビールス学者の専門的知識を最新のものを中心に85年頃のものまで私に質問して来たが、私は臨床家でその見地から患者に対するエイズの可能性を考えた。」

本件患者が非加熱血液製剤の投与によりＨＩＶ感染したのは八五年五〜六月のことである。その後に明らかになったウイルスに関する最新知識などについては、その当時には誰も知るはずがなかった。検察官が当時の医学知識や医療水準の程度を無視した「あと知恵」で安部氏を追及していたことが窺《うかが》える一文である。後に詳述するが、「本件当時の医学知識や医療水準」は、この裁判の大きな論点となった。

「九月八日　〈検察官から〉謝罪しないことを叱られた。」

「九月九日　さあ、これから朝の取調べが始まるはずだが、後れを取り戻すために〈検察官は〉相当無理を言うであろう。私はまけない。」

ところで、検察官は、「弘中を解任しろ」と安部氏に迫り、弁護団[*1]との仲を裂こうともした。先にも述べたように、いいも悪いもなく、勝負になると「何でもあり」なのが検察だ。そのやり口はこうである。

被疑者が逮捕された直後なら、「いい弁護士がいるからどうだ」と切り出し、ヤメ検（検察官を辞めて弁護士になった人）をつけろと言う。安部氏のようにすでに弁護人がついている被疑者には、「あんな弁護士は解任しろ」と言って、ヤメ検に代えるよう仕向ける。逮捕直後でパニックになっている被疑者や、連日の取り調べで弱っている被疑者は、つい「そうします」と応じてしまうだろう。相手はそれを狙っているのである。

また、社会的にそれなりの地位にある人が逮捕された場合、元検事総長や元特捜部長など検察庁の上層部にいたＯＢに弁護人をどうしたらいいかを相談すると、「検察庁には自分の部下だった者がたくさんいる」などと言われることもある。そう言って、ヤメ検をつけるよう誘導するのである。政治家や大企業の社長などが逮捕されると、たいてい最初はヤメ検が弁護人につくのは、そのためである。

ヤメ検の問題については第五章「カルロス・ゴーン事件」でも詳述するが、刑事事件の法廷でヤメ検と現役検事が対峙《たいじ》した場合、依頼人の罪を軽くしたいヤメ検と、被告人を有罪にしたい現役検事とが、「落とし所」を探りながら裁判を進めることになる。また、捜査段階で弁護についたヤメ検が、現役検事と結託し、被疑者を脅したりすかしたりして容疑を認めさせてしまうようなこともある。

もちろん、すべてのヤメ検がそうだと言っているのではない。しかし、そういうことも少なくはないのである。

しかし、安部氏は「弘中を解任しろ」との圧力をはねのけ、武藤春光先生は検察に抗議した。

「九月二六日　武藤先生は高部検事にＴｅｌされた由で、そのなかに　1)安部は弘中君を交代させる考えはない　2)弘中君と安部、武藤先生とのことを分離される様な政策は止めて貫いたい　3)弘中君はよくやっている。旨を伝えられた由。」と安部氏は獄中日記に記している。

一日七時間余りの取り調べが連日続くうちに、安部氏は体調を大きく崩し、精神的にもボロボロになって病舎に入った。そこにも毎日、朝から検察官が来て取り調べを続けた。

こうして特捜部は、「不勉強のためウイルス学の進歩に追随できなかった」との供述調書を無理やりに取り、九月に安部氏を起訴したのである。

＊1　安部英氏弁護団：武藤春光弁護団長、喜田村洋一《きたむらよういち》、飯田正剛《いいだまさよし》、加城千波《かじょうちなみ》、坂井眞《さかいまこと》、弘中惇一郎（弁護団主任）の各弁護士。

裁判の経緯

医学論文を読み漁りながらの弁護活動

世界には、血友病治療やエイズに関する膨大な数の論文や報告書がある。私は、安部氏が起訴される前から、図書館に通い、関連文献を読み漁《あさ》っていた。

東京・信濃町《しなのまち》にある慶應義塾大学医学部の図書館は部外者でも入れたので、そこに通って事件に関連する論文や報告書を可能な限り集め、かたっぱしから読み込んだ。それを知った検察官は、「ずいぶん論文を集めているようですね。こちらにも貰えませんか」と、起訴することは匂わせずに言ってきた。まだ、当初の「こんなのは事件になりません」と言っていた雰囲気を残しつつではあったが、どうも怪しいと思って渡さなかった。

起訴後も追加でかなりの数の文献を読んだ。

起訴状における検察の主張を要約すると、「被告人（安部氏）は帝京大附属病院第一内科長だった一九八四年当時、非加熱血液製剤のＨＩＶ汚染を知りながら、同病院内の医師に非加熱製剤の患者投与を止めるよう指示せず、漫然と同製剤を投与させ続けた過失により血友病患者一人をエイズに感染させたうえ死亡させた」というものだ。

ところで、そもそも、過失かどうかを判断する基準は「一般の通常人」である。たとえば車の運転なら、一般のドライバーだったらやらない乱暴な運転をして事故を起こせば過失になる。本件の場合、当時の医学知識や医療水準の程度に照らして、安部氏が一般的な血友病専門医だったらやらないことをやったのならば過失になるが、そうでないならば過失にならない。詰まるところ、本件当時の医療水準の問題に帰着する。

安部氏に過失がなかったことを立証するためには、当時の実務的な血友病治療はどういうものだったのか、血友病治療やエイズに関する当時の医学論文は何を中心に議論され、いつ、誰が、どういう発表をしていたのかを徹底的に明確にする必要がある。ある意味、時代考証をしながらの弁護活動であった。

集めた文献は、何十人もいる著者や発言者ごとにファイルして時系列で並べ、それぞれどのような発言をしてきたかをつぶさに検討した。当時は、まだパソコンを持っていなかったので、パンチカードを利用して、集めた文献をさまざまの角度で検討した。専門家はその時々の問題について活発に発言するので、何年の時点では何を問題にしていた、ということがわかりやすい。

こうして文献を渉猟《しょうりょう》する一方で、裁判になってからは、多くの医師や学者に会い、知見を求めた。本件のような事件の場合には、専門家に直接会って話を聞くことが重要だ。全国の学者と議論をしてみるとか、なんとか口説いて証人になってもらうことを含めて、やれることは非常にたくさんある。

公判に際しては、弁護側と検察側の間で、「相手が証拠として出してくる医学文献は互いに証拠として認め、不同意にはしない（つまり裁判所に証拠として採用してもらう）」という協定をした。

我々は、検察側より文献を読んでいると自負していたし、内外の血友病専門医にも検察より多く会ったのではないかと思う。九七年に公判が始まった時点で、この裁判に勝つ自信が私にはかなりあった。[*1]

三〇人にも及ぶ医師を証人尋問

公判で検察は一八人の証人を出した。現在は争いのある事件については公判前《こうはんぜん》整理手続に付されることが多く、その場合には、手続中に、弁護側の証人申請も終えておかなければならない。しかし、当時は、検察側の立証が終わってから、証人の申請をおこなって弁護側の立証を始めることができた。我々は検察の立証が終わったところで立証計画を立て、裁判所に申請して二ヵ月ほど時間をもらい、改めて全国をまわって本件に重要な関わりのある専門家を口説き、一六人の証人を用意した。

検察側と弁護側とを含めて証人のほとんどは医師だった（三四人中二六人）。これだけの数の医師を証人尋問する刑事事件はあまりないと思う。その意味で本件は特殊だったが、医学の専門家は、皆それぞれに確たる自分の考えを持っていて、「話せばわかる」という部分があるので、普通の刑事事件で目撃者を探して証言を依頼するよりは、やりやすかったかもしれないと思う。

証人尋問に関しては、検察との間で、いわゆる「証人テスト」[*1]はお互いに自由にやろうという協定をした。証人テストとは、公判での尋問に先立って弁護人や検察官が出廷予定の証人と会い、その人が何を知っているか、どういう考えなのかなどを確認することだ。

証人テストは刑事訴訟規則で検察・弁護側双方に権利として認められているが、実際問題としては相手側証人にアクセスするのはなかなか難しいため、このような協定をしたのである。そのため証人テストはスムーズにいき、私は検察側証人のほぼ全員に会って話を聞くことができた。

そうすると、「この人は証人尋問でこういうことを言うだろう」と、だいたい見当がつく。「この人の言っていることは論文に書いていたことと違う」「あの論文のことは隠しているな」といったことにも気付くわけである。

＊1　証人テスト：刑事訴訟規則第一九一条の三「証人の尋問を請求した検察官又は弁護人は、証人その他の関係者に事実を確かめる等の方法によって、適切な尋問をすることができるように準備しなければならない。」に基づいておこなわれる。法廷で証人尋問を円滑に進め、十分な証言を引き出すことが目的。録音・録画など可視化の対象外だが、検察官が誘導尋問に利用しているとの指摘もあり、証人テストの

全面可視化を求める声もある。

検察の陰謀

先に述べたように、厚生省は、一九八三年六月にエイズ研究班を設置し、安部氏が班長に選ばれた。同研究班の目的は、我が国におけるエイズ発生状況の調査と非加熱血液製剤に関するエイズ対策の検討であり、安部氏は研究班が活動を終える八四年三月まで班長を務めた。

エイズ研究班における安部氏の発言で、本件裁判で問題になったことの一つに「毒発言」がある。八三年六月一三日におこなわれた研究班の第一回会議の録音記録を証拠として法廷に出した検察官が、「安部医師は非加熱血液製剤を毒かもしれないと知りながら患者に投与した」と取れるような朗読をしたため、裁判を傍聴したメディアが翌日いっせいに、「毒と知りつつ投与」とセンセーショナルに報じたのである。

❶文脈を無視した「毒発言」でメディアを煽る

しかし真相はまったく違った。検察官は、録音記録の一部を省略して、意図的に「毒発言」であるかのように朗読していたのだ。

録音記録をちゃんと読むと、安部氏のその発言の前に、研究班メンバーの一人である塩川優《しおかわゆう》一《いち》医師が、

「エイズ問題や治療対策など、放っておけばすぐに解決すると思う」

という趣旨の極端に楽観的な発言をしていた。

塩川氏の専門は免疫学だ。安部氏は、血友病治療をしたことのない塩川氏がこのような無責任な楽観論を述べたことに抗議する趣旨で、

「我々血友病医は、毎日、この濃縮製剤には毒（ウイルスのこと）が入っているかもしれないと思って注射しなければならないんだ。あなたのように放ってなんかおれない」

と、あえて「毒」という強い言葉を使ってたしなめたのである。正しい文脈のなかで録音記録を読めば、安部氏の発言に何の問題もないことは歴然としている。

ところが検察官は、わざと文脈を無視して安部氏の発言部分だけを抜き出し、言葉の意味をまったく別物にすり替えたのである。これは、きわめて悪質なデマゴギーの手法だ。メディアは録音記録の内容をろくに検証もせず、この手法に踊らされたのである。

なお、我々は、塩川優一医師を弁護側証人として申請していた。塩川氏は、エイズ研究班解散後に新設された「ＡＩＤＳ調査検討委員会」の委員長であり、その委員会の活動経緯を明らかにする必要があった。塩川氏に限らず、我々が申請した証人のなかには、一連のエイズ問題で重要な役割を演じた専門家が多数いた。そのなかには安部氏に好意を持っていない人や、考え方の異なる人もいた。しかし、彼らの活動や発言は、さまざまの報告書や文献に残っているので、それらに基づいて、事実を語ってもらうことは、きわめて重要な意味を持っていた。

塩川氏には、この「毒発言」についてのやりとりも確認した。塩川氏は、「テープを聴いたが、自分の声は骨伝導《こつでんどう》で聞くので、どの発言が自分の声かの確認はできなかった」「しかし、内容としては、自分が発言したかもしれないということは、言える」という、もってまわった

形で、自身の楽観的発言を否定しなかった。

❷「独裁者・安部」を作り出す演出

エイズ研究班会議では、報告されたエイズの疑いのある症例について、それがエイズに該当するか否かの検討が数回にわたっておこなわれた。検討の対象となった症例には、安部氏の古い患者であるA氏も含まれていた。

A氏は、安部氏が東大病院第一内科に勤務していた頃に初めて出会った血友病患者で、その後、それまでの臨床経験では扱ったことのない原因不明の下痢、発熱、発疹などの症状を訴えて帝京大附属病院に入院していた。アメリカの文献を読むうちにエイズかもしれないと考えた安部氏は、研究班会議でこの症例を「エイズである疑いが強い」と何度も強く主張して認定を求めた。この症例がエイズと認められれば、厚生省も本格的にエイズ対策に乗り出してくれると、期待してのことであった。

しかし結局、安部氏の主張は、前述の塩川氏や他のメンバーから強硬に反対され、エイズ認定は見送られた。その間にA氏は亡くなった。

検察は、安部氏が研究班の班長としての権力で何でも一人で決める独裁者であったかのように主張したが、それが事実に反していることは、この一件だけでも明らかだった。そもそも会議というのは座長一人で何でも決められるわけがない。検察は、ちょっと考えればわかりそうなことを無視し、メディアもこの点を掘り下げての検討をしなかった。

なお、後日、A氏は本当にエイズを発症していたということが判明した。もし、研究班会議で安部氏の主張が通っていれば、A氏は日本におけるエイズ認定患者第一号になっていたわけである。

ところで、A氏のエイズ認定に強硬に反対した塩川氏は、安部氏と東大医学部で共に学んだ同窓生だ。当時、塩川氏は順天堂大教授だった。

その後、日本におけるエイズ患者第一号に認定されたのは、塩川氏が所属する順天堂大の患者だった。

そして、前述のように、エイズ研究班の解散後に新たに設置された「AIDS調査検討委員会」の委員長になったのは塩川氏である。この時、安部氏にはまったくお呼びが掛からなかった。

「浮かばれないぞ発言」の真相

この裁判では、非加熱血液製剤に関するエイズ対策の一つという意味での、血友病患者の治療方針として、非加熱血液製剤からクリオ製剤に替えるべきであったかどうか、ということが論点の一つになった。

検察の主たる主張は以下のとおりである。

①非加熱血液製剤による治療を主張し続けた安部氏の判断は誤っていた。切迫した危険がない出血に対してはクリオ製剤による治療で対処できたのだから、HIV感染の危険がある外国由来の非加熱血液製剤の投与を続けるべきではなかった。

②本件当時、帝京大附属病院にはクリオ製剤の在庫が十分にあり、治療法の転換に対応できた。また、原料血液を確保すればクリオ製剤の増産は可能で、全国の医療機関におけるクリオ製剤の需要にも対応できた。

①については、安部氏が科長を務めていた帝京大附属病院第一内科に所属していた木下忠《きのしたただ》俊《とし》・松田重三《まつだじゅうぞう》の両氏が検察側証人として出廷した。木下氏は安部氏の後任教授で血友病専門医、松田氏は免疫専門医で、本件当時はともに助教授だった。二人は異口同音に、

「本件当時、私は非加熱血液製剤の投与を中止してクリオ製剤に切り替えるべきだと考えていたので、安部先生に対してそう進言しましたが、無視されました」

と証言し、検察はこの「進言」証言を安部氏の判断が誤っていたことの重要な根拠とした。

一方、我々は帝京大薬学部・医学部兼任教授の風間睦美《かざまむつよし》医師をトップの証人に立てた。風間氏は、安部氏が東大医学部第一内科に勤務していた頃からの後輩で、安部氏が帝京大医学部教授に招聘《しょうへい》された時に一緒に連れてきた、いわば一番弟子だ。風間氏は、血友病治療に非常に詳しく、エイズ研究班の下部組織として血液製剤のエイズ対策を議論するために設置された「血液製剤小委員会」の委員長を務めたほどの実力者で、エイズ研究班の動向にも詳しかった。

風間氏は淡々とした口調で次のように証言した。

「木下先生や松田先生の進言についてはまったく聞いたことがないし、そのような雰囲気すらありませんでした」

「進言」が本当にあったのなら、同じ第一内科にいた風間氏が、「進言」のことをまったく知らなかったというのは妙な話だ。「進言」は本当にあったのか、と疑わざるを得ない。

「血液製剤小委員会で討議した結果、成人患者のほとんどの出血はクリオ製剤では確実な治療が不可能であること、加熱血液製剤の導入には治験が必要であることなどを研究班に答申しました。この答申は、当時の血友病専門医の英知を結集したものであり、全委員が認識していました」

「加熱血液製剤が使えるようになるまでは、私も非加熱血液製剤で治療をしていました」

これらの風間氏の証言は、当時の医療水準を物語っている。

軽微な疾患ならリスクのより少ない薬で代替できるが、血友病の場合は内臓や脳で出血したらすぐに止血しないと命にかかわるため、多少の不安があっても非加熱血液製剤を簡単にやめるわけにはいかなかった。

世界血友病連盟も、本件当時、「現時点では血友病治療のいかなる変更も勧告すべき証拠は不十分であるので、担当医師は入手可能な、あらゆる血液製剤を用いて治療を継続すべきである」との判断を示していた。リスクはあるが非加熱血液製剤でいくしかない、というのが当時の世界の医療水準だったのである。

さらに風間氏はこう述べた。

「安部先生に叱責されたのは事実ですが、いつものことで、気にしたことはありません」

風間氏が述べた「叱責」とは、一九八三年一〇月の「家庭療法委員会」でのことだった。この委員会は、血友病治療における自己注射（家庭療法とも言っていた）の研究を進めるために、安部氏が私的に設けたもので、何人かの血友病専門医が参加していた。

ところで、安部氏は、家庭療法委員会がクリオ製剤の使用拡大を検討していると誤解して、

「この答申を出したら終生浮かばれないぞ」

と、風間氏を激しい言葉で叱責した。

それを録音していた人物がメディアに録音テープを提供したため、「クリオ製剤に戻すはずだったのに安部氏の恫喝《どうかつ》で戻せなくなった」と世間に受け取られたのである。安部氏の「悪者」ぶりを国民に最も強く印象づけた言動の一つは、この「浮かばれないぞ発言」ではないかと思う。

叱責事件を機に風間氏は安部氏から遠ざけられ、薬学部兼任教授となった。要するに、風間氏は「飛ばされた」わけで、公判で証言した時点では血友病治療の現場からも外れていた。

もともと安部氏は己の信じることを歯に衣《きぬ》着せずに強く主張する性格で、「今さらクリオ製剤に戻れば医療の進歩に逆行することになる。そんなことをしたら医師として浮かばれない」という趣旨で風間氏を叱責したのだが、世間は文面通りにとらえて安部氏を非難した。

しかし、先の証言のとおり、当の風間氏はまったく気にしていなかったのだ。

長年の師弟関係で安部氏の性格を熟知し、ちょっとした、その時の気分で非常にきつい言葉でがみがみ言うが、すぐに収まると知っていたから、「また何か言っているな」と聞き流していたと、風間氏はかなり実態に迫った証言をしてくれた。こうしたことは、法廷に当人を呼んで訊いてみなければわからないことである。

安部氏が非加熱血液製剤にこだわった理由の一つは、一世代前のクリオ製剤に戻るのは医療

の進歩に逆行することであり、それはできない、という医師としての信念だった。

もう一つ現実的な理由として、クリオ製剤ではうまく止血できないケースもあることや、日本では生産量が非常に少なく手に入りにくいという問題があった。

検察側は増産可能だったと言っていたが（前記主張②）、当時の製薬会社では、すでに加熱血液製剤の開発が進んでおり、原料血液をそちらにシフトしていた。加熱血液製剤が日本で市場に供給されはじめたのは一九八五年八月中旬だ。もうすぐ加熱血液製剤を大々的に売り出そうとラインを敷いて製造している時に、しばらくそれをやめて昔のクリオ製剤を作れと言われても、実際問題として作れる会社はほとんどなかったわけで、検察の主張は現実離れしていたのである。

検察のシナリオ尋問を暴く

非加熱血液製剤の投与を中止するよう安部氏に「進言」したと法廷で証言した木下忠俊氏は、その理由について、「エイズ発症の危険性が高いことを知っていたからだ」と述べた。危険性を訴える部下の忠告を無視して非加熱血液製剤投与をやめさせなかった安部氏には過失がある、というのが検察側の見立てだった。

だが、実際には、木下氏が「進言」した時期に、ＨＩＶの危険性はほとんどわかっていなかった。むしろ、ウイルスが同定されたということで、ワクチンの開発を期待する声すらあったのだ。

HIVがワクチンの作れない非常に厄介で危険なものであることは、このウイルスを発見したギャロ博士やモンタニエ博士らが研究を進めるにつれて、少しずつわかっていったことである。世界最先端のエイズ研究者が認識できなかったことを、ウイルス学やエイズの専門家でもない木下氏が真っ先にわかっていたなど、あり得ないことである。

木下氏の証人尋問は、全日公判（午前一〇時から午後五時まで一日がかりで開かれる公判）で、主尋問三回、反対尋問三回、再主尋問一回の計七回という異例の回数を重ねた。

反対尋問で私は訊いた。

「あなたは検察官と打ち合わせをしたでしょう。どのくらいしたのですか？」

「一つの公判ごとに、検察官の主尋問の際には六、七時間の打ち合わせを四回か五回ずつ、弁護側の反対尋問の際には三、四時間の打ち合わせを二、三回ずつやっていました」

合計すると百数十時間に及ぶ。

「どういう方法で打ち合わせをしたのですか」

「検察官があらかじめ作った質問と回答をワープロで書いたものが用意されていて、実際に検察官が質問して私がそれに答えるという練習をしました。私が〝シナリオ〟を完全に暗記するまでやらされました」

そのシナリオはB４判で三〇～四〇枚もあったという。

私は「しめた」と思った。

検察は「シナリオ尋問」をやったのだ。「事件ファイル①」の「鈴木宗男事件」で述べたとおり、シナリオ尋問は、法廷で検察側が自分たちの都合のいいように証人に証言させるための方法の一つである。証人を誘導してはいけないことは裁判の鉄則だ。そのため、尋問前の打ち合わせでは調書を見せてはいけない（刑事訴訟規則第一九九条の一一）[*1]などの厳しい制限がある。ところが特捜部は、誘導の最たるものであるシナリオ尋問を最初からやっていた。当然ながら、こうした方法でなされた証言は信用性が認められない。

なぜ、木下氏は検察の言うがままになったのか。

本件患者に非加熱血液製剤が投与された一九八五年五〜六月当時、安部氏は帝京大副学長として大学の運営に携わり、血友病治療の現場にはいなかった。現場の医師たちに日々の治療や投薬を指示していたのは、主任教授の木下氏だった。

仮に、当時の血友病治療として非加熱血液製剤を投与させていたことが犯罪であるならば、木下氏こそ真っ先に刑事責任を追及されるべき立場にあったわけである。

彼は、検察官の言うとおりにしないと自分が訴追されると恐怖を抱いたに違いない。検察側はそこに付け込んで、あり得ない証言を強いたのである。

検察官が「シナリオどおりに証言すれば、あなたの刑事責任は問わない」などと言ったのだとしたら、木下証言は一種の司法取引によっておこなわれたことになる。

＊1　刑事訴訟規則第一九九条の一一：記憶喚起のためであっても、証人に供述調書を示すことはできない旨が規定されている。これは、不当な影響を証人に与えるからである。このため、出廷前の時点でも、証人に供述調書を示すことは好ましくない、とされている。

薬害エイズ問題と安部氏の動き

1983. 6.13	エイズ研究班第1回会議　安部班長、塩川氏のエイズ軽視発言に抗議→後に本件公判で検察官が文脈を無視し「毒発言」として朗読 安部班長、帝京大病院の血友病患者A氏症例のエイズ認定を主張するも、塩川氏らの反対で認定見送り→7月18日第2回会議、8月19日第3回会議も同様
9.14	血液製剤小委員会初会合　成人患者のほとんどはクリオ製剤では確実な治療が不可能、加熱血液製剤の導入に治験は必要不可欠、との意見で一致
10.18	家庭療法委員会　安部氏、クリオ製剤に関して風間氏を叱責→後に「浮かばれないぞ発言」として批判される
1984. 3.29	エイズ研究班第5回会議　以後活動停止
4月	ギャロ博士らエイズに関する4論文発表、エイズ抗体検査法の開発を報告（5月『サイエンス』誌掲載）
6.18	安部氏、ギャロ博士に抗体検査を要請
8. 8	安部氏、ギャロ博士に48名の検体を送付
8月	世界血友病連盟、「血友病治療のいかなる変更も勧告すべき証拠は不十分、入手可能なあらゆる血液製剤で治療を継続すべき」との決議を満場一致で採択
9月中旬	安部氏、ギャロ博士の検査結果を入手　48名中23名が陽性
9.28	第1回AIDS調査検討委員会　塩川委員長
1985. 4月	WHO、加熱血液製剤の使用を勧告
5.12 〜 6. 7	本件患者、帝京大附属病院で非加熱血液製剤を3回投与され、後に、そのうちのいずれかで、HIVに感染
7月	厚生省、加熱血液製剤（加熱第Ⅷ因子濃縮製剤）の製造承認 非加熱血液製剤の回収命令は出さず
12月	厚生省、加熱血液製剤（加熱第Ⅸ因子濃縮製剤）の製造承認
1986. 8月	厚生省、非加熱血液製剤の回収終了

かつての部下は正義を貫いた

木下氏は、例の「浮かばれないぞ発言」で遠ざけられた風間睦美氏にとって代わって、安部氏に重用されるようになり、やがて後任教授の地位を得た。

安部氏は、患者に対して非常に親切で、明るい言葉をかけて励ましたり、文献を見せながら血友病のことをいろいろと教えたりしたので、「自分の親父以上に親しみがある」と言う患者もいた。

部下に対する面倒見もよかったが、家父長的威厳を示す一面もあった。一九一六（大正五）年生まれの安部氏と同年代の人たちには多かれ少なかれ、そういう面があっただろう。

安部氏の場合、一九四一（昭和一六）年に東京帝国大学医学部を卒業後、海軍軍医士官として従軍し、太平洋戦争真っただ中の過酷な医療現場を経験したことも影響しているかもしれない。ちなみに、海軍では中曾根康弘《なかそねやすひろ》氏（元首相。東京帝国大学法学部政治学科卒業後、海軍主計中尉。二〇一九年没）と同期だったという。

それだけに、安部氏の後進指導は非常に厳しく、七〇歳、八〇歳になっても部下の論文が真っ赤になるほど赤ペンを入れ、とことん添削することで有名だった。

それほど部下の指導に情熱を傾けていたのだが、人を見る目はあまりなかったのか、優秀で温厚誠実な性格の風間氏を医局から追い出すようなことをし、それに代わって木下氏を自分の後任にしたのである。

その木下氏は、自分に火の粉が飛んでくるのを避けようとして、安部氏を裏切り、検察に媚《こ》びてシナリオ尋問に応じた。

一方の風間氏は、安部氏に疎《うと》んじられた過去があるにもかかわらず、医師としての矜持《きょうじ》を維持し、法廷で事実に基づく証言をした。

同じ病院内の医師でも、裁判に対する姿勢は人それぞれで、まさに小説「白い巨塔」を彷彿《ほうふつ》とさせる人間模様であった。

争点の核心は「予見可能性」

この裁判の争点の核心は「予見可能性」だった。本件当時、安部氏が、医師として、非加熱血液製剤の投与によって患者がＨＩＶ感染する危険性をどこまで知り得たか、である。

安部氏は、エイズウイルスの発見者の一人であるギャロ博士が一九八四年にエイズの抗体検査法（感染の有無を検査する方法）を開発したと発表すると、いち早くギャロ博士に検査を依頼した。帝京大附属病院の血友病患者四八名の検体をギャロ博士に送り、同年九月に四八名中二三名が陽性であるとの結果を得ていた。

検察側は、これを理由に、「患者の五割弱が陽性と判明した八四年九月には予見可能であり、少なくとも本件患者が非加熱血液製剤を投与された八五年五〜六月に、安部氏は危険性を十分認識していた」と主張した。

私はこの「五割」という数字が引っかかった。

「五割という数字だけを見ると、一回の非加熱血液製剤投与で二人に一人は感染するように思えるが、そんなことはないのではないか？」

当時のさまざまなデータをもとにして調べると、患者はそれまで何年間にもわたって定期的に非加熱血液製剤の投与を受けており、非加熱血液製剤にＨＩＶが混入していたと考えられる時期からの総回数は、二〇〇回程度に達していた。仮に、一割の非加熱血液製剤が汚染されていたとしたら、感染者が半数で済むはずがない。そう考えて、数学の先生に計算してもらったところ、一回の投与で感染する確率は、〇・三％弱であった。

本件で亡くなられた患者さんは非加熱血液製剤を三回投与されていたから、単純計算すれば、三倍の〇・九％の危険だったことになる。普通なら九九％は感染しない確率なのに、感染してしまったのだから本当に気の毒である。

だが、それが医者の責任かどうかという話になれば、また別の問題になる。

エイズの抗体検査法が開発された当時は、抗体陽性が何を意味しているのか、専門家にもよくわかっていなかった。過去にエイズウイルスに感染して体内に抗体ができたから、麻疹やおたふくかぜのように終生免疫を獲得し、今後は二度と感染しないのか。それとも、今現在エイズウイルスを体内に保有していて、今後エイズを発症することになるのか。その発症率はどの程度なのか。将来にわたり体内にウイルスを保有し続けるのか——。過去の感染の有無は知ることができても、感染したあとどうなるかは、まだ何もわかっていなかったのである。

つまり、検察が主張する時期にエイズの危険性を予見できる程度は相当に低かった、ということである。

しかし、「五割」という数字が衝撃的だったため、この数字が独り歩きして、「何度も何度も繰り返し投与した」という部分が抜け落ち、「一回打てば半分は感染する」かのように報じられ、さらには「打てば必ず感染する」「感染イコール発症」という誤ったイメージまでが拡大してしまった。

検察側証人の虚偽証言を撃破

「予見可能性」に関して検察が証人に立てたのは、ウイルス学者の栗村敬《くりむらたかし》医師だった。その証言をごく簡単にまとめると次のとおりである。

「①八四年一〇～一一月に厚生省の委託を受けて日本人血友病患者の抗体陽性者の抗体価を測定したところ、欧米の感染者と同じレベルだったことなどから、日本人血友病患者の抗体陽性者はキャリアー（今現在エイズウイルスを体内に保有している者）であると判断し、同年一一月に京都大学で開かれた厚生省主催の会議（以下、京都会議）で最初に発表した。

②京都会議以後は、抗体検査の結果を発表した場で、常にこのことを指摘していた。

③自分は当時から、ＨＩＶ抗体陽性者のエイズ発症率は非常に高い可能性が強いと思っていた。日本人血友病患者も当然、その当時報告されていた米国の男性同性愛者のＨＩＶ感染者と同様の運命をたどっていくと思っていた」

検察はこの証言を、本件当時にはエイズに関する危険性が認識されていたことの根拠の一つとした。ところが、事実は以下のようにまったく違っていたのである。

栗村証言①　京都会議に出席した松田重三医師（検察側証人）のメモには、抗体陽性がキャリアーであることを意味する記載は皆無だった。松田医師は、「検査結果の意味することについて、当日はまったく話題にならなかった」と証言した。

栗村証言②　京都会議以降、八五年に開かれた学会やシンポジウムなどの抄録や栗村氏が会議で配った資料にも、抗体陽性がキャリアーであるとの記載はまったくなかった。

栗村証言③　八五〜八六年になされた栗村氏の発言では、「抗体陽性者がキャリアーかどうかは不明」（八五年論文）、「エイズウイルスが体内に入っても実際に発症する確率は非常に低いと思う」（八五年ラジオの座談会）、「輸血による感染は今後増えることはなく、エイズ患者の増加もあと二〜三年で止まると思う」「一万五〇〇〇人を超えるエイズ患者のなかで米国における東洋系患者の数は六二名にすぎない。これは人種的差異のほかに社会生活習慣の違いも大きな原因の一つと思われる」（いずれも八六年論文）などとされている。

栗村氏が八四年当時から「抗体陽性者はキャリアーであると判断」し、「抗体陽性者のエイズ発症率は非常に高く、日本人血友病患者も当然、米国のＨＩＶ感染者と同様の運命をたどっていくと思っていた」のなら、八五〜八六年になってこうした発言をするとは考え難い。

結果を先に言うと、先に挙げた栗村証言は裁判長に採用されなかった。

栗村氏は、薬害エイズ事件を取り上げたＮＨＫの特集番組でも「私は昔からエイズの危険性を知っていました」と胸を張り、「我々の職業は、人の不幸という場で成り立つ職業であると考えたんですね。本当に不幸が来ているかもしれないと思うのでなかったら、医療とか医学とか、やっちゃいけないですね」と、自分が正義の人であるかのように述べていた。

実際には、事件が起こってから言っていることと、昔言っていたこととはまるで違う。昔は

「エイズなど問題ない、安全だ」とする論文を山のように書いていたのに、「安部叩き」で世の中の風向きが変わったとたんに豹変し、「危険性を昔から知っていた」と言い出したのである。しかし、いくら検察官調書でそう言っても、昔の文献にあたれば「あなたは当時そんなことをどこにも書いていませんね」と指摘できる。

この裁判の特徴の一つは、証人の供述が事実かどうか、過去の論文や会議の記録などを調べれば容易にわかることである。普通の刑事事件では検察官が作った供述調書くらいしか手掛りがなく、たまたま録音記録や日記があっても内容はそれほど詳しくない。だが、医学の世界では各分野の専門家が研究結果や自説を論文にして雑誌などにどんどん発表し、それらはすべて図書館に残る。

我々は栗村氏の論文も多数集めてファイルしていたので、何年何月何日頃に彼がどんな発言をしていたかファイルにあたれば全部わかり、虚偽証言を暴くことができたのである。

ノーベル賞学者の嘱託尋問調書を隠し続けた検察

この裁判に大きな影響を与えた証拠の一つは、フランスのフランソワーズ・バレ＝シヌシ博士の証言だった。彼女はエイズウイルスの発見者の一人であるモンタニエ博士の共同研究者で、のちに両博士は二〇〇八年にノーベル生理学・医学賞をＨＩＶ研究で受賞している。

一九九九年一一月二日、彼女は東京地裁で証言台に立った。安部氏と共に薬害エイズ事件で業務上過失致死罪に問われた元厚生省官僚、松村明仁《まつむらあきひと》氏[*1]の法廷だった。

我々弁護団は松村氏の弁護団と頻繁に連絡をとっており、バレ＝シヌシ博士を証人に呼ぶことも知っていたので、法廷に行き傍聴席からこの尋問を聞いていた。

バレ＝シヌシ博士の証言は、本件当時、エイズウイルスやその抗体陽性の意味について、自分たちを含む世界のエイズ研究者の誰も理解しておらず、明確な危険性の認識は浸透していなかったというもので、松村氏にとっても安部氏にとっても有利な内容だった。

「日本でこういう裁判をしていることを知っていましたか」

証言の最後に裁判長が訊くと、彼女はこう述べた。

「はい。私はフランスで、今話したことを日本の検察官にもすべてお話ししています。その時の質問はフランスの裁判官から受けました」

私は驚いた。彼女の言葉は、東京地検の検事がフランスの裁判所に嘱託して彼女を尋問していたことを意味する。だが、安部氏の裁判でその調書は検察官から証拠として申請されておらず、開示すらもされていない。そもそも嘱託尋問をしたこと自体、裁判所にも弁護団にも知らされていなかった。

安部氏と共に薬害エイズ事件で業務上過失致死罪に問われた元厚生省官僚、松村明仁氏の刑事訴訟で証言したフランスのバレ＝シヌシ博士。シヌシ博士は、2008年にHIV研究の功績でノーベル生理学・医学賞を受賞した

松村氏の弁護人を通じてどういうことなのか検察に質《ただ》すと、検察官がやってきて、「シヌシ博士を尋問しました」と言う。「やはり」と思った。

彼女を嘱託尋問したのなら、エイズウ

イルスのもう一人の発見者であるギャロ博士にも嘱託尋問をしているのではないか、と閃《ひらめ》いた。根拠はなかったがまったくのブラフで、

「ギャロもやったでしょう。それも出して下さい」

と証拠開示を請求してみると、やはり出てきた。

どちらの調書も安部氏の無罪を裏付ける内容だった。ギャロ博士は、抗体陽性が何を意味するかアメリカの公衆衛生当局はわかっていなかったということだけでなく、「この点は安部博士のための注目すべき重要な事柄である」とまで述べていた。

バレ＝シヌシ博士の嘱託尋問調書の日付は一九九七年四月三日、ギャロ博士の調書は四月一〇日だった。安部氏の公判が始まったのは同年三月一〇日だ。検察は初公判直後に二人の証言を得ながら、その内容があまりにも自分たちに不利であることに驚き、蓋をして、なかったことにし、調書の存在を二年半あまりも隠し続けていたのだ。我々は、改めて、ギャロ博士に直接会って詳しい陳述書も作成してもらって裁判所に提出した。

＊1　松村明仁：北海道大医学部卒。元厚生省薬務局生物製剤課長（郡司篤晃氏の後任）。薬害エイズ事件で患者二名（うち一名が本件患者）の死について業務上過失致死罪に問われた。

判決の内容

後世に残る名判決

「被告人は無罪」

二〇〇一年三月二八日、東京地裁（裁判長　永井敏雄《ながいとしお》、裁判官　上田哲《うえださとし》、裁判官　中川正隆《なかがわまさたか》）は判決を言い渡した。初公判から四年が過ぎ、公判回数は五三回を重ねていた。我々は、初めから無罪を確信していたが、実際に判決をもらうとやはり嬉しい。判決の要旨は次のとおりである。

①予見可能性について

・本件当時、世界の研究者が公にしていた見解に照らせば、ＨＩＶの性質や抗体陽性の意味には不明点が多々あり、検察官が主張するほど明確な認識が浸透していたとは言えない。

・本件当時、帝京大附属病院にはギャロ博士の抗体検査結果などの情報があったが、抗体陽性者の多くがエイズを発症すると被告人が予見できたとは認められないし、非加熱血液製剤の投与が患者を高い確率でＨＩＶに感染させるものであったという事実も認め難い。

②非加熱血液製剤の投与を続けたことについて

・非加熱血液製剤はクリオ製剤に比べて止血効果に優れ、副作用が少なく、自己注射ができるなどのベネフィットがあり、血友病患者の生活を飛躍的に向上させると評価されており、クリオ製剤に替えるとすると治療に少なからぬ支障が生じるという問題があった。

・本件当時、我が国の大多数の血友病専門医は、両者のリスクとベネフィットを比較した結果として血友病治療に非加熱血液製剤を投与しており、この治療方針は加熱血液製剤が承認供給されるまで基本的に変わらなかった。こうした当時の実情に照らせば、被告人が非加熱血液製剤の投与を中止しなかったことに義務違反があったとは言えない。

筆者註：裁判所は、判決書のなかで「リスク（危険）」と「ベネフィット（利益）」という言葉を繰り返し使って安部氏が無罪である根拠を説明している。

「どのような医療行為にも一定のリスクがともなうが、その点を考慮してもなお、治療上の効能・効果（ベネフィット）が優《まさ》る場合には、適切な医療行為として成り立ち得る」

「このような場合、仮にその医療行為でリスクが現実のものとなっても、ただちに刑法上の過失責任が科されるものではない」

「刑事責任を問われるのは、通常の血友病専門医であればおよそそのような判断はしないはずの場合、つまり、ベネフィットに比してリスクの大きい医療行為を選択した場合である」と。

③検察側証人の証言について

・法廷での証言は本件当時から十数年を経たのちになされたものであるが、当時の証人自身の発言や記述と比べて看過し難い矛盾、あるいは証人が自分に対する責任追及を逃れるため検察官に迎合したのではないかとの疑いを払拭できない問題があり、信用性に欠ける点がある。

筆者註：前者は栗村証言、後者はシナリオ尋問による木下証言を指す。これらの証言は信用できないとして排斥され、それが安部氏無罪の大きな理由の一つにもなった。

④安部氏の刑事責任について

・過失自白への判断：被告人の捜査官に対する過失を認めた供述は、あまりにも不自然である。本件当時に本人が真にそう考えていたのではなく、その後に接した文献等の内容と当時のデータが結びつき、自らの記憶を再構成するに至ったのではないかとの疑問を禁じ得ない。

・各証拠に基づき具体的に検討した結果、被告人に過失があったとは言えない。血友病治療の過程で被害者がエイズを発症し死亡したことはまことに悲惨で重大だが、処罰を求めるあまり、業務上過失致死罪の成立範囲を便宜的に広げることがあってはならない。

筆者註：判決書は、本件を検討するにあたっての基本的な視点の一つとして、「事実認定にあたっては、当時公表されていた論文など確度の高い客観的な資料を重視すべきである。事後になされた供述等の信用性は慎重に吟味する必要がある」ことを挙げている。要するに、「あと知恵」で本件を検討してはならない、ということだ。

東京地検特捜部は自白の強要やシナリオ尋問で事実を歪めたストーリーを作り上げ、「あと知恵」でそれを立証しようとしたが、それは土台、無理な話だったのである。

判決を聞きながら、我々の主張はほぼすべて通ったと感じて、私はほっとした。

後日、武藤先生から聞いた話だが、この裁判のあと、かつて司法研修所で武藤先生が担任していたクラスの同期会があり、本件公判で主任検事を務めた青沼隆之《あおぬまたかゆき》検事も出席した。青沼検事は武藤先生の顔を見るなり、「完敗でした」と言ったそうである。

東京地裁の判決書は三六六ページにおよぶ膨大なもので、最も多くのページが割かれたのは「予見可能性」についての検討だった。本件当時の医療水準、エイズ研究の動向、血友病治療の実態などを十分に理解したうえで正確に書かれており、じつによくまとまっていた。今読み返してみても、論旨明快で格調が高く、後世に残る名判決である。

これは、主任裁判官の上田哲氏が医師（東大医学部出身）だったことが大きいと思う。おそら

2001 年 3 月 28 日、安部英氏の無罪判決の記者会見を終えて退席する著者（左から 2 人目、写真提供：共同通信社）

「医師の責任」追及に壁

安部被告に無罪判決

「医師個人に責任はない」。薬害エイズ事件で、元帝京大副学長、安部英被告（84）に東京地裁は二十八日、無罪を言い渡した。「官・業・医」の癒着が生み出したとされる戦後最大の薬害事件。判決は、常にリスクを背負いながら治療法を選択する医師の刑事責任を問うことの困難さと限界を示した。「五百人を超える犠牲者への責任が医者にはないのか」――。「血友病治療の権威」の犯罪を追及してきた被害者らは悲痛な叫びを上げた。（1面参照）

治療法選択とリスク回避

当時の水準考慮

これまで薬害で、医師の過失の有無が公判で争われたことはなかった。その当時の治療技術に照らすと、薬禍の発生・拡大を予測することはできないという厚い壁に阻まれ、刑事訴追にすら至らなかったからだ。

それだけに、薬害で安部被告に対する司法判断は医師の刑事責任を考えるうえで注目された。

裁判で問われたのは、日本の血友病治療の権威が、輸入非加熱血液製剤によるエイズウイルス（HIV）感染とエイズ発症を予見し、食い止めることができたかどうかだった。

判決は「安部被告の医師としての責任も、エイズ発症の危険性認識も低いなが

安部被告に対する無罪判決後、会見するHIV訴訟原告団（28日午前、東京・霞が関の司法記者クラブ）

被害者側「

「到底容認できない」――。被害者と原告弁護団は判決後、東京・霞が関の司法記者クラブで会見し、戦後最大の薬害に対する医師の責任を全面的に退けた裁判所の判断に怒りや失望の色をあらわにした。

東京HIV訴訟原告団の大平勝美さん（52）は「判決は受け入れがたい。当時、患者や家族は感染回避のための手段をHIV専門医に求めていたが、一番の窓口である安部さんはその責任を怠った。我々の被害や不安を思うと到底容認できない判決だ」と判決を批判した。さらに、「このような

安部英氏の無罪判決を伝える日本経済新聞夕刊（2001 年 3 月 28 日）。メディアの報道は、判決の内容に対して、批判的な論調が目立った

く裁判所は、医学とは何かという根源的問題を見渡す大きな視野を持ち医学論文の読み方も熟知している上田氏を、意図的に主任裁判官に配属したのであろう。

新聞しか読まないような裁判官だったら、「三浦和義事件」のケースと同様、世論に迎合した別の判決もあり得たかもしれない。

判決書の読み方

無罪判決は我々にとっては当然の結果だったが、「安部叩き」を続けてきたメディアは激しく動揺した。無罪判決を伝える新聞の見出しがそれを物語っていた。

「『なぜだ』無念の傍聴席」

「『論理のすり替え』追認　市民感覚から離れた司法」

「命の代価　だれが……」

我々が名誉毀損で訴えていた櫻井よしこ氏は、この判決言い渡しのあと判決書が出されるまでに四ヵ月ほど要したことを、自身のブログで「タイミングが遅すぎる」と批判した。民事訴訟では判決文が完成しないと判決が言い渡せない。その根拠となっているのは、民事訴訟法第二五二条「判決の言渡しは、判決書の原本に基づいてする。」である。

一方、刑事訴訟ではどの裁判でも判決書なしで判決を宣告している。その根拠は、刑事訴訟法第三四二条「判決は、公判廷において、宣告によりこれを告知する。」である。つまり、判決の宣告時に判決書は不要なのだ。刑事訴訟法を変えでもしない限り、「タイミングの遅さ」

はいかんともしがたいことなのである。

もちろん判決を言い渡す時に主文は確定しているし、判決骨子もできている。メディアが注目する事件の場合は判決の要旨を作って配る。安部氏の裁判でもそうだった。

刑事事件で裁判官が判決書を書くのは判決を言い渡してからだ。その分量は判決要旨の約一〇倍になることもあり、推敲に時間がかかるのか、判決書が出てくるのは宣告のかなりあとになる。そのため我々弁護士も、控訴する場合になかなか控訴理由が書けなくて困ってしまうことがある。

また、判決要旨と判決書の文言が部分的に違っていることもある。本件の場合もそのような部分があり、櫻井氏は「後出しジャンケン的」と非難していたが、判決要旨は言い渡しの時に口頭で読み上げられていたので、言い方は多少違っても、判決の主旨そのものが変わっているわけではなかった。

三浦和義氏が「氏名不詳の第三者と共謀した」とされて有罪になった「銃撃事件」一審判決でも、判決要旨と判決書の文言には異なる部分があった。言い渡しの時、法廷で判決要旨を読み上げた裁判官は三浦氏のことをかなり強い言葉で悪く言っていたが、数ヵ月後に出てきた判決書では表現がややマイルドになっていた。我々弁護団が控訴するであろうと意識し、「被告人のことを悪《あ》しざまに言うのはまずい」と考えたのだろう。

このように、裁判官は控訴を意識して判決書を書いている。その場合、裁判官は「控訴されるのならこの部分はこういう書き方にしよう」と考えるため、法廷で述べた判決要旨と言いぶりの違うことを書いたりする。判決の書き方には、こうした力学も働いているのである。

「悪人」を仕立て上げ、本質から目をそらさせる悪弊

医学や医療というのは、誰かが最初に立てたある仮説を他の誰かが別の視点から検討して追試験をしたり、新たな情報が入ってきたりするなどのなかで、少しずつ進歩していく。その仮説が徐々に共有され、皆が認めた時、初めて一つの知識になる。こうした進歩の過程を無視し、「今ある知識は最初に仮説が立った時からすべてわかっていたのだ。それに従わなかった奴は罪人だ」ということになってしまったら、医学も医療も成り立たなくなる。

もしも安部氏が有罪になっていたら、日本の医療はひどいことになっていただろう。そもそも、世界的に多発した未曾有の薬害を、問題の本質を見ずに、一人の老医師の責任にするという、その単純で浅い感覚が問題である。

薬害エイズ問題をめぐる対応には、アメリカと日本で大きな違いがあった。

アメリカは、事実とニュートラルに向き合って薬害エイズ問題を科学的に究明し、今後の対策を立てるべきだという考えに基づいて調査チームを立ち上げ、刑事責任は問わないことを前提に、さまざまな立場の人から事実を聞き出し、原因をとことん調査した。この活動に莫大な公的資金と労力を投じ、その成果として分厚い報告書[*1]を公刊し、同様の悲劇を起こさないための策を講じていった。

一方、日本ではこの問題が政治家の人気取りに利用され、ヒステリックな報道が続いただけ

で、科学的・歴史的に薬害エイズ問題を解明しようという機運は生まれなかった。
「郡司ファイルの発見」で株を上げた菅直人氏は、安部氏の無罪判決が出た直後に、「とんでもない判決だ」とコメントした。安部氏逮捕のきっかけを作った当時の厚生大臣として、彼は反省すべき立場にある。無罪判決で実質的に批判されているのは彼なのだ。その人物が判決文の内容をよく読みもしないでこのようなコメントを出すことに、私は呆れた。その後も菅氏は、薬害エイズ問題での「功績」を誇らしげに語っていた。

悲惨で重大な事件や事故が起こって人心が動揺した時、日本では被害者の対極に誰か一人「悪者」を置いてバッシングしがちだ。特定の人物を生贄《いけにえ》にして刑事事件化することで問題が解決したかのようにごまかして、社会不安をやわらげ、安心とカタルシスを得ようとする。同じような悲劇を繰り返さないためにシステムを見直そうといった議論はせず、すべてを個人の責任に矮小化《わいしょうか》して問題を水に流そうとするのは、日本人の悪い癖だと思う。

これは、東京電力福島第一原発事故をめぐる強制起訴裁判[*2]にも言えることだ。原発事故については解明すべきテーマが山のようにある。三人の東電元幹部の個人責任にして刑事処罰をすれば済む問題なのだろうか、と思うのである。

＊1　薬害エイズ問題に関する米国の報告書：*HIV and the Blood Supply: An Analysis of Crisis Decisionmaking*, Institute of Medicine, 1995, Committee to Study HIV Transmission Through Blood and Blood Products. 邦題『HIVと血液供給——危機における意思決定の分析』（清水勝・新美育文監訳　日本評論社　一九九八年）。

＊2　福島第一原発事故をめぐる強制起訴裁判：二〇一一年の東日本大震災による津波で東電福島第一原発が水素爆発を起こした事故をめぐる裁判。一二年、全国一万人以上の市民が、東電幹部・政府関係者を業

務上過失致死傷等の容疑で告訴・告発→一三年、東京地検が全員を不起訴処分→検察審査会に審査申し立て→一四年、検察審査会が東電の勝俣恒久《かつまたつねひさ》元会長・武黒一郎《たけくろいちろう》元副社長・武藤栄《むとうさかえ》元副社長を起訴相当と議決→一五年、東京地検が再び不起訴処分→検察審査会が三人を強制起訴すべきと議決→一六年、検察官役の指定弁護士が三人を業務上過失致死傷罪で東京地裁に強制起訴→一九年九月、三被告に無罪判決→控訴→二〇年九月、検察官役の指定弁護士が事実誤認を理由に判決破棄を求める控訴趣意書を東京高裁に提出、という経緯をたどり、二一年一一月より控訴審が始まった。強制起訴に関する詳細は「事件ファイル①」第一章「小澤一郎事件」参照。

控訴審中に安部氏が死去

刑事事件において一審無罪であれば、「疑わしきは罰せず」[*1]の法諺《ほうげん》に基づいて検察は基本的に控訴すべきではない、と私は思っている。裁判官が一人で審理する場合はとんでもない勘違いをすることもあり得るからともかくとして、合議体の裁判で三人の裁判官が検討した結果「無罪」と判断したのなら、少なくとも、有罪とすることに合理的な疑いがあることは明らかであり、「疑わしきは罰せず」という原則からして、検察官控訴は間違っていると思うからだ。

しかし、検察は本件一審判決を不服として控訴した。

控訴審公判は二〇〇二年一一月に始まったが、それ以前から安部氏にはアルツハイマー病の軽微な症状が見られた。控訴審公判の途中で妻の道子《みちこ》さんが一時入院したことがあり、家で世話をする人がいなくなったため、体調の悪かった安部氏もしばらく入院した。ところが、生活環境の急変がよくなかったのか、入院を機にアルツハイマー病が急激に進行し、第九回控訴審公判を迎えた〇三年末には、とても裁判など闘えない状態になってしまった。すべての証拠調べを終えて弁論に入る寸前だったが、我々は公判停止を申請することを決断し、安部氏を医師に診てもらったうえで、〇四年二月に裁判所に鑑定書を提出、裁判所は公判停止を決定した。

そして、翌〇五年の春、安部氏は帰らぬ人となった。八八歳であった。

安部氏は信念の強い人だから、ものごとによっては頑固で譲らないところもあったが、弁護人が気を悪くするような言動は一度もなかった。彼は五六日間の勾留の末、全預金に相当する一億円を支払って保釈された。そのため銀行と交渉して保釈金を担保にお金を借り、何年間かの弁護費用を工面した。控訴審判決を待たずに逝くことは、さぞ無念だったろう。

仮に安部氏が控訴審判決を得たとしても、無罪であったことは明らかだ。

1996年10月26日、約2ヵ月ぶりに保釈が認められて、東京拘置所をあとにする安部英氏。腕を支えているのは著者

なぜなら、二件の薬害エイズ事件で起訴された元厚生官僚・松村明仁氏が、安部氏とまったく同一の事件について、一審、二審のいずれも無罪になったからである。二審判決のこの無罪部分は検察の上告がなく確定した。松村氏が無罪を勝ち取ったのは、加熱血液製剤が承認される以前の一九八五年五～六月に帝京大附属病院で非加熱血液製剤を投与された本件患者の死についてである。二審では安部氏の裁判と同じ裁判長お

よび裁判官が担当した。安部氏が存命なら控訴審も無罪を取れたことは確実だ。

松村氏が起訴されたもう一つの事件は、加熱血液製剤承認後の一九八六年四月頃に非加熱血液製剤を投与された患者の死についてで、こちらはミドリ十字との関連で有罪となった。ミドリ十字は、HIV感染のリスクがない加熱製剤が承認されたあとも、非加熱血液製剤の在庫を売りさばいてしまおうと、あえて出荷を続けていたのである。その頃には、本件患者が投与されていた時よりも非加熱血液製剤のリスクがはっきりしていたので、「営利目的で人の命を犠牲にした」という色彩が強くなり、ミドリ十字の経営陣は有罪、松村氏も非加熱血液製剤の回収命令を出さず被害を広げたとされて有罪になった。

つまり彼は、わずか一年の情報の差によって一方の事件では無罪、もう一方の事件では有罪になったわけだ。医学にはこうしたことがままある。だからこそ、本件では事件当時の医療水準や情報認識度が大きな論点となり、それらが十分に検討されたうえで安部氏は無罪となったのである。

＊1　「疑わしきは罰せず」：刑事裁判において事実の存否が明確にならない時は被告人にとって有利に扱わなければならないとする法諺。ラテン語 in dubio pro reo の直訳から「疑わしきは被告人の利益に（従う）」とも言う。この言葉は刑事事件における事実認定の過程を裁判官側から表したもので、当事者側から表現した言葉が「推定無罪」。なお、刑事訴訟法第三三六条「無罪の判決」では「被告事件が罪とならないとき、又は被告事件について犯罪の証明がないときは、判決で無罪の言渡をしなければならない。」と定められている。

「言論の自由」の敵は権力者とは限らない

メディアが作り出した「安部＝悪人」のイメージは、最初の刷り込みがあまりにも強かったため、無罪判決を得たあとも、安部氏の死後でさえ、彼の責任を問う声は絶えなかった。

そこで我々弁護団は、安部氏の無罪と本件裁判の意味を世の中に再度はっきりと伝える必要があると考え、二〇〇八年に『安部英医師「薬害エイズ」事件の真実　誤った責任追及の構図』（現代人文社）を出版した。巻末には判決文全文をCD―ROMとして付けた。弁護団メンバーのほかに、元厚生省官僚の郡司篤晃氏と元ミドリ十字社員の岡本和夫《おかもとかずお》氏も分担執筆した。

郡司氏は本件一審公判で弁護側証人となり、当時のエイズ問題に対する認識や研究班活動の実態などを証言してくれた。岡本氏は裁判時には検察側証人だったが、検察官から三〇回近く事情聴取されたあげくシナリオ尋問を強要されて検察不信となり、後には弁護側に立って名誉毀損訴訟に関わってくれた。

出版に際しては、被害者側からの攻撃を恐れて尻込みする出版社も少なからずあり、版元がなかなか見つからずに苦労した。言論の自由の敵は権力者とは限らないことを痛感した。

言論の自由ということで言えば、名誉毀損訴訟の結末にも触れておくべきだろう。

結果だけを記すと、『週刊新潮』で安部氏を「大量殺人の容疑者」などと記述した新潮社と保田行雄弁護士についての訴訟では、新潮社に対してのみ勝訴が確定した。

事実に反する文章を記述した毎日新聞と櫻井よしこ氏については、最高裁が「真実ではない」ことを認めたが、「取材能力を考えると真実と誤信したことに過失があるとまでは言えない」として、我々の訴えは斥けられた。

行為者がある事実を真実だと誤信し、誤信したことについて相当の理由がある場合、名誉毀損の罪は成立しない、と解されている。これを「真実相当性」という。つまり、櫻井氏の記述は真実でないが、彼女のその記述をした時点での取材能力に照らせば、真実だと思い込んだとしても無理からぬことで責任は問えない、ということだ。

この論理には確かに一理ある。個人が何か文章を書く時に、莫大なお金や組織力を使って調べなければ書いてはいけないとなると、言論の自由を脅かしかねないからだ。そのため、ある程度調べて真実だと思い込んで書いたのならしかたがない、という判断にならざるを得ないわけである。

「真実相当性」はかなり微妙な問題で、高裁では「櫻井氏の取材能力を前提にしても書き過ぎだ」とされて我々が勝訴していた。一審で負け、二審で勝ち、三審で負けたのだ。しかし、一審から三審まで一貫して、彼女の書いたこと、すなわち、「安部氏は、製薬会社から資金提供を受けていたので、製薬会社のためにわざと加熱製剤の治験を遅らせた」という記述は、真実ではないと判断されたのである。

書いたことが「真実ではない」と最高裁で認定された櫻井氏は、物書きとして、真摯に反省すべきだったと思うのだが、彼女は「勝った、勝った」と言っていた。その後も自らの主張を変えていない。

エピソード

安部氏に殴り掛かった法廷内暴行事件

一審公判では、いくつかのハプニングもあった。一つは「法廷内暴行事件」だ。

事件は、元ミドリ十字の岡本和夫氏に私が反対尋問をしている時に起こった。

法廷の後方には傍聴席があり、バーで法廷と仕切られている。前方正面には裁判官が座っており、その正面にある証言台に岡本氏が座っていた。傍聴席から見て左側は検察官の席。右側は弁護人席で、そのすぐ前にある被告人席に安部氏は座っていた。

法廷では私と岡本氏のやりとりが続いていた。

すると突然、傍聴席にいた男が立ち上がり、バーを飛び越えて、被告人席の安部氏に襲い掛かり、頬を殴りつけたのである。

虚を突かれて、他の弁護士や守衛は呆然としたまま動かない。

私も驚愕したが、その瞬間に身体が動いていた。すぐに暴漢と安部氏の間に割って入った。二発目はなんとしても避けなければ、という思いだった。

気を取り直した守衛が暴漢を取り押さえたが、審理は中断された。すべてはあっという間の出来事だった。

安部氏を殴りつけた男（少年）は右翼で、裁判長から法廷秩序維持法[*1]に基づく監置処分を受けたあと、傷害罪で起訴されて懲役六ヵ月以上八ヵ月以下の実刑に処された。

もう一つのハプニングは被告人質問[*2]の割愛である。つまり、法廷で安部氏に対して尋問をおこなうことを省略することになった顛末だ。

被告人質問がおこなわれることになっていた日の朝、東京地裁にやって来た時から安部氏の顔色は非常に悪かった。たまたま、法廷傍聴のために来ていた本田勝紀《ほんだかつのり》医師（「事件ファイル①」第三章「医療過誤事件」参照）がそばにいて、異変に気づき、安部氏のズボンをめくって、むくみが非常にひどいことに気づいた。緊張もしていたのだろうが、高齢のうえ心臓に持病があるので心配になり、裁判所の一八階にある医務室へ連れていき診察してもらった。

医師は、診察を終えると言った。

「これはまずい。今日の出廷はやめて、すぐに入院したほうがいい」

裁判所の医師がそう判断したため、この日の被告人質問は急遽とりやめとなり、安部氏はただちに入院した。

正直なところ、ほっとした。被害者側や取材陣の眼を過度に意識した検察が、彼らの溜飲《りゅういん》を下げさせようと、被告人質問で安部氏を激しく挑発して追及しまくることが予想されたからだ。それがもとで安部氏の健康状態がさらに悪化したら一大事だと懸念していたのだ。

もともと本件は、当時の医療水準の程度によって有罪か無罪かが決まる事件であり、被告人質問をする意味は薄かった。そうしたところに入院騒ぎが起こり、裁判所はこれを契機に被告人質問の不実施に踏み切ったのである。

＊1　法廷秩序維持法：正式名称は「法廷等の秩序維持に関する法律」。第二条に、暴言・暴行・喧騒などで裁判を妨害した者や、裁判の威信を著しく害した者などに、裁判所が制裁（二〇日以下の監置、もしくは三万円以下の過料。これらが併科されることもある）を科すことを規定している。監置を科された者

は刑事施設に付属する監置場に留置されるが、最寄地に監置場がない場合は刑事施設内に特別に設けた場所に留置される（刑事収容施設及び被収容者等の処遇に関する法律第二八七条）。

＊2　被告人質問：刑事事件の公判において、裁判官・検察官・弁護人・裁判員から被告人に対しておこなわれる質問。被告人には黙秘権・供述拒否権が認められる。任意の供述の場合、裁判長はいつでも必要な事項について被告人に質問できるが、陪席裁判官・検察官・弁護人は裁判長に告げてから質問する（刑事訴訟法第三一一条）。被告人が任意に質問に答えた場合、その供述は有利不利を問わず証拠となる。

三浦和義氏が協力した一審無罪判決後の〝逃亡劇〟

一審での無罪を確信していた弁護団は、判決日が迫ると「法廷からどうやって抜け出すか」しか考えていなかった。というのも、判決以前に論告がおこなわれた日、出廷のため自宅を出ようとした安部氏に取材陣が殺到し、安部氏を守ろうとした弁護士を突き飛ばし、怪我をさせるなどの事態にまでなっていたからだ。

判決言い渡し終了後には、安部氏無罪に落胆し憤慨した記者たちが、安部氏に対していっそうの暴力的取材をするだろう。閉廷後の安部氏の安全確保をどうすればいいか――。

その時、助っ人を買って出てくれたのが三浦和義氏であった。

閉廷後、安部氏は三浦氏が用意したワゴン車に乗って東京地裁をあとにした。そのすぐ後ろに三浦氏の運転する車がぴたりと付いた。その後ろをマスコミの車が何台か追ってきた。

打ち合わせ通り、ワゴン車は八重洲の地下駐車場に入った。続いて入ってきた三浦氏の車は狭い入口でわざとエンストし、このため後続の車は追尾できなくなった。駐車場内に用意しておいた別の車に乗り移った安部氏は、悠々と地下駐車場から出ていくことができたのである。

「なぜ、地下の駐車場を選んだのですか？」

三浦氏に尋ねると、彼はニヤリと笑って答えた。

「地下で車を替えるから、ヘリコプターの追跡をかわせるんです」


安部氏が乗り移った車の窓はスモークガラスにしておいたので、裁判所の前まで取材陣の様子を見に行った。同乗した私は、他の弁護士と「ああ、彼らはまだあそこでうろうろしているよ」などと言いながら、裁判所前から都心のホテルに向かった。地下駐車場から直接部屋に入れる造りで、その部屋に皆で集まり乾杯した。安部氏のご家族も一緒だった。

「よかった、よかった。おめでとう」

四年間の法廷闘争を闘い切った安堵感と、〝逃亡劇〟を演じおおせたあとの一種の爽快感で、皆、かなりはしゃいでいた。いつもは厳しい表情の安部氏も満面の笑みであった。

あれから二〇年以上が過ぎた。亡き安部氏に改めて、「お疲れさまでした」と申し上げたい。

＊

安部氏が「殺人罪」で告訴された段階から私はこの事件に関わり、メディア対応や検察対応に力を注いだ。相当な数の論文を集めて読み込み、かなり勉強したという自信をもって公判に臨み、基礎的な知識や情報量で検察に負けてはいないことを示した。

最初から最後まで弁護団の中心として弁護活動に当たり、検察と真正面から闘って無罪を勝ち取ったという認識がある。五三回におよぶ公判はじつに大変ではあったが、やりがいがあり、弁護団のチームワークもきわめてよかった。
その意味で、私にとって本件は刑事事件として非常に充実したものとなったのである。

第二章
弱者と共に

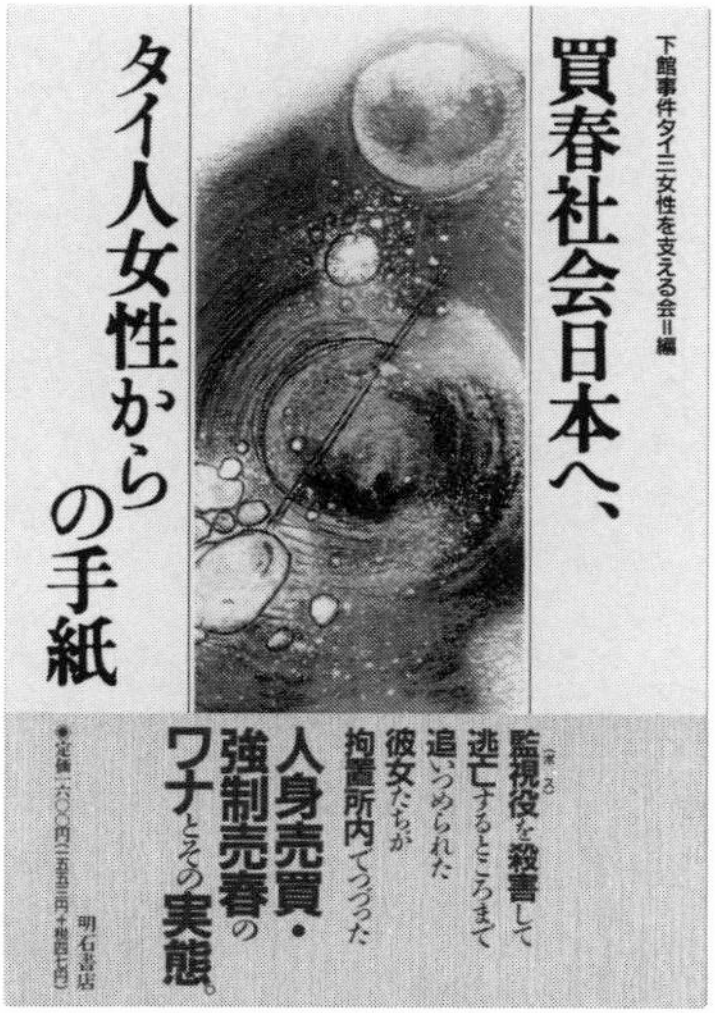

1991年9月29日、茨城県下館市（現・筑西市）で、人身売買で日本に連れてこられて売春を強要されていたタイ人女性3人が監視役の同胞女性を殺害し、逃亡するという痛ましい事件が起きた。写真は、事件の詳細をまとめた『買春社会日本へ、タイ人女性からの手紙』

（下館事件タイ三女性を支える会＝編、明石書店）

下館タイ女性殺人事件

――一九九一年受任

本件は、茨城県西部に位置する下館市《しもだてし》（現・筑西市《ちくせいし》）でホステスをしていた三人のタイ人女性が、監視役のタイ人女性を殺害し金品を奪ったとして、強盗殺人の罪に問われた事件である。

事件の概要

欲望の餌食になった女性たち

本件の背後には深くて大きな闇が存在した。被告人となった三人のタイ人女性は、人身売買によって日本に連れてこられて、監禁されたうえ、連日、売春を強要されていたのである。彼女たちのような国際的人身売買の被害者は昔から日本に存在した。本件の少し前まではフィリピンの女性が多かったようだが、一九九〇年代になるとタイ人女性が急増した。「微笑みの国」と言われるタイの人々は性格が温和であり、特に女性たちは概しておとなしいイメージがある。人身売買や管理売春をおこなう輩《やから》からすればコントロールしやすい、という面があったのかもしれない。

タイの女性たちを標的にした人身売買のシステムは、おおむね次のとおりだった。

①タイ国内のリクルーターが地方出身の若い女性を狙い、「日本の工場やレストランで働けば高収入が得られる」などと騙《だま》して日本行きを勧める。リクルーターは、美容院や飲食店の経営者、友人・知人など、女性たちの身近にいて気軽に話せる者が多い。

②日本行きを決意した女性を、リクルーターが、一人当たり一〇万～一五万円の報酬と引き替えに、タイ国内のブローカーに引き渡す。このブローカーは旅行業者を装っていることが多く、パスポートやビザの取得から航空券の手配など、すべての渡航手続をおこなう。

③「運び屋」と呼ばれるブローカーの仲間が女性を日本に連れてきて、一五〇万～一八〇万円で日本側のブローカーに引き渡す。

④日本側ブローカーは、女性が入国手続を終えたとたんに、パスポートを取り上げ、近くのホテルなどに連行して「値決め」をし、三〇〇万円前後で風俗営業店などに売り飛ばす。このブローカーは日本の組織暴力団と密接な関係にあり、女性の「売買」で得た金銭はすべて両者の儲《もう》けとなる。

⑤「転売」を繰り返すなどした末に、最終的な「買主」となるのは風俗店経営者や女性を直接監視する者であり、女性を店でタダ働きさせたうえ、売春を強要して、その対価をすべて搾取し、日本のブローカーに支払った代金を回収する。この場合、その代金に一〇〇万円以上も上乗せした額を女性たちに一方的に「借金」として背負わせる。さらに、何かにかこつけては罰金を科して「借金」に上乗せする。被害女性たちは、こうした架空の「借金」を返済

するまで、無償で不特定多数の男性との性交を強要される。つまり、被害の実態は、女性自身も対価を得ることを前提とする「売春」の強要ではなく、組織的・継続的な「強姦」なのである。

さらに言えば、このような国際的人身売買の構造を支えたのは、女性の人格を否定して「性」を金銭で買うことをためらわない大勢の日本の男である。その膨大な欲望の存在に目を付けた者たちによって日本に売り飛ばされたタイ人女性の数は、九〇年代前半だけで一〇万人を超えたと言われている。本件裁判中の一九九三（平成五）年にタイ大使館が調査・公表したところでも、国際的人身売買の被害者となっているタイ人女性が日本に約七万人いて、そのうち救出保護された女性は年間わずか一〇〇人に満たないということであった。

本件の被告人であるタイの三女性も、そうした欲望の餌食となった被害者だった。この事件は、当時の日本社会の裏面に存在するむごたらしい問題の、いわば「氷山の一角」だったのである。

「逃げたら殺す、親も殺す」

本件の被告人はケー、ノイ、トゥックの三人である（いずれも仮名）。事件当時の年齢は二五～三〇歳。いずれもタイ北部出身で、生家は貧困にあえぐ農家だった。タイで真面目に働いてきた女性たちであり、前科前歴も売春経験もなかった。

三人は、母国にいる時は互いに一面識もなく、それぞれタイ国内のリクルーターから「日本に行って働けば短期間で高収入を得て実家に毎月仕送りができる」などと言葉巧みに勧誘され、それが罠《わな》だとも知らずに、日本行きを決意した。

三人は必要以上に豊かな生活を望んでいたわけではない。働いても働いても満足に食べることさえできない両親に、人間らしい生活をさせたいと願っただけだ。

仏教国タイの人々は親を敬う気持ちが非常に強い。また、タイには「子は親のために自分の身を削ってでも孝行しなければならない」という独特の価値観がある。こうした使命感や義務感から、三人とも、「親の困窮は子の恥」との意識を持っており、やむにやまれず日本で働く決断をしたのだった。

ケーは一九九一(平成三)年三月に来日した。来日したその日から売春を強要され、千葉県内の売春スナックなどを転々とさせられたあと、五月下旬に、本件の舞台である下館市内のアパートの一室に監禁された。ノイとトゥックは同年八月に同じ飛行機で来日し、ケーと同じ部屋に監禁された。

そのアパートには三人と同様に「転売」されてきたタイ人女性が何人もおり、レックというタイ人女性(仮名、当時二八歳)に四六時中監視されていた。レックは、彼女たちをブローカーから買い取り、売春をさせていた「女ボス」である。彼女は三人にこう言っていた。

「お前には三五〇万円貸してあるんだ。身体を売って返せ。売春すれば工場やレストランなんかで働くより早く返せる。しっかり働いて早く返せ」

三人はレックから一円も借りた覚えはない。借金など寝耳に水の話であり、三五〇万円がどれほど巨額なものかの想像さえつかなかった。「身体を売れ」と言われたショックから、しばらく口がきけなくなる者もいた。「どうか許して下さい」と泣いて懇願した者もいたが、聞き入れられるはずもなかった。パスポートやＩＤカードは日本に着いた直後に取り上げられており、日本の地理や言葉もまったくわからないため、逃げることもできなかった。

それからは、三人は、夜になると隣町の「ミミ」というスナックでホステスとして無償で働かされ、売春も強要された。スナック「ミミ」の経営者である佐々木夫婦もレックに加担しており、売春の口利きをしてマージンを得ていた。アパートから「ミミ」へは佐々木夫が運転する車で移動した。それ以外の外出はレックと一緒でなければ許されず、三人は、アパートと「ミミ」と近くのラブホテルを回るだけの毎日を強いられた。

タイの実家に出そうとした手紙はレックに検閲され、焼き捨てられた。タイの両親に国際電話をすることも禁じられた。少しでも抵抗すると殴る蹴るの暴行を受けた。しかし、レックや佐々木夫婦から、

「警察はお前たちを助けてなんかくれない。パスポートがない者を警察は相手にしない。警察には手を回してあるから、自分がお金を払えばすぐ自分のところに返してくれる」

と言われていたため、交番に駆け込むこともできなかった。そもそも三人は、交番がどこにあるのかさえ知らなかったのだ。しかも、三人は、

「逃げたら必ず探し出して殺す。タイの両親も殺す。殺し屋を雇うなんて簡単だ」

と、レックから繰り返し言われた。レックには金があり、暴力団との繋がりもあり、パスポート等すべての重要書類を握られているため、この脅しには現実味があった。

特に三人を震え上がらせたのは「親を殺す」という言葉だった。タイでは、子が親を不幸にすれば来世で報いを受ける、とする仏教の教えが根付いていたからである。

売春の代金は二時間二万円、泊まり三万円であったが、それらは「借金返済」の名目ですべてレックが搾取した。客からのチップもレックに見つかれば取り上げられ、三人が自由に使える金銭はほとんどなかった。食事は一日に一回か二回で、しかもその内容は貧しかったタイでの食事よりもひどいものであった。

実際のアパートの家賃は五万二〇〇〇円だったが、一人当たり二万五〇〇〇円が家賃として「借金」に上乗せされたうえ、食費や衣服代、外出先でレックが買ってくれた一〇〇円の缶コーヒー代までがすべて「借金」に加算された。さらにレックは、一キロ太ったら二万円、三日間客がつかなかったら一〇万円、七ヵ月たっても「借金」を完済できなければ一〇万円などとさまざまな名目での罰金を科し、それらも「借金」に上乗せしていった。そうやって、「借金」がいつまでたっても減らないようにしていたのである。

「家畜」のように扱われるこうした状況下で、三人は体調が悪い日も生理の日も売春を強要された。性病に罹患《りかん》していることがわかっても、そのまま売春を続けさせられた。

日本人男性客の多くからは、通常では考えられないような侮辱的・屈辱的行為を要求され、断ると暴力や暴言を浴びせられたうえ強姦された。そして、「サービスが悪い」と客からクレームが入ると、レックから「このトカゲ野郎」「畜生女」と、タイで最大級の侮辱的な言葉で罵られた。

彼女たちは身も心も踏みにじられ、地獄のような毎日を強いられたのである。

このような状況下で、大半の被害者は、わずかの間に、およそ虚無的な心理状態に陥ってしまう。できるだけ自己の希望や感情を抑えることによって、かろうじて「自我」を保つことができるのである。そのような感情制御、意思の制御を無意識にしなければ、このような状況下では生きていくことができないか、もしくは精神に破綻をきたすことになる。

警察官は「コノヤロウ」と言った

レックは、監禁している女性たちがちょっとした会話をするだけで「逃げる相談をしているのか」と疑い、暴言や暴行におよんだ。それでもケー、ノイ、トゥックは、レックがそばにいない時などに言葉を交わし、親しくなった。三人ともこのような生活はあまりにつらく、「なんとかして逃げたいね。その時は一緒に……」と、密かに話していた。

逃亡のチャンスが訪れたのは、一九九一年九月二九日の朝だった。他のタイ人女性は泊まりの客が付くなどして不在で、アパートにはレックと三人しかいなかった。

午前六時頃、三人は「逃げよう」と声を掛け合い、アパート内にあったナイフ、包丁、酒瓶、小型の鍬《くわ》を手にすると、別室で寝入っているレックに近付き、無我夢中で攻撃した。ナイフはレックの頸部に突き刺さり、頭部に振り下ろされた酒瓶は割れて飛び散った。自分と家族の命を守りたい一心で、さらに包丁で刺し、鍬の背で殴った。

レックが動かなくなると、三人は自分たちのパスポートが入っていると思われるレックのバッグ二つを奪った。その場でバッグの中を確認する余裕はなく、自分たちの荷物を急いでまとめると、返り血を浴びたパジャマ姿のままアパートから逃げ出した。

三人は、タクシーを拾って茨城県つくば市内まで行き、たまたま見つけたラブホテルに入って着替えをし、再びタクシーに乗った。どこに逃げればいいかまったくわからなかったため、ケーが以前客からもらっていた電話番号の市外局番を頼りに千葉県市原《いちはら》市に向かい、同市内のビジネスホテルに入った。

シャワーを浴びて備え付けの浴衣に着替え、途中で買った弁当を食べたあと、三人はレックから奪ったバッグを開けた。その中には、三人のパスポートのほかに約七〇〇万円の現金が入っていた。タイに帰るための費用にしようと、三人はその現金を分け合った。

一方、事件はすぐに発覚し、三人を乗せたタクシー運転手から通報を受けた下館警察署（現・筑西警察署）と市原警察署の警察官数名が、同二九日午後一時頃に市原市のビジネスホテルに駆け付けた。彼らはホテルの支配人に命じてマスターキーでドアを開けさせ、捜査令状なしで室内に入った。以下は、後にケーが語った捜索時の様子である。

一人の警察官がケーに近付き、彼女の喉の部分を刺す身振りをして何か尋ねた。日本語がまったくわからないので呆然としていると、警察官は「コノヤロウ」と言った。

彼らは三人の衣類をつかみ、着替えを促すような身振りをしながら「ハヤクシロ」と言った。ケーが浴室に入って着替えようとすると阻まれ、無理やり浴室に入ると、一人の警察官が足を使ってドアが閉まらないようにした。

三人は警察官に前後左右を取り囲まれて部屋から出るよう促され、特に抵抗することもなく従ったが、その際に背の高い警察官がケーの身体を手で叩き、罵りながら突きとばした。

なお、この時のケーは、男たちが何者かわからず、「タイのデパートの警備員のような格好をした人」という認識だった。警察官だと知ったのは下館署に着いてからである。

下館タイ女性殺人事件年表

1991. 3月	被告人ケー来日
8月	被告人ノイとトゥック来日
9.29	下館市内のアパートでレックを殺害して逃走 市原市内で身柄拘束のうえ、下館警察署に連行され緊急逮捕
10.21	強盗殺人罪で起訴
12.15	「下館事件タイ三女性を支える会」発足
12.18	第1回公判（水戸地裁下妻支部）　裁判長：市川頼明裁判官
1993. 4.19	第14回公判　裁判長、小田部米彦裁判官に交代　更新手続
9.16	佐々木夫婦に対して、賃金および慰謝料請求の民事訴訟を起こす（水戸地裁土浦支部）
1994. 2.16	第23回公判　論告求刑（無期懲役を求刑）
3.30	第24回公判　最終弁論（無罪を主張）
5.23	判決　懲役10年→控訴
12. 9	控訴審第1回公判（東京高裁）
1995. 6月	民事訴訟判決　佐々木夫婦による売春強要と賃金未払いの事実を認定し、1220万円の支払いを命じる
1996. 7.16	控訴審判決　懲役8年に減刑

つまり彼らは、自分たちが警察官であることをまったく示さず、捜査令状もなく部屋中を捜索し、彼女たちが持っていたレックのバッグを開け、通訳人を介さず身振り手振りのみで三人の身柄を拘束したわけである。後に、これらは裁判の争点の一つとなった。下館署では通訳人を介して取り調べがおこなわれたが、これにも問題があったことは後述する。

このようにして三人は強盗殺人容疑で逮捕され、一〇月二一日に同罪で起訴された。自分たちのパスポートを取り返そうとしてバッグを持って逃げたところ、その中に現金も入っていたため、「強盗殺人事件」として立件されたのである。

受任の経緯

「支える会」の結成

本件は、国際的人身売買により日本に連れてこられた女性たちの救援活動をしていた「女性の家HELP」[*1]（以下、「HELP」）に持ち込まれた事件だった。当時、「HELP」では、福島《ふくしま》瑞穂《みずほ》氏（のちの社会民主党党首）、林陽子《はやしようこ》氏、加城千波《かじょうちなみ》氏の三人の女性弁護士が中心となって、さまざまの活動をしていた。

この事件のことを報道で知った真宗大谷派《しんしゅうおおたには》僧侶の杉浦明道《すぎうらみょうどう》氏[*2]や「つくばアジア出稼ぎ労働者と連帯する会」などが被疑者らの支援に立ち上がり、「HELP」の顧問弁護士である加城氏らに弁護を依頼。加城弁護士が中心となって、弁護団を結成することとなり、私にも声がかかった。

話を聞けば聞くほど、非常に気の毒な事件であった。被告人たちが味わってきた苦痛と屈辱を思うと胸が痛んだ。当時、日本では国際的人身売買の被害者が加害者に転じてしまう事件が多発して社会問題になっていたが、強盗殺人という重罪で立件された事案は少なかったと思う。国際的人身売買や監禁、売春強要などを放置したまま、そこから逃げようとした女性だけを厳罰に処するというのは、どう考えても正義に反すると思われた。

しかも、彼女たちは日本語をまったく理解できず、日本の裁判のしくみも知らないので、自分がどのように裁かれようとしているのかさえわからないという。抗議の声を上げたくても上げようがないのだ。

そのような人たちの依頼に応えることこそ、弁護士の務めである、と思われた。

こうして私は弁護団に加わり、当初は五人の弁護士で、途中で安田《やすだ》まり子《こ》弁護士が加わって、最終的には計六人の弁護士で弁護団が結成された。[*3] 安田まり子弁護士は、夫君の仕事の関係でタイに暮らしたことがあり、タイ語を理解できた。

弁護団結成に先駆けて、ケー、ノイ、トゥックが逮捕された直後から、彼女たちはむしろ人身売買の被害者であるとして、さまざまな団体や市民が支援活動を始めた。

事件が起きた一九九一年の一二月半ばには、「アジア出稼ぎ労働者を支える会」「アジアの女たちの会」「仏教者国際連帯会議・日本会議」などの呼び掛けで「下館事件タイ三女性を支える会」（以下「支える会」）が結成された。

「支える会」は、三人への差し入れや面会、拘置所内での処遇改善を求める申し立て、三人の人身売買に関与したブローカーらの告発、公判費用のためのカンパ集め、公判ニュースなど機関紙の発行、講演会やシンポジウムによる啓蒙など、幅広い活動を積極的におこなった。後に、三人の手記や一審における弁護団最終弁論、判決文などをもとにした『買春社会日本へ、タイ人女性からの手紙』（明石書店）の出版もしている。

さらに、在日外国人をサポートする種々の民間団体も参加し、支援の輪は広がっていった。

＊1　女性の家ＨＥＬＰ：一九八六年に日本基督教婦人矯風会が設立。人身売買、売春強要、家庭内暴力などで緊急避難を要する女性やその子供を国籍・在留資格を問わず保護するシェルター。

＊2　杉浦明道：真宗大谷派の僧侶。一九八八年、名古屋入国管理局からの依頼で、自殺未遂を起こしたタイ人女性を寺で約一ヵ月間保護したことを機に、タイ人女性の支援に関わる。

＊3　下館タイ女性殺人事件弁護団：加城千波（主任）、荒木《あらき》昭彦《あきひこ》、川口和子《かわぐちかずこ》、中山《なかやま》ひとみ、安田まり子、弘中惇一郎。

被告人の印象は「まっとうな人」

ケー、ノイ、トゥックは、下妻《しもつま》拘置支所[＊1]と土浦《つちうら》拘置支所の二ヵ所に勾留され、裁判は水戸地裁下妻支部でおこなわれることとなった。

東京から遠いため、接見するのも裁判所に通うのもかなり大変だったが、「支える会」のメンバーがボランティアで弁護団をサポートしてくれ、ＪＲ土浦駅と拘置支所や裁判所とのあいだを車で送り迎えしてくれた。私は、当時東京・中目黒《なかめぐろ》に住んでいたので、地下鉄日比谷線で上野駅に出て、そこから常磐線に乗り換えて通った。ただ、日比谷線の上野駅とＪＲの上野駅とはかなり離れていて、一度乗り遅れそうになり、コートと重い鞄とを持って全力で走って、なんとか間に合ったものの、しばらくは息が弾んで声も出ない状態だったことがあった。

我々は、裁判所や拘置支所だけではなく、売春の舞台となったスナック「ミミ」がどういう店なのかも確認しに出向いた。

かつて、この下館という地は下館藩五万石の城下町で、江戸時代初期に松平頼重《まつだいらよりしげ》（水戸黄門こと徳川光圀《とくがわみつくに》の兄）が入封《にゅうほう》したのち真岡木綿《もおかもめん》や結城紬《ゆうきつむぎ》を扱う商業都市として長く栄えたが、事件当時は人口の空洞化が進み、田畑の周りに民家やスナックなどが点在する田舎町だった。

「ミミ」もそうしたスナックの一つであり、地方の町のどこにでもあるような店構えだった。

「ミミ」のすぐそばまで行ったが、売春の口利きをしていた佐々木夫婦がまだいるため、店内には入れなかった。

「支える会」は、接見で重要な役割を果たすタイ語の通訳人を何人か用意してくれた。なかでもFさんやYさんはタイ語に非常に堪能であり、大いに助けられた。なお、本件に限らず、外国人が関わる事件では、接見の際に弁護人が自分の通訳人を連れていくことになっている。

私は、三人のタイ人女性に接見してみて、非常にまっとうな方々だ、という印象を持った。崩れたところが少しもない。話を聞いても、性格は真面目であり、家族思いだった。

「お金を盗るためにレックを殺したのではありません。逃げるために殺したんです」

三人は一様にこう訴え、強盗殺人の容疑を強く否定した。

タイでは家族のために懸命に働き、「お父さんお母さんにもっと楽をさせてあげたい」と強く思っていたことも話してくれた。そこに付け込まれて日本に連れてこられ、このような目に遭ったのだから、本当に気の毒だと思った。

「支える会」のメンバーも、彼女たちがまっとうな人間だからこそ、長く支援活動を続けられたのだと思う。

九一年一二月一八日に公判が始まってからは、計二五回、水戸地裁下妻支部に通った。

ここで地裁支部について簡単に説明しておこう。地方裁判所は、各都道府県庁所在地と函館市・旭川市・釧路市の計五〇ヵ所の本庁があるほか、二〇三ヵ所の支部がある（二〇二一年現在。茨城県の場合は水戸地裁が本庁）。本庁と支部は同格で、支部の裁判官は資格面でも能力の面でも本庁のそれと変わらない。[*2]

本庁と支部の管轄区域はそれぞれ決まっており、本庁の管轄区域外で起きた一般事件は、その事件が起きた地域を管轄する支部で扱う（重大事件の場合は本庁に変更される場合もある）。そのため本件は、下館を管轄区域とする水戸地裁下妻支部が扱ったわけである。

なお、地裁の本庁と支部に対応して、地検にも本庁と支部がある。ケー、ノイ、トゥックの三人は、水戸地方検察庁下妻支部によって起訴された。

公判が始まると、我々弁護団は裁判所に通うほかに、分担して下妻および土浦拘置支所に通訳人と一緒に通い、三人に接見して打ち合わせを重ねた。

「村木厚子事件」（「事件ファイル①」第一章）でも述べたように、弁護人が被告人に接見し、その言い分を時間をかけてじっくり聞き、そのうえでアドバイスしたり説明したりすることは非常に重要だ。これはどの事件にも言えることである。

特に、本件のように言葉の問題がある場合には、被告人の話を正確に理解できる通訳人と共に接見することが大切である。また、外国人の被告人の場合は、看守を含めて周囲に言葉の通じる人間がほとんどおらず、日常的に孤独感に苛《さいな》まれている。そこへ母国語の通じる人が来てくれて、しかも、その人が自分の話を聞き、わからないことを説明してくれ、自分のために動いてくれているのを知るということは、きわめて重要なことである。

＊1　拘置支所：全国八ヵ所の都市部にある拘置所（東京〈葛飾区小菅《こすげ》〉・立川・名古屋・京都・大阪・神戸・広島・福岡）のほかに、地方各所に一〇〇を超える拘置支所が分散している。拘置支所は拘置所に比して規模が小さいが、被勾留者の処遇等は同じである。

＊2　地裁の本庁と支部：本庁と支部の裁判官は同格であり、本庁から支部、支部から本庁への人事異動は頻繁におこなわれる。なお、裁判官が常駐しない支部もあり、本庁または他支部の裁判官が応援に行っている。

裁判の経緯

法廷戦略

我々は頻繁に弁護団会議を開いた。そこで大きな問題となったことの一つは、捜査段階での被疑者調書が、事実と相違して、一方的に不利な内容になっているということだった。

その調書をタイ語に翻訳してもらったうえで被告人たちに読んでもらうと、三人は一様に驚愕し、「こんなことは言っていません」と調書の内容を強く否定した。下館署の取り調べの際に、三人は、人身売買や売春の強要、レックによる日常的な暴言・暴力などについて通訳人を介して詳しく供述したつもりだったが、起訴後に開示された供述調書には三人が受けた被害についてほとんど書かれておらず、逆に「レックを殺して金とパスポートを奪って逃げようと事前に相談して実行した」などと、自分たちが供述したこととはまったく異なる内容が記されていたのだ。

捜査段階での通訳人の能力や調書の信用性は、かなり疑わしいと思われた。被疑者調書の内容は判決を左右する非常に重要な問題であり、この点を裁判官にきちんと理解してもらう必要があるということで弁護団の意見は一致した。

ほかにも、正当防衛の範囲についての議論も必要ではないか、警察が捜査令状なしで押収したレックのバッグなどは違法収集証拠ではないかなどと、さまざまの問題点が取り上げられた。

また、本件の背景には、多くのタイ人女性が国際的人身売買によって日本に連れてこられているという事実がある。その意味で広がりのある事件なので、世論を動かすためにも、人身売買被害の実態を広く知ってもらうことも必要だと思われた。そこで、茨城県庁記者クラブに要請して事件の背景を説明するための会見を開いた。また、「支える会」が中心になって、「彼女たちの苦しみがわかりますか」と題したシンポジウムやパネルディスカッションを開催したりした。

また、少し筋は違うが、この事件について三人の女性を実名で報じた週刊誌『朝日ジャーナル』に対して、実名を出したことに抗議をした。同誌の記事は、報道姿勢としては間違っていなかったものの、三人は、タイで家族が報復されることを強く心配していたこともあり、匿名報道を申し入れていたのに、それが聞き入れられなかったのだ。

こうしたテーマについて皆で議論しながら、徐々に裁判の闘い方を固めていき、いくつかの争点とそこでの獲得目標を設定した。それと同時に、三人の被告人をサポートするために分担で接見を続け、聞き取りをしたり、弁護方針について説明したり、励ましたりした。

法廷で主たる争点となったのは、(1) 捜査段階での通訳人の能力・適性と供述調書の任意性・信用性、(2) 強盗殺人か、それとも殺人および窃盗か、(3) 正当防衛か、あるいは少なくとも過剰防衛ではないか、(4) 警察の捜査は違法か、適法か、(5) 量刑(情状、管理者側処罰との不均衡)などである。以下に、それぞれの争点について述べる。

争点(1)通訳人の能力

我々が最も強く主張した点の一つである。

当時の下館署にはタイ語の通訳人はおらず、他方、逮捕された三人は日本語を話すことも聴いて理解することもできなかった。そこで下館署は、三人の取り調べに際し、下館市周辺に住む何人かのタイ人女性をリクルートして通訳に当たらせた。

このような場合の手続方法は特に決まっていなかったが、当時はタイ人が巻き込まれる事件が他にもあちこちであったので、下館署でもいざという時の通訳人候補として、日本語学校に通っている近隣のタイ人などに、ある程度の目星はつけていたようだ。

だが、捜査段階の通訳人になるための特別の資格が必要とされていたわけではなく、試験をして採用するわけでもない。端的に言えば、とにかく使えそうな人を使い、通訳の対価としていくらかの報酬を出すというのが実態だった。

通訳人になった人にしてみれば、「警察に選ばれたのだから、警察に協力しよう」という意識が最初からあり、中立公正に通訳をしようという意識は希薄であった。実際に、警察官と一緒になって被疑者に罪を認めるよう説得したり、被疑者の話を警察寄りに解釈したり、本人が言っていないことでも警察の気に入りそうな話を付け加えたりすることもある。

本件の場合、捜査段階の通訳人はいずれも片言の日本語が話せる程度の能力しかなく、被疑者調書には明らかな誤訳もあった。しかし、取り調べを受ける三人はそれをチェックすることはできず、その結果、当然ながら、その調書は三人にとってかなり不利な内容になっていた。

たとえばトゥックが語ったところによると、下館署での取り調べの際、「あなたは事前に被害者の金品を盗ろうと相談したか」という警察官の質問をめぐって、トゥックと通訳人とのあいだに激しい言い争いがあった。トゥックが「いいえ、相談はしませんでした」と答えたのに対して、通訳人は「事前に相談したはずでしょう」と執拗に言い続けたというのだ。

言い争いの末、通訳人は警察官に日本語で何か話したが、その内容はトゥックにはまったく理解できなかった。警察官は通訳人の話に基づいて何か記録すると別の質問をし、また、通訳人の言葉でそれを記録した。このような形の取り調べが毎日続けられたという。

警察官らは、通訳人を介して調書の内容を三人に読み聞かせてはいたが、その通訳も同じ通訳人がいい加減にするので、結局のところ、自分の話が日本語でどういう調書になっているのか、確認のしようもなかった。検察官の取り調べの時も基本的には同じだった。検察官は、警察官の作成した調書を前提に補充的な調書を作るのだが、下妻支部の検察庁にも特別の通訳人が用意されていたわけではなく、下館警察の時と同じ人が通訳の任に当たったのである。

我々は、「取り調べ時の通訳人は能力・適性を著しく欠いており、その通訳を介して作成された被疑者調書は誤った内容が記載されたもので信用性・任意性に乏しい」と主張した。

これに対して検察側は、「取り調べ時の通訳人には十分な通訳能力があり、取り調べ時の通訳は客観的かつ正確になされた。被疑者調書の内容には高い信用性がある」と反論した。

通訳人への証人尋問

我々は、捜査段階で警察・検察に協力した通訳人四名を証人として申請し、法廷で、警察および検察での取り調べ時の通訳について尋問した。たとえば、取り調べ時と証言時とでかなりの時間差があったので、まず、「あなたは、その後日本語のやりとりについて進歩しましたか?」と尋ねると、「進歩」という言葉が理解できないという答えが返ってきた。ひらがなは少しわかるが、漢字はまったく読めないという答えも返ってきた。

以下は、通訳人四名の主な証言内容である。

ケーに対する取り調べを担当した通訳人は、「メモは取らずに正確に通訳しました」と述べたが、日本の刑事手続については「知りません」と答えた。弁護人が、

「『レックを殺したあと現金や貴金属を奪おうと考えた』と供述書に書かれています。この文の意味が、点(読点)をどこに打つかによって二通りの意味になることがわかりますか?」

と突っ込んだ質問をすると、

「意味、一つ。（レックは）死んでる」

と答えた。彼女の日本語の能力はこの程度のものだったのである。

トゥックを担当して「事前に金品を奪おうと相談したか」で言い争いになった通訳人K氏は、「供述調書の意味がわかりますか？」と質問すると、

「わかりやすい説明、してもらえますか？　わかりません」

と答えた。さらに、K氏の証人尋問では次のようなやりとりもあった。

K氏「トゥックさんが『三人でレックを殺して金品やパスポートを奪って逃げようと事前に相談した』と言ったことを、はっきり憶えています。でも、相談の詳しい内容や様子は憶えていません」

弁護人「なぜ、三人が相談して事件を起こしたことをはっきり憶えているのですか？」

K氏「それは、今回証言するということで、検察のほうから事前に話を聞いたからです。今日の午前中に検察庁に行き、検察官から『三人が事件の前に相談していたことを憶えていますか？』と言われました。事件についてある程度説明され、そのことが書かれた調書も見せてもらいました。だから検察で説明されたことは思い出せました。そのほかの詳しいことは、もう忘れてしまいました」

検察官が自分たちの作ったシナリオに沿ってK氏が証言するように尋問の直前に誘導していた、と受け取れる証言であった。

我々は、他方で、捜査段階での弁護人接見で被告人たちがどのように供述したかを裁判所にわかってもらうために、拘置所での接見の際に通訳をしてくれたFさんにも証人として出ても

らうことにした。

通訳の問題は日本司法の宿題

これらの証人尋問の内容からして、捜査段階での通訳人が通訳としての最低限度のレベルにすら達していなかったことは明らかであった。通訳人としての能力や適性が欠如していると、こうした問題がよく起こる。これはいまだに解決していない難しいテーマで、後述する「カルロス・ゴーン事件」でも通訳をめぐってさまざまな問題が起こった。

外国人が関わる事件において、捜査段階から接見、公判に至るまで、通訳人の能力が非常に重要であることは言うまでもない。たった一つの誤訳で被疑者や被告人の人生を左右しかねないのだから、中立的な姿勢と、一言一句を正確に訳せる能力が求められるはずである。

現在では、外国人労働者や在日外国人の増加にともなって司法関連の通訳需要が高まり、通訳人のレベルも向上していると思うが、本件当時はまだレベルが低く、法廷通訳人（公判の際に法廷でのやりとりや証人尋問の通訳をする人）でさえ、その能力に疑問を抱かざるを得ないようなこともあった。

法廷通訳人は裁判所が採否を決めるので、弁護人がいくら優秀な通訳人を探してきても法廷に連れていくことはできない。そのため、弁護側が期待する通訳レベルよりぐっと下がってしまうこともあるが、法廷通訳人の能力自体を裁判で問題にするのは難しい。

本件の場合もそうだったが、それでも捜査段階の通訳よりはまだよかった。それほど警察・検察の通訳はレベルが低かったのだ。タイ語ができる安田まり子弁護士に弁護団に入ってもらったのは、捜査段階からの通訳の適否を法廷でしっかりチェックしようと考えたからである。

ところで、当時の司法関連の通訳レベルが低かった要因はいくつかあった。

一つは予算の問題である。たとえば英語の場合、ビジネス分野では通訳の需要がかなりあったので人材は不足していなかったが、優秀な英語の通訳者を雇うとなると、相当な額のお金がかかった。

もう一つ、英語以外では人材不足の問題があった。今でこそ英語以外の通訳のニーズは高まっているが、当時はそれほど需要がなく、警察での取り調べや法廷でのやりとりのように厳密な言葉の使い方が問題になるシーンで、正確に通訳できる人材はきわめて少なかった。また、そういう人材を育成したり、登録してプールしたりするシステムもなかった。

こうした状況は少しずつ改善されてきて、今では弁護士会が、一定のテストをして合格しなければ法廷通訳人として認めるべきではない、という方向を打ち出し、実際にそのテストが実施されたりしている。

だが、当時の裁判では、タイ語を含む東南アジアの言語は大筋で間違わなければよしとされていた。本件裁判の場合、被告人と取り調べ時の通訳人を除くと、証人はすべて日本人だったため、裁判所の認識としては、被告人質問はきちんと通訳しなければならないが、それ以外では被告人たちがあまり理解できなくても大筋で話が合っていればいい、という程度だった。

要するに、裁判所は、「被告人が理解できる形で裁判が進行する」という意味での被告人の裁判を受ける権利について、さほど考慮していなかったのである。

東南アジアの女性たちが人身売買の被害者から殺人事件の加害者になる事件は各地で多発し

ていたのだから、警察も検察庁も裁判所も通訳の問題にもっと力を入れるべきだったとは思う。が、いかんせん、現場は予算がそれほど自由になるわけではなく、自分で通訳人を探してくるわけにもいかない。通訳の問題は、日本の司法全体の「宿題」としては残っても、現場ですぐには対応できない問題だったと言えるだろう。

争点（2）「強盗殺人」か、「殺人および窃盗」か

検察は三人を強盗殺人で起訴し、「事前にレック殺害と財物《ざいぶつ》[*1]の奪取について共謀し犯行におよんだ」と法廷で主張した。

これに対して、我々は、「犯行の動機や犯行態様、さらに逃亡の際の行動から考えて、殺害前に金品を奪う意思があったとは認められず、事前に共謀した事実もない。したがって、本件で強盗殺人は成立せず、殺人および窃盗である」と主張した。

強盗殺人[*2]は死刑または無期懲役という重罪だが、殺人[*3]および窃盗[*4]になれば刑はぐっと軽くなる。この争点は、量刑に非常に影響してくるポイントだ。

先に述べたように、三人は逃げるためにレックを殺したのであり、殺した後、逃げるにはパスポートを取り返す必要があると思い立って、パスポートが入っていると思われたレックのバッグを奪ったのであり、逃走先のホテルでバッグを開けたところ、たまたまその中に七〇〇万円の現金が入っていたのである。レックを殺す前に現金を強奪する意図などはなかったのだから、強盗ではなく窃盗であると我々は主張した。

また、我々は、パスポートについては、強盗罪はもちろんのこと窃盗罪も成立しない、と主張した。パスポートは財産犯[*5]の対象となる財物とは言えないと考えたからだ。財物の定義に関しては諸説あり、パスポートは国の行政機関が証する紙片にすぎず財物性はない、とする考え方もあるのだ。

しかも本件の場合、三人のパスポートは、レックが三人の承諾を得ず強引に取り上げたものであり、刑法上保護されるべき占有（事実上、支配下に置かれていること）にも該当しない。仮に、パスポートに財物性があるとしても、一時的にレックに占有されていた物を取り返した三人の行為を、レックに対する殺害行為とあわせて「強盗殺人」とするのは誤りであるということも、我々は主張した。

ここで読者は、「強引に取り上げられた自分のパスポートを取り返すのは正当な行為ではないか。それが窃盗に当たるのか？」と疑問を持つかもしれない。

だが、刑法の一般論からすると、奪われた物を取り返す行為は財産犯に該当するのだ。

なぜ、自分の物を取り返すことが罪になるのか。刑法第二四二条で、「自己の財物であっても、他人が占有している物は他人の財物とみなす」旨が規定されているからだ。

本件の場合、パスポートの所有権はケー、ノイ、トゥックのそれぞれにあるが、一時的にレックに占有されている状態だった。レックが占有している物はレックの財物とみなされるため、故意に持ち去れば窃盗罪が成立するのである。

窃盗罪についてもう少し説明しておこう。

たとえば、路上でバッグをひったくられた人が、咄嗟《とっさ》にバッグを引っ張り返したり相手を追いかけたりして、バッグを取り返したとする。こうした行為は窃盗罪に問われない。なぜなら、そのバッグはまだ相手に完全に占有されていないとみなされるからだ。

一方、ひったくった人物を追跡して家を突き止め、何日か経ってその家に忍び込んでバッグを取り戻したような場合は、窃盗（取り戻す際の行為によっては強盗）になる。そのバッグは、すでにひったくった人物が完全に占有しているとみなされるからだ。

釈然としない方もいるだろうが、自分で実力を行使して権利を回復する行為は「自力《じりき》救済」と呼ばれ、そういうことをしてはいけないことになっている。バッグを取り戻すためには、法的な手続を踏まなければならない。つまり、バッグを取り戻したいなら警察に相談するとか、民事訴訟を起こす、という話になるのである。

＊1　財物：何らかの財産的価値がある有体物（形あるもの）とするのが通説だが、刑法第二四五条では電気も財物とされている。定義に関しては論争もある。

＊2　強盗殺人罪：強盗犯（暴行または脅迫により他人の財物を強引に奪った者）が強盗の際に殺人をすると、強盗罪と殺人罪が個別に成立するのではなく、強盗殺人罪になる。強盗だけの場合は五年以上の有期懲役に処される（刑法第二三六条一項参照）が、強盗殺人に対する法定刑は死刑または無期懲役（刑法第二四〇条後段参照）しかなく、情状酌量で有期懲役が選択されることはめったにない。

＊3　殺人罪：刑法第一九九条「人を殺した者は、死刑又は無期若しくは五年以上の懲役に処する。」

＊4　窃盗罪：刑法第二三五条「他人の財物を窃取した者は、窃盗の罪とし、十年以下の懲役又は五十万円以下の罰金に処する。」

＊5　財産犯：財産権を侵害する犯罪の総称。刑法上の分類では、窃盗罪・強盗罪・詐欺罪・横領罪・背任罪・恐喝罪・盗品等関与罪（盗品と知りつつの買い取り・譲り受け・運搬・保管・売買の斡旋などをした場合に問われる罪）・器物損壊罪がこれに当たる。

争点（3）正当防衛の範囲

刑法第三六条は、「①急迫不正の侵害に対して、自己又は他人の権利を防衛するため、やむを得ずにした行為は、罰しない。②防衛の程度を超えた行為は、情状により、その刑を減軽し、又は免除することができる。」と規定している。①は正当防衛、②は過剰防衛である。

正当防衛が成立する要件は、急迫不正の侵害があること、防衛の意思があること、防衛の必要性があること、防衛行為に相当性があること、とされている。

このうち最も重要なのは「急迫不正の侵害」だ。これは、今まさに自分や周りの人の権利（命・身体・財産）が不正に（違法に）侵害される危険が発生しているか、すぐ間近に迫っていることである。その危険を回避しようにもできない時、自分や他人の権利を守るためにやむを得ずおこなう行為が、正当防衛とみなされる。

正当防衛と認められれば、形式上は犯罪行為に該当する行為でも、刑法第三六条一項に基づいて違法性は否定される。たとえ相手を死亡させた場合でも、刑事上の責任は問われない。また、正当防衛が認められなくても過剰防衛と認められれば、刑法第三六条二項に基づいて刑の減軽がなされる。

我々は、「三人の被告人がレックを殺したのは、人身売買と強制売春から逃れるためにやむを得ずしたことであり、合法的な手段による逃亡や救出を期待できない状況下での正当防衛である」と論じ、被告人たちの無罪を主張した。

しかし検察は、「レックは就寝中の無防備な状態で殺害されており、三人に対する急迫不正の侵害はまったくなかったのだから、正当防衛は成立しない」と反論した。

争点(4)警察の捜査は適法か

前述したように、市原市のホテルで被告人たちの所持品を調べた警察官らは、警察手帳を示さず、捜査令状もなく、三人が居た室内を捜索し、三人がレックから奪ったバッグを勝手に開《かい》披《ひ》し、押収した。

「令状なき捜索は違法である。検察官が証拠申請している被告人たちの所持品およびレックのバッグは、違法な手段によって収集されたものであり、証拠能力がない。したがって、被告人たちは窃盗についても無罪である」と我々は主張した。

これは、「米子《よなご》銀行強盗事件」で弁護団がおこなった主張(「事件ファイル①」第二章参照)と同様である。「米子銀行強盗事件」の場合、職務質問を受けたS君らはバッグの開披にかなり抵抗したが、本件被告人たちは、日本の法律を知っているわけではなく、言葉も通じないので、抵抗のしようがなかった。

しかも、警察官らは、捜索の際に彼女たちを「コノヤロウ」と罵ったり、身体を手で叩いたりして恐怖感を与えていた。また、捜索には通訳人が同行しなかったため、下館警察署への連行が任意である（任意同行）ことも伝えていなかった。彼女たちは、抑圧された状態で違法な捜索を受け、違法に連行されたわけである。

逮捕後の取り調べなど、捜査段階においても、彼女たちがタイ語しか話せなかったことから、彼女たちにとってきわめて不利な状況で捜査が進められたことは、先に述べた通訳の問題からも明らかである。

しかし検察は、この問題について、「捜査に当たった警察官は適法な捜査をしており問題はない」と主張した。

争点（5）量刑

ある犯罪に対してどのような刑罰（死刑・懲役・罰金などの刑種、刑期、罰金額）を科すことができるかということについては、法律で上限下限を含めて定められており、その範囲のなかで、裁判所が、さまざまな要素を検討して、過去の類似事例との比較をしたうえで決定する。

検討される主要な要素としては、以下の二つがある。

①犯情（犯罪行為自体に関する事情）：犯行の態様（悪質か、計画的かなど）、犯行の動機（私利私欲のためなのか、被害者にも非難される点があったのかなど）、犯行の結果（重大な結果が生じたのか、軽微なのかなど）、共犯の場合の役割（中心的に関与したのか、従属的な関与か、犯行においてどのような役割を果たしたのかなど）。

裁判官はこうしたポイントを考慮したうえで、それまでの判例から似たようなポイントを有した事例と、なるべく公平になるような量刑にするのが前提だ。判例における量刑には膨大な統計データがあり、裁判官はそれを見ることとなっている。

こうして犯情を考慮したうえで、以下に挙げるような、当該事件の個々の被告人特有の問題（情状）を評価する。

②情状（犯情以外の事情）：被告人の年齢や性格、被害弁償や示談の有無、被告人の反省の有無とその程度、被害者の被害感情、更生の可能性（被告人の更生意欲・家族等の支援の有無とその程度、更生後の就職先が確保されているかどうかなど）、再犯可能性（前科前歴の有無、常習性の有無など）。

このように、量刑はさまざまな事情を総合的に考慮・評価して個別具体的に決められる。本件の場合、量刑に関する主な争点となったのは以下の二つである。

（A）情状の問題

強盗殺人は無期懲役か死刑が法定刑とされている重罪である。しかし、被告人たちの置かれていた状況は、暴言・暴力の下に監禁されて売春を強いられ、逃げるに逃げられないという、きわめて悲惨なものだった。逃げるためにパスポートを取り返そうとして殺人を犯してしまったのだから同情の余地がかなりあり、死刑や無期懲役は重すぎる。

背景事情を含めて、そうした事情を説明するために、支援者の一人である真宗大谷派の僧侶・杉浦明道氏と、「支える会」の高橋宏通《たかはしひろみち》氏に証人として出廷してもらった。二人には、女性救出の困難さについても証言をしてもらった。杉浦氏や高橋氏は被害女性救出の経験もあったが、そもそも被害女性と連絡が取れることが稀《まれ》であり、連絡が取れても実際の居場所を女性がわからなかったり、救出の段階で女性が報復を怖れて萎縮してしまったりすることが多い。さらに救出は大きな危険がともなう困難な作業であるうえに、途中で発見されて連れ戻されることも多いということであった。また、売春行為に対する警察の取り締まりの寛容さ、地元の売春組織や組織暴力団と警察の癒着が脱出・救出を困難にしていることについても、二人は証言した。

これとは別に、タイで騙されて日本に連れてこられてから事件に至るまでの経過を被告人たちに詳しく話してもらうために、かなりの回数、被告人質問をおこなった。これについては後述する。

（B）管理者側処罰との不均衡

この事件の過程では、タイや日本の人身売買組織のブローカーや、売春の舞台となったスナック「ミミ」の経営者佐々木夫婦が、莫大な利益を得ていた。しかし、彼らは罪に問われることもなく、佐々木夫婦は、店に警察の捜査が入らなかったことをもっけの幸いとして、事件後も営業を続けて売春の斡旋《あっせん》をしていた。

事件の背後に存在するこうした巨悪を放置し、人身売買の被害者である三女性だけに重刑を科すことが、法の正義に反することは明白である。我々は、「本件を、巨悪を放置して、被告人たちと被害者との関係の問題のみに収斂《しゅうれん》することは許されない」と主張した。

見え透いたウソと予断、偏見

①売春・監禁の事実を隠蔽した佐々木夫婦の証言

公判では、売春スナック「ミミ」の経営者佐々木夫婦もそれぞれ検察側証人として出廷した。二人は異口同音に「売春は女性たちが店の外で勝手にやっていたことで、自分は売春の事実を知らない」と証言した。以下は、二人の証言の要点である。

【佐々木夫の証言】

「三人の時給は三〇〇〇~五〇〇〇円で、それはレックに渡していた。アパートは自分が借りてやり、家賃も自分が払っていた。彼女たちを温泉に連れていってやったこともある」

「レックは三人から借金を返してもらう立場だから、時に厳しく接することもあっただろうが、彼女たちとは〝親と子〟のような関係で、生活の制約はなかったと思う」

「レックは月末になるとお金を持っていた。三人は自分で何一つ買えないから、それが羨ましかったのではないか」

【佐々木妻の証言】

「スナックの経営者は私だが、三人の給料はレックに渡しており、事実上レックが三人を雇っている形だった」

「レックは、三人が店に来た頃には外出などに厳しかったが、事件が起きた九月頃は比較的自由にさせていた」

さらに、佐々木妻と裁判官のあいだには次のようなやりとりもあった。

佐々木妻「『ミミ』の売上は月に一五〇万円。仕入に二〇万〜三〇万円、店の家賃に八万円、女性たち一四人には二五日分の給料を支払っていた」

裁判官「それだと店は膨大な赤字を抱えることになるが、これはどうしていたのか？」

佐々木妻「家には貯えがあるから、それを削って支払っていた」

常識的に考えれば、佐々木妻の言葉は「見え透いたウソ」と言えるだろう。自分自身の貯えを切り崩してまで一四人ものホステスを雇い、膨大な赤字を抱えながら店を続ける人間がどこにいるというのか。裁判官も、佐々木妻の言葉を信用したわけではなかったと思う。

しかし、佐々木夫婦の証言は「売春や監禁の事実は知らない」という点で一貫していた。自分たちが売春の斡旋や場所提供をしていた事実を隠すため、「客と女性との任意の話し合いだから、自分たちにはわかりませんでした」と言い訳をしたわけである。

佐々木夫婦の証言に対して我々は、客が買春のために従業員を連れ出す際には店に迷惑料として五〇〇〇円を払っていたこと、レックが不在の時は佐々木妻が代わりに三人から売春代金を受け取っていたこと、何より、客を売春に誘う言葉（トゥックの話によれば、それは聞くに堪えない卑猥な言葉であった）を教えたのは佐々木夫婦であったことなどを挙げ、三人が売春を強制されていたことを佐々木夫婦が知らなかったはずがない、と主張した。

しかし、後の論告求刑で、検察はこの佐々木夫婦の証言を前面に押し立てて、被告人たちの行為を「強盗殺人」と断定する論拠の一つとしたのである。

②被告人質問で露呈した裁判長の偏見

被告人たちは、日本に売り飛ばされた時から何の救いもない無限の負の連鎖に引きずり込まれ、人権を踏みにじられてきた。我々は、彼女たちが日本に連れてこられてから事件に至るまでの経緯を明らかにするため、被告人質問として一人当たり五～六回の尋問をおこない、かなりの時間をかけてじっくりと話してもらった。

被疑者調書がきちんと取られていれば、それでまかなえる部分もあったと思うが、本件では捜査段階での調書が通訳人の能力不足などからまったく不完全だったため、一からすべてを被告人自身の口から話してもらう必要があった。通訳が絡む事件では、質問とそれに対する答えを通訳人が日本語と外国語にいちいち訳していくため時間がかかり、五～六回といっても実際には三回分ぐらいになる。被告人に話してもらわなければならないことは山ほどあったが、回数としてはまずまず妥当であったと思う。

被告人たちが非常に悲惨な状況にあったことは、不完全ながら調書の中の話にもちりばめられていたので、被告人質問の内容とそれらを繋いでいくことにより、どのような経緯で事件に至ったかは、おおむね裁判官にも理解してもらえたと思った。

しかし、被告人質問の際に尋問した市川頼明《いちかわよりあき》裁判長には、壇上から大声で被告人を問い詰めるなど威圧的な態度が見られ、女性たちが売春目的で来日したと思い込んでいるような質問を繰り返すなど、日本で売春を強いられている東南アジアの女性たちに対する偏見が感じられる場面があった。

たまりかねて、私は、裁判長の質問を遮る形で「異議あり」と立ち上がり、「ただいまの裁判長の質問は予断と偏見に満ちており、かつ威圧的である。やめていただきたい」

と述べた。市川裁判長は、一瞬言葉を詰まらせて、

「威圧的だったことは認めるが、予断と偏見は持っていない」

と、妙な答え方をしていた。しかし、その後は、威圧的な質問は大幅に減少した。

論告求刑と弁護団最終弁論――検察の差別意識を厳しく批判

一九九四年二月、第二三回公判において論告求刑がおこなわれ、検察は三人に無期懲役を求刑した。検察は、被告人たちが国際的人身売買の被害者であるという事件の本質を無視し、三人が法廷で述べた主張を「弁解のための弁解」と決めつけ、ことごとく否定した。

論告の内容は、もっぱら捜査段階における不完全な被疑者調書と、売春スナック「ミミ」の経営者佐々木夫婦の証言に依拠していた。主たる内容は次のとおりだ。

・被告人らは日本で売春をしようという明確な目的あるいは覚悟を持って日本に不法入国し、多額の利得を得るために、同じタイ国女性であるレックを殺害し、現金や貴金属を奪い取った。その犯情は悪質で、酌量の余地はない。
・本件は計画的犯行であり、犯行態様は冷酷にして残虐、きわめて悪質である。
・被告人らのように売春に従事するタイ人ホステスに限らず、外国人不法就労者は日本社会の一角を占め、その犯罪は増加の一途をたどっている。量刑に当たっては、こうした外国人による同種事犯の再発予防の見地から、司法の厳正な処罰が求められる。

しかし、「売春目的で来日し、利得を得るために計画的に同胞を惨殺した」というのは明らかな誤りである。しかも検察は、「在日外国人は犯罪をおかすのが当たり前の状況になっている。同種事犯を予防するために三人を厳罰に処すべきだ」と言っているにも等しい。

驚くべき差別的偏見に基づくこの見解に、弁護団と「支える会」は猛反発した。

第二四回公判（九四年三月三〇日）の最終弁論（書面として二九五ページにおよんだ）において我々弁護団は、まず人身売買と強制売春の実態を詳しく述べ、本件を正しく評価するには、被告人らが受けた想像を絶する恐怖、絶望、悲しみ、苦痛を、同じ人間として理解する必要があると論じた。次に、各被告人の来日に至る経緯や来日後の状況を述べたあと、以下のように検察の求刑を批判した。

・論告の言う在日外国人による「同種事犯の再発予防」のくだりは、被告人らと同様の状況にある人身売買の被害者に対して、「逃亡など企てず被害に甘んじろ」と言っているに等しい。

・被告人たちが公判で供述した切実な訴えや支援の輪の広がりによって、「検察は人身売買組織という巨悪の取り締まりを放置してきた」との抗議や指摘の声が出てきた。そのため検察は、なりふり構わず事実を歪曲して無期懲役の求刑に至った、と考えざるを得ない。

このあと改めて、本件は正当防衛であり無罪であることを主張し、仮に有罪としても、犯行の動機は最大限に情状酌量されるべきこと、計画的犯行とはとうてい言えないこと、被告人たちに前科前歴はなく再犯の恐れもまったくないことを述べたうえで、正義に適《かな》った判決を下すよう裁判所に求めた。

判決の内容

矛盾に満ちた「温情判決」――刑は大幅減軽でも弁護側主張を排斥

九四年五月二三日、判決が言い渡された（裁判長　小田部米彦《こたべよねひこ》、裁判官　難波宏《なんばひろし》、裁判官　川島利《かわしまとし》夫《お》）。事件から三年近くが過ぎていた。

公判の途中で裁判官が交替したので、判決を下したのは途中から担当した小田部米彦裁判長である。公判途中で裁判長が交替することはよくある。「三浦和義事件」でも裁判が終わる寸前に裁判長が交替していた。

「被告人三名をそれぞれ懲役一〇年に処する。未決勾留[*1]日数のうち八〇〇日をそれぞれの刑に算入する」

検察が求刑した無期懲役は、いくらなんでも重すぎると裁判所は判断したのであろう。争点についての裁判所の判断と、それに対する私のコメントは以下のとおりである。

（1）捜査段階での通訳人の能力・適性と供述調書の任意性・信用性

・通訳の正確性、公正性に疑いを差し挟む余地はない。

・供述調書の任意性を疑うべき余地は皆無で、信用性についても優に認められる。

我々は捜査段階での通訳が正確性を著しく欠いていたことを法廷で立証したが、裁判所は建前上、通訳のことを悪くは言えず、細かい誤訳はあっても大筋は大きく違っていないだろうからそれで十分だとの判断をした。

（2）強盗殺人か、殺人および窃盗か

・被告人たちは、レックを殺害してパスポートや現金、貴金属等を奪おうと意思を通じ合い犯行におよんだ。三人のあいだに共謀が成立したと認めるのが相当である。

裁判所は、検察が主張した強盗殺人罪を適用した。我々は、そもそも、逃げるためにレックを殺害したのであり、物を盗るために殺害したのではない、パスポートについても、レックが動かなくなって、やっと逃げることができると実感して、初めてその必要性に気づいたものである、だから強盗殺人を適用するのは間違いであると主張したのに、これが受け入れられなかったのである。また、パスポートには財物性がないから強盗も窃盗も成立しないと我々は主張していたが、裁判所は「パスポート類が財物性を有するものであることは論をまたない」という言い方で、この点をやり過ごした。

そのうえで裁判所は、三人はパスポートより大きいバッグを盗ったのだから、その中にプラスアルファの金目のものがあることは当然わかったはずだ、という理屈を持ち出したのである。

（3）正当防衛か、過剰防衛か

・犯行はレックが就寝中のことであり、レックからの急迫不正の侵害が現存しなかったことはもとより、防衛の意思すら存在しなかったことは明らかで、正当防衛の概念を入れる余地はない。

この点でも我々の主張は排斥された。裁判所の判断を平たく言えば、「被告人たちの行為は防衛の限度を超えている。レックを殺害しなくても、こっそり抜け出すか、せいぜい殴って気絶させてしまえば逃げることはできただろう」ということだ。

だが、レックによる不正な侵害があったことは事実である。三人は、極端に言えば「殺すか、殺されるか」という心理状態に追い込まれ、自分たちの権利を回復するため犯行におよんだのである。レックは大柄で気性が非常に荒く、起きている時には抵抗できなかった。しかし裁判所は、相手の攻撃がやんでいる時であり急迫性がない、と判断したのである。

（4）警察の捜査は違法か、適法か

・一連の捜査手続に違法とすべき事情は何も認められず、押収品の証拠能力を否定すべきいわれはまったくない。

レックのバッグをはじめとする押収品は捜査令状なしに違法収集されたものであるから証拠能力がない、とする我々の主張は排斥された。

（5）量刑

・本件の要因は、非合法なルートを通して被告人らを買い取ったレックが法外な利益を得ようとして、被告人らに有無を言わせず人権をまったく無視した非情、苛酷な扱いをしたことにあり、責められるべき点はレックにも多々あると言わなければならない。

・被告人らは、無法な人身売買組織の手にかかり日本に入国し、法外な値段で取引の対象とされ、レックの管理下に置かれていた。その精神的・肉体的苦痛、屈辱、不安は、きわめて大きかったものと思われる。

・本件は、広く各地で被告人らと同様の行為を外国人女性に強制して暴利を得ている者たちに対して、改めてその非を悟らせる契機となったはずである。この点も、被告人らの情状を考えるに当たって看過することはできない。

裁判所は、これらの情状を認定して求刑の無期懲役から大幅に刑を減軽し、懲役一〇年（そこからさらに未決勾留日数中八〇〇日を算入。したがって、実質は約七年半）を言い渡したわけである。しかし、それはあくまでも犯行に至るまでの背景事情としての情状であり、我々が最終弁論でかなり掘り下げて論じた国際的・組織的人身売買や強制売春の実態に踏み込むものではなかった。

我々の主張はことごとく排斥された。それでもメディアは「温情判決」と報じた。死刑または無期懲役が法定刑である強盗殺人に対して、裁判所が「情状酌量の余地がある」旨を言って懲役一〇年としたのだから、事件の実態をよく知らない人たちは、そう評価するかもしれない。

しかし、判決理由が法廷通訳人によってタイ語で読み上げられた時、被告人席から上がったのは悲痛な嗚咽《おえつ》の声だった。自分たちの舐めてきた辛酸に理解を示すようなことを言いながら、事件の本質的な内容については「物を盗るために殺した」と決めつける矛盾に満ちた判決に、被告人たちは納得できなかったのである。

「私たちは強盗じゃない！　なぜ、わかってくれないの……」

判決後、彼女たちは涙ながらに訴えた。

「支える会」は、「叫び出したいほどの怒りと悲しみを込め、この判決に抗議する」との声明を出した。我々弁護団は、「正当防衛が認められなかったことは、人身売買や売春の体裁をとった『強姦』を是認したのも同然である」と判決批判のコメントを出した。

ケー、ノイ、トゥックの三人は、本件が強盗殺人ではないことを明らかにするために、東京高裁に控訴することを望んだ。裁判が長引けばそれだけタイに帰る日が遠のく可能性もあったが、真実を認めてほしいという強い思いから、控訴に踏み切ったのである。

＊1　未決勾留：刑事手続において、被疑者が逮捕されてから判決が出るまで刑事施設に勾留されている状態のこと。裁判所は判決で刑の言い渡しをする際、裁量により未決勾留日数の全部または一部を刑期に算入することができる（刑法第二一条）。算入できる未決勾留日数は、勾留の初日から判決言い渡し日の前日までの日数である。

控訴審判決と上告の断念

控訴審公判は九四年一二月に始まった。我々は一審に続いて強盗殺人を否定し、また、仮に有罪としても懲役一〇年の一審判決は重すぎるとして量刑不当を主張した。他の基本的な主張は一審と同様で、控訴審でも被告人質問や、捜査段階における通訳人のうち、主要な二人について改めての証人尋問をおこなった。また、加城、川口の二人の弁護士には証人として出てもらい、捜査段階での接見時の状況を証言してもらった。特に、三人が、逃げるために殺したのであって、物を盗るために殺したのではなかったことを、逮捕直後の時点から繰り返し弁護人に述べていたことを証言してもらった。

さらに、心理的に極度に追い詰められた者の場合には、正当防衛の範囲をもっと広げてとらえるべきだという法理論を新たに展開した。その根拠としたのは「被殴打女性症候群」という心理学的症状についての研究である。

被殴打女性症候群は、夫のDV（家庭内暴力）を長期間受けている妻に生じる精神症状のことである。夫の暴力が日常化すると、妻は抵抗する意欲を失い、いったん暴力がおさまっても夫のもとから逃げることができず、また次の暴力を受けるという悪循環に陥る。精神的に追い詰められていくうちに「夫を殺さなければ自分が殺されてしまう」と思い込むようになり、夫の暴力がおさまっている就寝中などに殺害してしまうケースが少なくない。

我々は、被告人らが「強姦」による心身のダメージや監禁下での脅迫・暴言・暴力を繰り返し受けて被殴打女性症候群と同様の状態に陥っていたこと、レックが就寝中でなければ女性同士であっても抵抗できなかったこと、したがって被告人たちの行為は正当防衛に当たることを主張した。そして、この主張の裏付けとして、刑法学者の村井敏邦《むらいとしくに》・岡田久美子《おかだくみこ》両氏に「米国では虐待から逃れるための殺人が被殴打女性症候群の理論によって正当防衛と認められており、本件にもそれが適用されるべきである」とする一八六ページにおよぶ鑑定書（意見書）を作成してもらい、証拠として裁判所に提出した。

しかし、一九九六年七月の控訴審判決でも、我々の主張はほとんど斥《しりぞ》けられた。

捜査段階での通訳人の能力について、東京高裁（裁判長　松本時夫《まつもとときお》、裁判官　円井義弘《つむらいよしひろ》、裁判官　岡田雄一《おかだゆういち》）は次のような内容の判決を下した。

・捜査段階での通訳人は、特別な場合を除き、漢字やかなの読み書きができることまでは必要でなく、日常生活において日本語で意思の疎通ができればよく、法廷通訳人とは異なり一般常識程度の法律知識があれば足りる。

・通訳時の基本的な姿勢については、捜査官への迎合や被疑者に対して予断や偏見を持つことは当然許されないが、結局のところ、誠実に通訳に当たるだけで足りる。

これは、通訳の重要性をおよそ理解していない判断である。本来、捜査手続というのは被疑者の人権を保護することが肝要のはずであり、刑事訴訟手続もそのような構成になっている。だが、東京高裁の判断にはそのような視点が欠け、現状追認の姿勢が顕著で、被告人の権利は二の次になっている。

東京高裁のこの判断は、捜査段階で通訳人に必要とされる能力についての一つの判例となったのである。しかし、通訳人の能力を不問にして「誠実に通訳に当たる」ことで足りるとするのは、被疑者の立場をあまりに不安定にする。国際化が進み、多数の外国人が日本で生活するようになった状況下で維持できる基準ではあり得ない。

また、正当防衛については、我々が主張した被殴打女性症候群への言及はまったくなかった。「急迫不正の要件が十分ではない。ほかにもレックによる侵害行為を排除する方法は多数あり、レックの生命を奪うことは正当防衛とは認められない」という判断のみであった。

だが、この判断には現実性がない。言葉も通じず、右も左もわからないところに海外から連れてこられ、パスポートも取り上げられた状態にある人間に、「逃げる手段はいろいろあるから検討しよう、誰かに相談してみよう」と考える余裕があるだろうか。

三人は「レックを殺してでも逃げなければ救われる途《みち》はない」と思い込むほど追い詰められていた。それを裁判所は、「急迫不正の侵害はなかった」「ほかにも逃げる方法はあった」と言う。では、彼女たちはいったいどうすればよかったのであろうか。

ところで、東京高裁は、「犯情はきわめて悪く、三人の刑事責任はいずれも重大」としながらも、犯行に至った事情として三人に同情すべき点があったことは認め、その点を一審よりもう少し重く評価すべきだろうということで、「懲役一〇年の原判決を破棄し、懲役八年とする。原審判決における未決勾留日数中各八〇〇日をそれぞれの刑に算入する」との判決を下した。

被告人たちが最も強く否定していた強盗殺人の認定は変わらず、弁護側の主張のうち量刑不当だけを認めるという判決であった。

被告人たちはいずれも上告しなかった。上告審は、上告理由が憲法違反、最高裁判例違反などに限定されて、逆転勝訴の可能性がきわめて乏しいことに加えて、法廷も開かれず、いつ結果がわかるかの見通しも立たない、という問題がある。しかも、保釈の可能性もほとんどない彼女たちにとって、上告はきわめて選びにくい選択肢であった。このような問題を話し合った結果、上告はしないことにしたのである。

検察側も上告しなかったため、一審より二割減の懲役八年に、一審での未決勾留八〇〇日（約二年二ヵ月）が算入された。さらに、この判決は一審の判決（原判決）を破棄したため、控訴審の審理中の勾留期間はすべて未決として算入されるので、実質的には約三年半の刑ということになった。

＊

レックの遺体は日本で火葬され、遺骨はタイの家族に引き取られたそうである。レックは、タイの女性たちの身体から搾取した金を母国の両親に送っていた。もともとは彼女も人身売買組織に売り飛ばされた被害者だったようだ。そうした境遇から這《は》い上がるために、タイ人女性に売春を強いる加害者に転じ、命を落とすことになった。その意味では、彼女もまた人身売買の犠牲者だと言えるだろう。下館タイ女性殺人事件は、じつに暗く悲惨な事件であった。

この事件で唯一の救いは、ケー、ノイ、トゥックの服役期間が短くてすんだことだ。

彼女たちは一年間ほど服役したのち、強制送還でタイに帰された。実質三年半の刑期を最後まで務め上げずにすんだのである。

三人は、タイでは刑務所に収監されることもなく、無事にもとの生活に戻ることができた。なお、もともと短期間のみの予定で来日した人が犯罪をおかして懲役刑などに処された場合には、服役中に強制送還になることが多い。これは、服役させるということに、制裁を科すという側面とともに、更生させて社会復帰させるという側面があるからだ。

短期間滞在予定だった外国人の場合には、服役後に日本社会で生活を営むということが考えられない。したがって、社会復帰の側面からすると、一定程度服役すれば、その時点で、もとの国に送還することのほうが合理的である。刑法では、有期刑についてはその刑期の三分の一を務めれば仮釈放ができる、と定められている（刑法第二八条）。日本人の場合には、実際には三分の二以上務めないと仮釈放は得られないのが通例であるが、彼女らを早期に仮釈放することは、法律上も許されることなのである。

支援活動から広がった国際的人身売買の救済活動

本件の被告人らをサポートするために結成された「支える会」は、三人に対する支援のほかに、同種事件の支援団体と交流し、集会やデモ活動などを合同でおこなうこともたびたびあった。

こうした活動がメディアで報道されたこともあり、「支える会」には学生、学者、ジャーナリストなどさまざまな立場の人たちが参加し、人身売買により日本に連れてこられた外国人女性の悲惨な状況を広く社会に訴え、この問題に一石を投じた。また、「支える会」は公正な裁判を求める署名運動もおこない、最終的に九〇〇〇筆を超える署名を集めた。

一審公判における最終弁論の直前の一九九四年三月には、早稲田大学国際会議場で「女性の人権アジア法廷」公聴会とジャパン・デーが二日間にわたって開催され、このシンポジウムの報告をきっかけに、下館タイ女性殺人事件はアジア諸国から注目を集めた。タイをはじめとする東南アジア各国で、公正な裁判を求める署名運動が展開され、合計二〇〇〇筆以上の署名が集まり、在タイ日本大使館と水戸地裁下妻支部に提出された。バンコクでは、一審判決直前にデモ活動もおこなわれた。

一方、タイ政府は事件後に労働福祉相と国会議員からなる調査団を日本に派遣し、国際的人身売買の被害者となっている在日タイ人女性について調査した。その結果、被害者数は五万人以上とするタイ政府の報告書が出された。

当時は日本の経済力が圧倒的にタイより強かったこともあってか、この報告書は大きな問題にはならなかったようだが、今なら国際問題になっているに違いない。

なお、「支える会」は控訴審判決後、被告人たちに上告の意思がないことを確認して活動を停止したが、この事件を機に広がった支援者同士の繋がりはその後も続いていった。

民事訴訟を提訴

ケー、ノイ、トゥックの三人を原告として、我々は、一審の公判途中で民事訴訟を起こした。当初、「支える会」と弁護団は、三人を「転売」してきたブローカーらとともにスナック「ミミ」の経営者佐々木夫婦を刑事告発しようとしたのだが、水戸地検や茨城県警の反応は鈍く、刑事告発は不調に終わった。そこで、水戸地裁土浦支部に三人を原告とする民事訴訟を提起し、佐々木夫婦に対して、未払い賃金と売春強要による精神的苦痛への慰謝料として合計一四六〇万円の支払いを求めて提訴したのである。

事件前の三人は、「ミミ」の開店時刻には出勤してホステスとして接客をし、買春客に店外へ連れ出されても、「ミミ」の閉店時刻前に売春が終われば店に戻ってまた接客をし、閉店後には店内の掃除などもさせられていた。

佐々木夫婦は刑事裁判での証言と同様に、「売春には関与していないし、三人の賃金はレックに渡していた」と反論したが、我々は労働基準法[*1]に定められた賃金の直接払いの原則に基づいて、レックへの賃金の支払いは違法だと主張した。

初めのうち、佐々木夫婦は全面的に争う姿勢を見せていたが、審理が進むと証人尋問を欠席するようになった。出廷して「自分たちが正しい」と証言するだけの自信がなかったのだろう。これに嫌気がさしたのか佐々木夫婦の訴訟代理人弁護士も辞任し、被告側が自らの主張を立証することを事実上放棄する形となった。

この民事訴訟には一年半以上を要し、判決が下ったのは刑事裁判の控訴審が始まってからだった。九五年六月、水戸地裁土浦支部（裁判官 小《こ》宮《み》山《やま》茂《しげ》樹《き》）は、佐々木夫婦による売春強要と賃金未払いの事実を認定し、一二二〇万円の支払いを命じる判決を下した。

しかし、判決の時点では「ミミ」は店を閉じており、佐々木夫婦の資産を見つけることもできず、実際にお金を支払わせるには至らなかった。

*1 賃金の直接払いの原則：労働基準法第二四条一項の冒頭に、「賃金は、通貨で、直接労働者に、その全額を支払わなければならない。」と規定されている。

思い出・エピソード

無償の弁護活動

本件の被告人たちは、ホステスとしての賃金も売春の対価もレックに搾取され、文字通り一文無しであった。日本には親戚縁者も知人もおらず、タイの家族は貧困に苦しんでいた。

こうした事件は報酬のもらいようがない。弁護団のメンバーは全員、着手金も報酬も日当もゼロの、いわゆる手弁当で弁護活動に当たった。

下妻、土浦の拘置支所や下妻の裁判所支部へ行く時は、上野から土浦までの電車賃だけを「支える会」から出してもらった。その電車賃の多くは、メンバーの高橋宏通氏がパチンコで稼いだものだった。彼はパチンコの名人で、お金が必要になると「ちょっと稼いできます」と言ってパチンコをしに行く。それで本当に稼げるのだから感心してしまった。電車賃なので二、三万円もあれば大いに役立つわけである。高橋氏は「支える会」のまとめ役ではあったが、運動家のような汗臭いタイプではなく、育ちの良さを漂わせながら、飄々《ひょうひょう》とした雰囲気で動き回る不思議な人だった。

土浦駅から先は、前述したように「支える会」のメンバーが代わる代わる車で送り迎えしてくれた。その車はかなり古いコンパクトカーで、スピードを出されると怖くて、「もっとゆっくり走って」と哀願する感じだった。

それにしても、下館タイ女性殺人事件は弁護士としてはとてもやりがいのある事件であった。

本件のように被告人が徹底的に気の毒な状況に置かれていながら、死刑か無期懲役かという重罪に問われる事件というのは、そう多くはない。三人がレックの命を奪ったことは事実だが、その背景には組織的な犯罪があり、三人はその被害者だった。それなのに、犯罪組織に対する処罰はまったくおこなわれず、被害者だけを厳罰に処するというのは正義に反している。弁護士であれば誰でも、そういう気の毒な人たちの役に立つのなら、銭金の問題ではなく、自分がやらなくては、という気持ちを基本的に持っているのではないかと思う。

日本の司法制度のなかで、声を上げても取り上げてもらえない被疑者や被告人はたくさんいる。特に外国人の場合、日本語がまったく喋れない人も多いため、抗議のしようがない。警察に駆け込んでも言葉が通じる担当者はいない。身近に家族もおらず、日本の司法システムなど知らないし、どの程度正義が通じるかもわからない。本当に孤独でつらいだろう。そういう人たちを支える側になることは、非常に大切なことである。

本件では一審、二審とも弁護団の主張がほとんど認められなかったが、これをもって「裁判の結果が悪かった」と言うことはできないと私は思っている。

被告人たちの言い分を法廷できちんと話してもらうことができたし、量刑的にも無期懲役の求刑に対して、一審では懲役一〇年、二審では懲役八年となった。八〇〇日の未決も算入されたので、実質的な刑期は約三年半になったわけである。

しかも、最終的に三人は刑期の途中で強制送還されて無事にタイに帰ることができ、母国では自由の身になっている。

放っておけば、三人は無期懲役になっていたかもしれない。少なくとも、かなり長い年月を異国の刑務所で過ごさなければならなかっただろう。

三人のその後

ケー、ノイ、トゥックの性格は三人三様だった。

ケーは、他の二人より早く日本に連れて来られたため、それだけ強制売春の被害を多く受けており、レックの支配下から逃れることに最も積極的で、いわば事件のリーダー役だった。

トゥックは三人のなかでは最年長で、落ち着いた雰囲気の人だった。娘さんが一人いるシングルマザーで、タイにいた時はクラブ歌手もしていたそうだ。接見を重ねて、だいぶ気心も伝わるようになったと思われた頃に、半分冗談半分本気で「歌を聴きたいな」と私が言ったところ、笑顔で「それはタイに帰ってから」と、軽くかわされてしまった。

ノイは可憐な風情の人だった。「支える会」のメンバーに、ノイに好意を寄せた男性がいた。彼は三人が帰国したあとタイまで追いかけて行き、ノイに結婚を申し込んだそうだが、その後結婚したという話は聞かなかったので、どうなっただろうかと思っていた。

この原稿を書くに当たって三人の近況を確認したところ、ノイとトゥックは義理の姉妹になっていた。ノイはトゥックの兄弟と結婚したのだ。日本からノイを追いかけて行った彼の恋は、片思いに終わっていたのだった。

三人はタイで元気に暮らしているという。皆、それなりに幸せをつかんだのである。

同種事件・関連事件

タイ人女性による刑事事件

下館タイ女性殺人事件が起きた頃、日本では同種の刑事事件が各地で起きていた。一九八九～九四年の約五年間に、日本でタイ人女性が被害者または加害者となった殺人事件は、わかっているだけでも二三件を数えるという。いくつか例を挙げよう。

・新小岩事件（東京、九二年）：「借金」返済のために日常的に脅迫を受け、売春や無償労働を強要されていた複数のタイ人女性が、台湾人スナックママを殺害。
・茂原《もばら》事件（千葉、九二年）：架空の「借金」を背負わされ搾取されていたタイ人女性五人が、スナック経営者のシンガポール人女性を殺害。
・桑名事件（三重、九四年）：買春客に暴行、監禁されたタイ人女性が客の男性を殺害。
・市原事件（千葉、九四年）：「借金」返済のために売春を強要され、逃亡して連れ戻されたタイ人女性が暴行、監禁、強姦されたうえ、さらに多額の「借金」を背負わされ、タイ人のスナック経営者を殺害。

下館タイ女性殺人事件における「支える会」の活動は、これらの事件で支援活動のモデルとなった。

時代によって形を変える人身売買

アメリカ国務省は、二〇二〇年六月に発表した世界各国の人身売買に関する年次報告書で、「政府による人身売買の予防・取り締まりが不十分」などの理由で日本を最高ランクから一段階格下げした。外国人の技能実習制度に関し、「強制労働の告発が続いているのに人身売買の立件が一件もなく、悪質な仲介業者を完全に排除できていない」とも指摘した。二一年七月発表の同報告書でも、日本はランク二番目に据え置かれた。

下館タイ女性殺人事件の頃に比べると、国際的人身売買に対する規制は多少なりとも強化され、タイと日本の経済格差も当時ほど大きいものではなくなった。不景気の影響などもあり、日本で人身売買の被害に遭うタイ人女性の数は大きく減少したと思う。その一方で急増しているのが、「外国人技能実習生」が被害者となる事件だ。

技能実習生の出身国は日本との経済格差を反映しており、自国の経済力が上昇した中国人は減少傾向にあり、ベトナム、カンボジア、ミャンマーなどからの実習生が増えている。そのなかには、人身売買に近い形で日本に連れてこられる人も少なくない。

実習生の人権を侵害する事件も各地で後を絶たない。たとえば、パスポートの取り上げ、賃金の不払い、最低賃金を下回る給与、強制貯金（労働基準法第一八条一項で禁止されている）、強制帰国を脅し文句にした束縛や性暴力などだ。

こうした事件は、日本社会に昔から存在する東南アジアの人たちに対する差別意識と関係があるように思われる。経済力の弱い国の若者を使い捨ての労働力や性的対象とみなし、騙して日本に連れてきて搾取するという構図は、下館タイ女性殺人事件や同種事件、技能実習生問題に共通するだけでなく、従軍慰安婦問題や徴用工問題も構造的に非常に似ていることが指摘されている。「ＨＥＬＰ」で活動していた福島瑞穂氏は、人身売買被害者の問題とともに従軍慰安婦問題にも非常に熱心に取り組んできた。

従軍慰安婦問題や徴用工問題について日本政府は、一九六五（昭和四〇）年のいわゆる日韓請求権協定[*1]で解決ずみだとしているが、被害者の方々にとっては何ら「解決ずみ」などではない。具体的に被害を受けた人たちがいることに思いを致し、日本はもっと率直に申し訳ないという気持ちを持つべきだと私は思う。これらの問題に真摯に対応しなければ、日本はいずれ国際的に大きな批判を受けることになるだろう。

＊1　日韓請求権協定：一九六五年六月二二日に調印された日韓基本条約に付随して結ばれた協定。第二次大戦における強制動員などの被害補償を求める韓国に対し、日本が無償三億ドル、有償二億ドルの経済協力資金を支払うことで、韓国が日本に対する一切の請求権を放棄することを定めている。正式名称は「財産及び請求権に関する問題の解決並びに経済協力に関する日本国と大韓民国との間の協定」。

小学生交通事故死事件

中野区スクールゾーン交通事故死事件――一九七八年受任
大型貨物車左折巻き込み事件――一九七八年受任

急速なモータリゼーションにともない、昭和三〇年代以降、交通事故は急増の一途を辿った。一九五九（昭和三四）年には死者数がついに一万人を突破し、「交通戦争」なる造語も登場して社会問題となった。

自動車優先の風潮もあり、歩行者の安全を守る歩道や信号機の整備は遅れ、車両やドライバーへの取り締まりも不十分であったため、交通弱者である子供たちが犠牲となる悲惨な事故が絶えることはなかった。そのような時代背景のなかで、私も小学生が被害者となる交通事故死事件を受任することとなった。

1 中野区スクールゾーン交通事故死事件

事件の概要

スクールゾーンで殺された

ひどい事故だった。

中野区立武蔵台小学校に登校途中の松舘浩樹《まつだてひろき》君（当時六歳、小学校一年生）が、自宅から約六〇〇m離れた同区上鷺宮《かみさぎのみや》五丁目の道路を横断していたところへ、東京都清掃局の清掃車が突っ込んだ。

浩樹君は清掃車の右後輪で胸部を轢《ひ》かれ、胸腔内臓器損傷により死亡した。ほぼ即死であった。一九七七（昭和五二）年一一月二九日午前八時一八分頃のことだった。

事故の起きた道路は、千川《せんかわ》通りから新青梅街道方向に向かう裏通り（区道）で、付近には幼稚園、保育園、小中高校が多いため、東京都公安委員会からスクールゾーンに指定されていた。

スクールゾーンは、都道府県の公安委員会が道路交通法（以下、道交法）第四条[*1]に基づいて指定する歩行者用道路の一種で、交通規制の内容は学校周辺の交通量など地域の実情に応じて決められる。浩樹君が轢かれた道路では、登下校の時間帯にあたる午前七時～九時と午後一時～三時は、車両の通行は原則として禁止されていた。

だが、このような規制がされているにもかかわらず、本件道路に入り込む車は後を絶たなかった。この道路は一方通行のうえ、途中には信号機が設置されておらず、横断歩道もほとんどないため、表通りの混雑を避けて新青梅街道方向に抜ける「バイパス」として利用するドライバーが多く、違法進入が野放しとなっていたのである。

事故を起こした清掃車は、都清掃局が民間委託したT運輸株式会社（以下、T運輸）の所属で、都公安委員会から、スクールゾーンでも通れる「通行禁止除外指定車[*2]」に指定されていた。

この除外指定でスクールゾーンに入れるのはゴミ収集作業中に限られていた。ところが、本件清掃車を運転していたKは、ゴミの収集作業をしていたのではなく、中野清掃事務所へ向かう途中だった。

清掃作業員にはそれぞれ担当区域があり、集めたゴミを清掃事務所に持ち込む時間帯が決まっている。作業員には「少しでも早く作業に取り掛かりたい」「早く作業を終わらせたい」という意識があり、T運輸も、日頃から清掃車の運転手に時間を急がせていた。

K運転手にとって、中野清掃事務所へ向かうのには、新青梅街道を通るか、千川通りの途中で旧目白通りへ出るのが本来のルートだったが、朝の時間帯はこれらの道路が渋滞する。そこで、K運転手は清掃事務所へ急ごうと、本件道路を通行した。つまり、除外指定の権利を濫用してスクールゾーンに進入したわけである。

しかも、K運転手は徐行もしていなかった。

通行禁止除外指定車がスクールゾーンなどの歩行者用道路を通行する場合には、徐行運転が義務付けられている。道交法第二条では、徐行は「車両等が直ちに停止することができるような速度」と定義されており、一般的な目安としては時速一〇㎞以下とされている。K運転手は、その三倍にあたる時速約三〇㎞で清掃車を走らせていた。

そのあげく、追い越しに気を取られて、浩樹君のことを見落とした。つまり、前方不注視により事故を起こし、浩樹君を死亡させたのである。

＊1　道路交通法第四条「公安委員会の交通規制」：一項前段に、都道府県公安委員会は道路における危険防止、交通の安全と円滑化、道路交通に起因する障害防止の必要がある時には、信号機・道路標識等の設置と管理、交通整理、歩行者・車両等の通行禁止その他の道路交通の規制を、政令に基づいておこなえる旨が規定されている。二項では、これらの交通規制は区域、道路の区間・場所を定め、対象を限定し、適用される日や時間を限定しておこなえる旨が規定されている。

＊2　通行禁止除外指定車：救急車や清掃車など公共目的の車両には通行禁止除外指定車標章（ステッカー）が交付され、徐行運転をすることが義務付けられている。

遺族の深い悲しみ

亡くなった浩樹君は、松舘忠樹《ただき》・靖代《やすよ》夫妻の長男で、三つ違いの妹がいた。

安全であるはずのスクールゾーンで長男の命を奪われた松舘夫妻の衝撃は、計り知れないものであった。以下は、浩樹君の死の一年後に松舘夫妻が発表した手記をもとにした「その日の朝」の状況である。

当時、松舘忠樹氏はNHKで社会部の記者をしていた。仕事柄、朝が遅い松舘氏は、「行ってまいります」という浩樹君の声を寝床の中で聞いていた。

自宅の電話が鳴ったのは、その数分後のことだった。

「即死ですって！」

靖代さんの悲鳴で飛び起きた。

「何かの間違いのはずだ」と思いながら、松舘夫妻は電話で告げられた病院へ向かった。タクシーはつかまらず、ほとんどの道のりを走って病院に飛び込んだ。

浩樹君は、二階の病室のベッドに横たわっていた。その身体には、まだ温もりがあった。清掃車に撥《は》ねられ、轢かれ、道端で息を引き取るというむごい目に遭いながら、いつもと少しも変わらない、あどけない寝顔に見えた。

「寝ているだけじゃないか」

静かに目を閉じている浩樹君の頭を抱いて、二人は大声で泣いた。

今にもひょっこり目を覚まして起き上がるのではないか、という期待は、警察での検視や遺体の引き渡しなどの手続をするうちに少しずつ削り取られていった。


朝、元気に家を出た時とは変わり果てた姿で、浩樹君は自宅に帰ってきた。

当時三歳だった妹の美樹《みき》さんは、なぜ浩樹君が起き上がらないのかと不思議がった。「お兄ちゃんは寝ているだけ」と思い込んでいたのだ。

浩樹君の死は、ご両親だけでなく幼い妹の心にも大きな傷跡を残した。

浩樹君が遺骨となり小さな黒い箱に納められて帰ってきた夜、美樹さんは「天国のお兄ちゃんのところへ行こう」と泣いてご両親を困らせ、「天国に電話をかけて」「番号がわからないのなら電話帳で調べて」と、必死で言い続けた。

受任の経緯

刑事裁判と民事訴訟で真相をあぶり出す

本件は、私が愛宕山《あたごやま》弁護士ビル（東京都港区）三階の自由人権協会の事務所を自分の事務所としても使っていた時に受任した事件である。

松舘忠樹氏による刑事告訴という形で始まり、そのあと、T運輸に通行禁止除外指定車の標章（以下、本件許可証という）を与えた東京都、道路管理者である中野区、浩樹君を轢き殺したK運転手および彼が所属していたT運輸の四者を相手取り、計一億三〇〇〇万円の損害賠償を求める民事訴訟を東京地裁に起こした。

私が担当したのは民事訴訟のほうである。愛宕山弁護士ビルの四階に事務所を置いていた高《たか》崎尚志《さきたかし》弁護士が松舘氏から依頼を受け、彼から「一緒にやらないか」と誘われて、本件の刑事告訴を担当した井口寛二《いぐちかんじ》弁護士と三人でチームを組むことになった。高崎弁護士は、東京大学大学院で不法行為の研究をしていたこともあり、弁護士になってからは交通事故の事件を多く扱っていた。

高崎弁護士と私は司法研修所の同期で、クラスも同じだったため、以前から親しくしており、それまでにも一緒に事件を担当したことがあった。また、私はたまたま井口弁護士のことも知っていた。井口さんは労働省（当時）勤務から弁護士に転身した方で、私の妻が労働省に勤務していた頃の同期の同僚だったのだ。

民事訴訟に至るまでの大まかな経緯は以下のとおりである。

事故から約半月後の七七年一二月一五日、K運転手は業務上過失致死罪（刑法第二一一条）で起訴された。ところが東京地検は、K運転手が「ゴミ収集作業中」という通行禁止除外指定車の許可目的外でスクールゾーンを通行したこと（車両通行禁止規制違反）や、その際に徐行運転をしていなかったこと（徐行義務違反）を見過ごしていた。事故直後に、T運輸が責任逃れの偽装工作をしていたからだ。

K運転手から事故の連絡を受けたT運輸の運転課長Hは、警察より先に現場に駆け付け、Kに対して「自分の作業区域は事故現場直近の上鷺宮地区だ」と嘘をつくように命じ、ゴミの収集作業のためにスクールゾーンを通行していたかのような偽装工作をした。

そのうえH課長は、徐行義務違反の証拠を隠滅するために、清掃車のタコメーター・チャート紙[*1]（運転記録計記録紙）を取り外して会社に持ち去っていたのだ。

当時の検察では、被害者が死亡するような交通事故でも、ほとんどは副検事が担当していた。本件を担当した副検事は、これらの偽装工作に気付かず、車両通行禁止規制違反と徐行義務違反について見落としていたのである。

松舘氏は、K運転手の起訴直後に担当副検事と面談して、これらの違反が不問に付されていることに気付き、「検察の捜査は生ぬるい」と憤慨した。

車両通行禁止規制違反とスクールゾーンにおける徐行義務違反は、それ自体が業務上過失の一つの要件であるほかに、前者は道交法第八条一項違反[*2]、後者は同第九条違反[*3]という別個の罪状が成立する。そこで松舘氏は、翌七八年一月、K運転手を道交法違反で告訴した。この刑事告訴で松舘氏の代理人となったのが井口寛二弁護士だ。彼と松舘氏は東京教育大学（現・筑波大学）時代の学友だった。

松舘氏は東京地検に対して、K運転手を道交法違反でも補充捜査して追起訴[*4]するよう要求したが、東京地検は「追起訴はできない」と口頭で通告してきた。そのため担当副検事とかなり揉《も》めたが、道交法違反については公判で立証し、そのための調書等も作るということで話し合いがつき、結果的に反則金で処理するということになった。

業務上過失致死罪事件についての裁判は七八年二月に始まり、第二回公判において、K運転手には交通違反の前歴が一二件もあり、罰金を支払うことが頻繁にあったことが明らかになった。この事実を知った松舘夫妻は愕然とし、新たな怒りでいっぱいになった。

二～三月（第三回、第四回公判）には若干の証人尋問がおこなわれた。その頃には民事訴訟を起こすことも決まっており、私は刑事裁判の証人尋問を傍聴した。証人として出廷したのは、被告人（K運転手）が勤務していたT運輸の専務や運転課長、被告人の妻など、ほとんどが情状証人[*5]であった。

こうしたことを経て、松舘夫妻と長女の美樹さんは七八年四月七日、民事訴訟を提起したのである。

訴状を提出したあと、私たちは司法記者クラブで記者会見をおこなった。

会見には松舘氏の同僚であるＮＨＫの記者を含めた取材陣が集まり、翌日の読売新聞朝刊には、「『行政の怠慢』愛児を奪った」との大見出しで、写真三枚、九段組のかなり大きな記事が掲載された。

＊1　タコメーター・チャート紙：アナログタコグラフ。自動車の走行速度に応じて上下運動する鉄針が、速度計の裏に取り付けられたロール状のチャート紙に折れ線グラフを描き、走行速度、走行距離、実車時間を記録する。これらの情報は労務管理や事故防止の指導等に利用されていた。

＊2　道交法第八条一項（要約）：歩行者・車両等は、道路標識等で通行を禁止されている道路またはその部分を通行してはならない。

＊3　道交法第九条（要約）：通行禁止除外指定車等が歩行者用道路を通行する時は、特に歩行者に注意して徐行しなければならない。

＊4　追起訴：ある刑事事件の裁判が係属中に、同じ被告人の別の事件を同じ裁判所に起訴し、併合審理を求めること。刑事訴訟法第三一三条一項では、裁判所が適当と認める時には検察官や被告人・弁護人の請求または職権により、弁論の分離や併合、終結した弁論の再開ができるとされている。

＊5　情状証人：刑事事件の裁判において、被告人の刑が少しでも軽くなるよう、被告人の性格や生活状況、今後の更生に向けたサポート方法等について証言する証人のこと。

被告人の死亡により公訴棄却に

民事訴訟を起こしてから約三週間後、思いがけないことが起こった。K運転手が、がんで死亡したのだ。

そのため、民事訴訟において、K運転手については訴えを取り下げることになった。Kの相続人であるKの妻や子を相手に訴訟を続けることも可能だったが[*1]、それは松舘夫妻の本意ではなかった。

刑事事件については被告人死亡により公訴棄却となり、刑事裁判は三ヵ月で終了した。仮にK運転手が存命だったとしても、おそらくそれほど時間をかけずに刑事事件の裁判は終わっていたと思う。死亡者が何人もいるような大きな事故は別として、被害者が一人ぐらいなら、「単なる普通の交通事故」として検察が処理方法を決め、なるべく早く処理してしまおうという傾向が当時は強かったのである。

現在では、被害者参加制度[*2]の導入により、刑事事件では、被害者や遺族らが「被害者参加人」として弁護士を立てて公判に出席し、証人尋問、被告人質問、意見陳述等をおこなえるなど、さまざまな権利が認められるようになっている。また、被害者参加人が検察官の権利の行使に関して意見を述べた場合、検察官にはその意見に対する説明義務がある。

こうしたシステムが当時あれば、検察官も遺族らの考えを無視できないので、本件についてそれなりの訴訟活動をしてくれただろうし、裁判官も遺族の生々しい意見を聞けば、審理の進め方などにある程度の影響を受けただろうと思われる。それによって遺族の気持ちがいくらかでもやわらぐ面もあったであろう。

*1　民事訴訟の当事者が死亡した場合：民事訴訟の原告もしくは被告が死亡すると、訴訟はいったん中断するが、訴訟代理人がいる場合や、相続人が相続放棄をした場合以外は、中断後、当事者の相続人などが訴訟を受け継がなければならない（民事訴訟法第一二四条一項一号、同二項、三項）。被告の相続人が受け継いだ訴訟に原告が勝訴すれば、原告は被告の相続人に対して損害賠償請求ができる。

＊2　被害者参加制度：司法制度改革の一環として二〇〇八（平成二〇）年一二月一日に導入された。刑事訴訟法第二編第三章第三節（第三一六条の三三〜三九）に規定がある。

裁判の経緯

民事二七部の「悪しき伝統」

東京地裁で交通事故に関する民事訴訟事件を扱うのは、民事第二七部[*1]（以下、民事二七部。「交通部」とも呼ばれる）である。

本件当時の民事二七部は、ひとことで言えば保険会社の延長のような感じで、事件を基準通りに早く処理しようとする傾向が非常に強かった。

その背景には、一九六〇年代半ば頃から交通事故が頻発したこと（いわゆる交通戦争）がある。当時は自賠責保険の額が非常に低かったため、損害賠償請求を裁判の場で求めるケースが急増した。民事二七部に持ち込まれる事件は膨大な数になり、個々の事件を丁寧に審理する物理的・時間的・人的余裕がなくなった。

そこで、裁判所は、損害賠償額について、一つの処理基準として数表的なグラフを作った。たとえば、「大人が一ヵ月入院すると賠償額はいくらになるか」「子供が死んだ場合の慰謝料はいくらか」といった答えが、そのグラフを見ればすぐに出てくる。被害者や遺族が実際に味わった苦痛とは無関係に、きわめて形式的・機械的な処理をするようになったのだ。また、裁判を長引かせないために、なるべく和解で処理するようにもなった。

世間にも、こうした傾向を許す基盤があった。交通事故で命を落とす人の数に比べて、車を運転する人の数は圧倒的多数であることから、交通事故の加害者は周囲から「運が悪かったのだ」などと慰められ、被害者の死は軽く扱われる、という傾向が当時の社会にはあったのである。

松舘夫妻は、「何歳の男子なら〇〇円」という運賃表のような賠償額の算定表が裁判所に用意されていることを、民事訴訟を起こして初めて知り、大きなショックを受けた。そして、このようなやり方に抵抗しようと決意したのである。

この時の心境を、のちに靖代さんは次のように手記に綴っている（原文のまま）。

「人間としての痛みをこらえて提訴した先の、裁判所もまた〝クルマ優先〟の論理につかっていたのです。（中略）人格を大量生産のロボットのように計数化してしまう虚構を、打ち破ることを決意しました。」

私たち弁護団としても、交通事故の被害者や遺族の気持ちを無視した交通裁判のやり方や世間の意識に抵抗したいという気持ちが強かった。この訴訟を簡単に、機械的に処理されたのでは、松舘夫妻は当然納得できないし、亡くなった浩樹君に申し訳ない。

交通事故の民事訴訟では、加害者側が自分には何の落ち度もないということを具体的かつ全面的に証明しない限り、責任を免れない構造になっている。本件の場合、明らかにK運転手に落ち度がある。K運転手は病死してしまったので、清掃車の所有者であるT運輸のみを被告として責任を追及すれば、判決なり和解なりで基準どおりの賠償金や慰謝料をもらうことで、裁判としては簡単に終わらせることができる。

しかし、私たちは敢えてその逆を行くことにして、T運輸のほかに東京都と中野区も被告にした。この事件を、単に「子供が車に撥ねられて死亡して損害が発生した」というレベルにとどめず、裁判をとおしてさまざまな問題を提起したかったからだ。

たとえば、スクールゾーンの運用の仕方にはかなり幅があり、進入防止柵を設置した場所に学童擁護員（当時の俗称は「みどりのおばさん」）を配置して違法進入車を監視しているケースもあれば、そうではないケースもある。監視員がいないと、ドライバーは車を降りて進入防止柵を外すことで容易に通行できてしまうし、一台そういう車が出てくると、後続の車がどんどん進入してくる。

浩樹君が事故に遭った道路は、スクールゾーンとは名ばかりで、まさにこのような違法進入車がやたらに多い道路であった。同じように危険なスクールゾーンは、おそらく全国にあるはずだ。つまり本件は、単に中野区内の一スクールゾーンの問題ではなく、日本におけるスクールゾーンの運用のあり方、通行禁止除外指定車の管理のあり方など、さまざまな問題を内包していた。

松舘夫妻も、「学童を保護すべきはずのスクールゾーンが有名無実化している。この裁判で、スクールゾーンを実効のあるものにするにはどうするべきかを問いたい」と、強く望んでいた。

こうしたことから、T運輸だけでなく東京都と中野区も被告とし、敢えて問題を大きくして、論点を増やすことにした。それにより、スクールゾーンの運用や通行禁止除外指定の問題について議論の範囲を拡げ、深く掘り下げていこうとしたのである。

＊1　東京地裁民事第二七部：東京地裁の民事訴訟事件係が受け付けた事件のうち、交通事故に関する事件のみを扱う専門部。交通事故に関する事件を本案とする証拠保全や、訴訟提起前における証拠収集の処分事件も取り扱う。

被告三者に対する責任追及

以上のような考えに基づいて、私たちは訴訟で次のように主張した。
・本件事故の根本的原因は、Kが運転していた清掃車が、清掃目的に限られるという通行禁止除外指定の許可理由に違反して、スクールゾーンに入ったことである。
・東京都は、T運輸に対して通行禁止除外指定の本件許可証を交付する際に区域を「中野区全域」としてしまい、厳密な区域と時間帯の指定を怠り、スクールゾーンの趣旨をT運輸や同社の運転手に徹底させなかった。
・中野区は、道路管理者でありながら、本件道路への不法進入車両の監視を怠り、スクールゾーンの管理に落ち度があった。

そして私たちは、それぞれの被告に対して、以下のように主張した。

【東京都の責任】
①運行供用者責任
・東京都は、清掃事業をT運輸に継続的に担当させていた。その業務内容は、T運輸がすべて

東京都の指示に従うことになっていた。清掃車の型・容積も東京都の指示したものでなければならず、車体には東京都の標章であるイチョウのマークを表示しており、東京都所有の直営車と見分けがつきにくい。これらの事実から、東京都が本件清掃車の運行を支配していたことは明らかである。

・したがって、東京都は自動車損害賠償保障法（以下、自賠法）第三条に規定された運行供用者[*1]として、本件事故について損害賠償責任を負う。

②除外指定の趣旨の不徹底

・事故を起こした清掃車は、通り抜け目的でスクールゾーンを違法に通行した。ところがK運転手は、東京都公安委員会から交付された通行禁止除外指定のステッカーを持っていれば、ゴミ収集作業中でなくても、中野区内全域の通行禁止道路を自由に通行できると誤信して、本件スクールゾーンを通行した可能性がある。

・通行禁止除外指定をする際には、除外指定の趣旨、場所的・時間的制限などをステッカーに明示し、事故を未然に防ぐ義務があるのに、東京都公安委員会職員はその義務を怠ってK運転手の誤信を招き、本件事故を発生させたのだから、過失がある。

・通行禁止除外指定が公権力の行使であることは明らかなので、東京都は国家賠償法第一条一項により、公権力の行使に基づく損害の賠償責任を負う。

③進入防止柵の設置・監視員の配置などの懈怠《けたい》（なまけおこたること）

・本件スクールゾーンを含む道路は、通り抜けのために違法に進入する車が多いうえ、その走行速度は速く、非常に危険な状態だった。通行禁止時間帯には入口に移動式の進入防止柵が設置されていたものの、ドライバーが防止柵を取り外して移動させるなど、規制が無視されることが多かった。

・東京都公安委員会職員と本件スクールゾーン所轄の野方《のがた》警察署長は、道交法第四条、警察法第二条一項[*2]、交通安全対策基本法第四条[*3]に基づき、違法に通行しようとする車両の取り締まりや、しっかりした進入防止柵の設置等により規制が十分に守られるような措置をとる義務があるのに、これを怠り本件事故を発生させた。

・したがって、東京都はこれらの点でも国家賠償法第一条一項により損害賠償責任を負う。

【中野区の責任】

浩樹君が事故に遭った道路は、中野区教育委員会から通学路に指定され、東京都公安委員会からスクールゾーンに指定されていたが、スクールゾーンとは名ばかりで、実質が伴っていなかった。この道路を通学路に指定した教育委員会は、通学路としての機能を維持するような管理をしていなかったのだから、中野区にも責任がある。

①違法進入防止柵の設置・監視員の配置などの懈怠

・中野区には、本件道路の管理者として違法進入防止柵の設置や監視員を配置するなどの措置を講ずる義務があるのに、これを怠っていたため、事故当時の本件道路は通学路・スクールゾーンとしての安全性を著しく欠いており、道路の管理に瑕疵《かし》[*4]があった。

・したがって、中野区は国家賠償法第二条一項[*5]により損害賠償責任を負う。

②学童擁護員の休暇の代替策についての懈怠

・本件スクールゾーンの入口には、日頃は学童擁護員がいて違法進入車を監視していたが、事故当日は学童擁護員が休暇を取っていた。その休暇届は数日前に浩樹君が通学する武蔵台小学校に提出されており、中野区の職員である同校の校長としては、スクールゾーン入口の監視を警察に依頼するなどの代替措置を講ずるべきだった。ところが、同校の校長は、監視員がいない時のスクールゾーンが児童にとって非常に危険な状態になるという認識を欠いており、適切な処置をとらなかったのであり、安全配慮義務違反がある。

・したがって、中野区は国家賠償法第一条一項により損害賠償責任を負う。

【T運輸の責任】

・T運輸は、本件清掃車を保有し、これを自己のために運行していた運行供用者である。したがって、東京都と同様、自賠法第三条により損害賠償責任を負う。

なお、事故直後にT運輸のH運転課長が、K運転手の徐行義務違反を隠すために清掃車のタコメーター・チャート紙を取り外して会社に持ち去った件については、七八年一〇月に東京地検に刑事告訴した。翌年六月、Hは証拠隠滅（刑法第一〇四条）により起訴され、罰金三万円の略式命令[*6]（刑事処罰）を受けた。

＊1　運行供用者：「自己のために自動車を運行の用に供する者」のこと。人身事故を起こした車を実際に運転していた者のほかに、その車の運行を管理（車そのものの管理と運転者に対する指導監視）する立場にある者、その車の運行により利益を受けている者も含まれる。自賠法第三条には、交通事故で人身損害が発生した場合、運行供用者は損害賠償責任を負い、損害を賠償しなければならないと規定されている。

＊2　警察法第二条一項：「警察は、個人の生命、身体及び財産の保護に任じ、犯罪の予防、鎮圧及び捜査、被疑者の逮捕、交通の取締その他公共の安全と秩序の維持に当ることをもってその責務とする。」

＊3　交通安全対策基本法第四条：「地方公共団体は、住民の生命、身体及び財産を保護するため、その区域における交通の安全に関し、国の施策に準じて施策を講ずるとともに、当該区域の実情に応じた施策を策定し、及びこれを実施する責務を有する。」

＊4　瑕疵：欠点、きず。法律用語では、行為・物・権利などに本来あるべき要件や性質が欠けていることを言う。

＊5　国家賠償法第二条一項：「道路、河川その他の公の営造物の設置又は管理に瑕疵があったために他人に損害を生じたときは、国又は公共団体は、これを賠償する責に任ずる。」

＊6　略式命令：簡易裁判所の管轄に属する比較的軽微な犯罪について、被疑者が同意すれば、公判を開くことなく書面審理によって、一定範囲の財産刑（一〇〇万円以下の罰金または一万円未満の科料）を科することで刑事裁判を済ませる手続を略式手続という。刑事訴訟法第六編「略式手続」（第四六一条〜第四七〇条）に手続が定められている。被疑者に異議がないことを確認の上、検察官が公訴の提起と同時に書面で略式命令を請求し、裁判所が書類を審査して略式命令によることが相当であることを確認の上、略式命令を発することでおこなわれる。

一二人の証人尋問

私たちはこのような形で問題を追及し、浩樹君のご両親を含めて合計一二人の証人を尋問した。

事故が起きたスクールゾーンの危険性を立証するための証人としては、交通事故を専門に研究している尾崎一郎《おざきいちろう》氏と、周辺住民の山崎富佐子氏（主婦）と伊東光晴《いとうみつはる》氏（経済学者）を申請した。

尾崎氏は大阪在住の耳鼻科の医師で、交通上の弱者である歩行者、特に学童・園児を交通事故から守るための運動を以前からおこなっていた。後述する、大型車が左折する際に生じる死角の問題について、一九七一年に衆院交通安全対策特別委員会で議論された際には、同委員会で証言をしていた。

尾崎氏は本件道路の問題についても深い関心を寄せ、浩樹君の事故後に計四回、わざわざ大阪から上京して現場に足を運び、本件スクールゾーンの規制時間帯に車が次々と違法進入してくる実態を八ミリフィルムに撮影し、分析してくれた。その動画を法廷で上映し、事故を未然に防ぐうえでの交通規制の重要性等について、自らの経験に基づいて証言してもらった。たとえば、「浩樹君が亡くなった道路は、事故が頻発する構造になっている。逆方向の一方通行などにすれば、バイパス代わりに使われることはなくなり、違法進入や事故の危険は激減するはずだ」といったことである。

また、事故現場付近に住む山崎氏と伊東氏には、本件スクールゾーンが以前から非常に危険な状態だったこと、それにもかかわらず、むしろこの道路を拡張してバイパスとしての機能を高めようという動きが従前あったこと、それに対して周辺住民が反対運動を起こしたこと、反対運動の過程で本件道路の危険な実態は行政側も熟知していたはずであること、などを証言してもらった。

他方で、私たちは清掃事業の作業実態についても立証する必要があった。

浩樹君の事故は、普通の乗用車による事故とは違い、清掃車という一種の経済的な歯車が起こした事故である。東京都は、都が直接運営する清掃車（これを「直営」と呼んでいた）のほかに、清掃車を保有する運送会社と契約して清掃業務をおこなっていた（これを都は「傭上車《やといあげ》」と呼んでいたが一般には「下請」と呼ばれていた）。下請の運送会社は六十数社におよんでおり、その当時で、直営の清掃車合計約一〇〇〇台に対して、六十数社の下請の有する清掃車は、合計で約三〇〇〇台におよんでいた。T運輸はそのような下請の一つだった。その下請の清掃車は、所定の場所に行って都の清掃作業員を乗せたうえで、区域のゴミを順次収集し、さらに、それを所定の処理工場に運ばなければならない。各処理工場は受け入れ時間が厳格に決まっているので、ゴミの収集に手間がかかったり、道路が渋滞しているような場合には、運転手は一分一秒を争って車を走らせなければならなくなる。そのため、清掃車の運転手としては、違法であることを半ば知りつつ、通行禁止道路に進入するという実態があった。この点について裁判所に理解してもらう必要があったのである。

そこで、T運輸とは別の会社で清掃車を運転している劔《つるぎ》秋男氏を証人として申請し、清掃車の作業実態、東京都と運送会社との力関係、清掃作業を急がされるために通行禁止除外指定車のステッカーを悪用して違法進入しているケースが多くあること、などを証言してもらった。

さらに私たちは、審理の最終段階において、いわゆる敵性証人[*1]を尋問したいと考え、警察庁の交通局長、中野区教育委員長、本件スクールゾーンで入口の監視や交通整理をしている学童擁護員の三人を証人として申請した。申請の主旨は以下のとおりである。

・警察庁交通局長：スクールゾーンの設定経緯と実施の状況、スクールゾーンにおける具体的な法規制としての車の進入禁止、その例外的な緩和としての除外指定などについて、警察庁の立場から話してもらう。

・中野区教育委員長：スクールゾーンを設定した主旨、スクールゾーンを実効性のあるものにするためにとった措置などについて、教育委員長の立場から話してもらう。

・学童擁護員：本件スクールゾーン入口の交通量や違法進入の状況と監視体制、学校側が学童擁護員の配置により講じていた具体的対策などについて、現場の「みどりのおばさん」の立場から話してもらう。

しかし、裁判所が証人として認めたのは学童擁護員の三沢リセ氏のみで、他の二人については認められなかった。

証人尋問で三沢氏は、主に次のような証言をした。

・本件事故当時、武蔵台小学校には学童擁護員が二人いたが、どちらか一人が休むこともあるため、組合を通して中野区に増員を要求したところ、非常に難しいとの回答だった。

・事故当日、自分は休暇をとっていた。休暇届を数日前に提出していたので、学校側は代替策として警察官をスクールゾーンに配置するよう警察に要請したのではないかと思う。ただし、近隣の交番には警察官が一人しかいないので、警察官がスクールゾーンに立てなかったことも考えられる。（なお、その後、学校側は警察官配置の要請をしていなかったことが明らかになった）

・学童擁護員は講習を年二回受け、通行禁止除外指定のステッカーがない車をスクールゾーンに入れないように言われていた。しかし、「ステッカーがあっても通り抜け目的で利用する車は入れてはいけない」という説明を聞いたことはない。

裁判所が中野区教育委員長についての証人申請を認めてくれなかったため、私たちはそれに替えて、事故当時に浩樹君が通っていた武蔵台小学校の校長だった宮澤国廣氏を証人として申請した。宮澤氏は校長として通学路の指定や安全対策の実施などに責任を負う立場だったため、この申請は認められ、証人尋問をおこなうことができた。

尋問の結果、宮澤氏は生徒たちに対して「どこをどういうふうに通って毎日学校へ来るように」といった通学路についての具体的な指導をしていなかったこと、それのみならず、武蔵台小学校の通学路がどこなのかさえも十分に把握していないことが明らかになった。宮澤氏は校長としての責務に違反して、安全対策や安全指導をしていなかったことになる。こうしたことも含めて、私たちは中野区の責任を追及したわけである。

なお、武蔵台小学校の教諭自身が、違法にスクールゾーンに進入してマイカー通勤をしていたことも、松舘氏の調査によって判明した。

こうした情報の収集は、NHK社会部記者である松舘氏自身の取材能力や、松舘夫妻を支援する方々の力によるところが大きい。尾崎一郎証人を見つけてきたのも松舘氏だった。

社会部記者として多忙な仕事のかたわら、松舘氏は浩樹君の事件についてあらゆる情報を集めた。松舘氏はこの事件を、愛児の命を奪った交通事故というだけでなく、交通災害という広い視野で捉えて取材していた。

＊1　敵性証人：必ずしも自分側に有利な証言をするとは限らない証人、あるいは相手側に有利な証言をすることが予測される証人のこと。証人尋問において敵性証人が論理的に矛盾した証言をしたりすれば、自分側に有利にはたらく可能性がある。

その他の証人の証言

私たちは、東京都および中野区の交通安全課や清掃事務所の職員らにも証人尋問（反対尋問）をおこなった。

被告側申請の証人の主な証言は、次のとおりである。

【佐藤寛証人（野方署交通課長）】

・本件道路は進入する車が多すぎるということで、住民からなんとかしてほしいとの要望があった。

・清掃車への本件許可証には、中野区全域を通行禁止除外指定の対象としていたことは知っていた。

・しかし、そのことについて深く考えたことはなかった。

【橋田喜吉郎証人（東京都清掃局課長）】

・一般的な清掃局としての交通安全指導の状況。

【佐々木信穂証人（警視庁交通部交通規制係長）】

・中野区域全体がゴミ収集の対象になるというので通行禁止除外区域も中野区全域とした。

【斉藤邦興証人（中野清掃事務所長）】

・清掃車が、通行禁止除外指定の本件許可証で通行できるのは、ゴミ収集の作業中に限られる。通過のために進入することは違法。

原告本人質問と和解拒否

これらの尋問の間には、裁判所から審理の打ち切りをほのめかすような言葉も出た。「いい加減にこのぐらいで和解してはどうか」と、暗に促してきたのである。

松舘夫妻はきっぱりと和解を拒否した。和解をすれば、この事故のバックにある問題はすべてうやむやにされ、責任の所在がよくわからないまま和解金を受け取ることになってしまう。浩樹君のご両親としては、とうてい納得できるものではなかった。

松舘夫妻が証人席に立ったのは、提訴から三年が過ぎた一九八一年のことである。春から夏にかけて忠樹氏が三回にわたり証言し、秋には妻の靖代さんが証言した。

【松舘忠樹原告の証言】

松舘氏は、本件道路の危険性や、清掃車が通行禁止除外指定の本件許可証を濫用して、ゴミ収集作業の時以外にも本件道路に進入し、徐行もしていない状況を淡々と証言した。

印象的だったのは、次の二つの証言であった。

一つは、武蔵台小学校には八人もマイカー通勤の教師がいて、そのうち通行禁止除外指定の本件許可証を持っているのは一人だけだったということ。

もう一つは、学校に出向いての話し合いの時に、「子供の安全について何か具体的に行動すべきではないか」と言ったところ、安全担当の教師から、「子供を亡くしたからと言って、そう偉そうなことを言うな。私たちは私たちの考えでやっているのだから文句を言うな」と言われたと証言したことである。

【松舘靖代原告の証言】

妻の靖代さんは、生前の浩樹君の生活ぶり、妹の美樹さんの様子、そして『みそらの星』という本件の資料集（具体的内容は後述）を作成したことなどを証言した。

夫妻は『スクールゾーン訴訟ニュース』という機関紙を発行し、裁判の経過などを支援者らに向けて報告していた。以下は、この機関紙に靖代さんが寄せた証言前の心境である（一部抜粋、原文のまま。〈 〉内は筆者の補足）。

「7月2日の〈忠樹氏に対する〉反対尋問で、被告会社側は、事故後どこにいましたかとか、告別式の日に会社の者がお悔みに来たのを知っていたかとか、自からの手で、あの子を私たちのもとから奪ったという憎むべき事実を忘れたかのように、くどくどと質問をくり返し、裁判官に制止されました。私たちの家を訪れたという外形的事実を、誠意だと強弁し、判決に有利に作用させたいと、もくろんでの質問なのでしょう。証言に立つということは、あのような人間の姿を忘れ去った人々とも向き合わねばならないのだということを、改めて思い知らされました。」

「あの道〈浩樹君が亡くなったスクールゾーン〉の規制時間は、事故後、〈それまでの規制終了時刻の〉9時から9時半まで30分延長されました。しかし、今も多くの車が標識を無視して違法侵入《ママ》を続けています。規制の不備が、そして何よりも、クルマ優先の論理に首までつかっている、行政の無責任さがあの子の生命を奪ったのだということを、証言の場で訴えたいと思います。」

判決の内容

問題の本質を無視した東京地裁判決

提訴から四年二ヵ月が過ぎた一九八二年六月一五日、東京地裁の判決が下された。判決時の裁判官は、北川弘治《きたがわひろはる》裁判長と、芝田俊文《しばたとしふみ》裁判官、富田善範《とみたよしのり》裁判官だった。

結論から言うと、私たちが提起した問題は全部スルーされてしまった。

裁判所は、次のことは認めた。

・本件道路は、スクールゾーンとして歩行者用道路に指定されているものの、一方通行で、途中に信号はなく、横断歩道もほとんどないこと。

・スクールゾーンとして通行禁止規制のおこなわれている時間帯でも、通行許可証もなく、通り抜けのために進入してくる車両が相当多いこと。

・そうした車両のなかには、時速三〇㎞を上回る速度で走行する車も相当多いこと。

・移動式の進入防止柵も運転者によって簡単に移動されてしまい、進入防止の役に立っていないこと。

また、裁判所は、事故を起こした本件清掃車は通り抜けのために本件道路を通行したものであり、その通行は違法であったこと、も認めた。

それにもかかわらず、裁判所は、本件事故はK運転手の前方不注視の過失により起こったものであって、違法に本件道路に進入したことで起こったものではないとした。

その結果、中野区の責任について、本件道路が安全性を欠いていたことは認められたものの、進入防止柵の設置・監視員の配置・学童擁護員休暇の代替策等の懈怠は法的な義務違反と言えず、そもそも事故との因果関係はない、とされてしまったのである。

いくらスクールゾーンの運営に瑕疵があり、違法に車が進入してきたにしても、そうした背景は本件事故とは直接関係がなく、K運転手が前方を注意して清掃車を運転していればこの事故は起こらなかった、というのが裁判所の考え方だった。

しかし、スクールゾーン内で、通学中の児童が交通事故で死亡するというのはきわめて重大な問題である。

スクールゾーン規制のあり方や、通学路の安全についての学校の取り組み方などを掘り下げて検討する必要があったはずである。また、清掃車の運転手に過度の負担を与えている労働実態に対する検討も必要だった。そのような多くの要因を丁寧に検討していかないと、同じような事故が繰り返される危険が高い。

薬害事件などでは、直接医薬品を投与した医師の責任だけではなく、製造販売した製薬会社の責任、その薬品の製造販売を許可した厚労省の責任も問われる。

それぞれの立場の者がそれぞれの責任を問われることで、再発防止に対する取り組みもより真摯なものとなり、同じような事故の再発防止がより実効性を持つようになるだろう。

被害者家族の精神的被害に対する裁判所の線引き

公判において被告T運輸は、「K運転手は、浩樹君が駆け足で車道に飛び出したため撥ねてしまった。浩樹君には、進行中の車の前に飛び出さないようにすべき注意義務を怠った過失がある。それに加えて、被害者の両親である原告にも、道路横断について注意を与えていなかった過失がある」などと言って、過失相殺を主張していた。

こうした主張は、被告と保険会社との関係からよく出てくる。交通事故の民事事件では、保険会社側の弁護士が被告代理人として出廷する。実質的に賠償金を支払うことになる保険会社としては、「いかにして賠償金額を下げるか」ということしか頭にないので、事故内容についてかなり執拗に争ってくることになる。

しかし、東京地裁は、浩樹君が清掃車のすぐ前に走って飛び出したことを認めるに足る証拠はないとして、「過失相殺の必要なし」の判断を下した。

そのうえで東京地裁は、東京都とT運輸の運行供用者責任のみを認めて損害賠償金の支払いを命じた。しかしその内容は、「浩樹君の両親に各六〇七八万三一二五円（慰謝料・逸失利益など）、妹の美樹さんに一〇〇〇万円（慰謝料）」という請求に対して、両親のみに各一六四二万一七〇七円の支払いを認容するものであった。美樹さんについては、慰謝料を受けなければならない特別の事情はないとして、私たちの訴えは斥けられた。

これは、損害賠償請求権者の範囲をどこまで認めるかの問題である。

松舘家は両親と浩樹君、美樹さんの四人家族であり、浩樹君が亡くなったことにより、ご両親だけでなく妹の美樹さんも大変なショックを受けていた。兄が亡くなったことは妹の将来にもいろいろな形で影響をおよぼす。だからこそ、松舘夫妻としては、残された家族三人で加害者の責任を追及したいという気持ちだった。

しかし、当時の裁判所は、直接の相続人以外は、基本的に損害賠償を認めていなかった。損害賠償請求権者の範囲にあるのは被害者の妻または夫、子供、親のみであり、被害者の兄弟姉妹、祖父母、孫などはその範囲にないという線引きをしていたのだ。

私たち弁護団もその点は承知のうえで、難しいと知りながら、敢えて美樹さんに対しても慰謝料の支払いを請求したのだが、この想いは叶えられなかった。

高裁でも行政側の責任は認められず

東京地裁の判決は、私たちにとって残念な結果となってしまった。

「裁判所が私たちの問題提起に対する判断を回避したことには、とうてい納得できません。控訴します」

松舘忠樹氏は、判決直後の記者会見でこのように述べた。

一審では東京都にも責任があると認められたが、それは自賠法上の運行供用者であるという意味での責任であって、除外指定やスクールゾーンにおける事故防止についての責任を明らかにしてもらうことはできなかった。

そこで私たちは、問題点をはっきりさせるために、控訴審では、敢えて東京都に対する運行供用者責任の主張を撤回することとした。除外指定やスクールゾーンの規制の問題だけに争点を絞って東京都と中野区の責任を追及し、東京高裁に判断を迫ったのである。

一九八二年九月一三日から八七年一〇月二九日まで、私たちは、東京高等裁判所で合計二一回の弁論をおこない、計四名の証人（大滝勇＝元鷺宮駐在所勤務の警察官、竹内三郎＝中野区役所交通安全対策担当、田村溥＝元野方警察署署長、田中敏喜＝中野区防災課）を尋問したほか、松舘忠樹氏には、地裁の判決にどのような点で納得がいかないかを証言してもらった。また、日本におけるスクールゾーンの成立過程やその意義、本件道路に関する東京都や野方警察署の過失等について追加主張し、問題点を掘り下げようと努力した。

しかし、五年間にわたる審理の末、控訴審でも東京都および中野区に対して敗訴した。

原審判決で認容された東京都の運行供用者としての責任は、原告の撤回により失効し、東京高裁は、T運輸に対してのみ、損害賠償金として両親に各一五九九万円余りの支払いを命じた。

結局、私たちの主張は認められず、当時の「相場」としての賠償金の支払いという形で、控訴審は終わってしまった。控訴審の裁判官は、後藤静思《ごとうせいし》裁判長と奥平守男《おくだいらもりお》裁判官、橋本和夫《はしもとかずお》裁判官であった。

私たちは上告したが、最高裁でもT運輸の損害賠償責任しか認容されなかった。

事故から約一〇年間、「普通の交通事故」ではない形でさまざまな問題提起をし続けたのだが、裁判的には「普通の交通事故」と同じように、運行供用者に損害賠償金を支払わせることしか認められなかったのである。

結果の社会的影響

原告と弁護団との二人三脚

結果として、この裁判では、被告側にとって特別に厳しい判決が下されたわけではなかった。しかし、この裁判を通じて私たち原告側は、民事事件としての交通事故裁判のあり方に一石を投じることができたと思っている。

一つは、交通事故だからといって裁判を機械的かつ簡単に終わらせるべきではない、ということだ。特に、本件のようにスクールゾーンの中で起こった事故は、単なる運転者の注意不注意の問題ではない。行政的なバックグラウンドや、スクールゾーンの実際の運用ということまできちんと議論され、改善すべき点は改善されるべきである。

私たちは裁判の過程で、東京都や中野区の交通安全課や清掃局・清掃事務所の職員、武蔵台小学校の元校長など、多くの関係者を法廷に引っ張り出して証人尋問した。これは、浩樹君の死を無駄にしたくない、改善を促す一つのきっかけにしてほしい、との思いからだった。

裁判所が証言をどこまで取り上げたかは別にして、関係者にとって尋問されることはそれなりに強いインパクトがあっただろうし、結果として、その後の行政にも何らかの影響を与えたはずである。

もう一つは、交通事故の損害賠償について一律に「相場」で判断すべきではない、ということだ。子供の命を奪われて悲嘆に暮れ、その死をなかなか受け止められないでいる親に対して、「お子さんの命の相場は、だいたいこんなものです」という形で事件を処理していく裁判所のやり方は、どう考えてもおかしい。

遺族の気持ちに寄り添い、その意見なり要望なりを弁護士として形にしていくことは、被害者サイドにとって多少なりとも救いになるはずだと、私たち弁護団は考えていた。

こうした意味で、松舘事件の裁判には意義があったと思っている。

先にも述べたが、松舘忠樹氏はこの事件についてさまざまな情報を集め、事件の背景にある問題を細かく調べ、それらの問題について深く考えてくれた。尾崎一郎証人に動画撮影などまでして事故現場を調べてもらったり、行政の関係者を多数尋問してかなり突っ込んだ質問をしたりするなどということは、松舘さんのような原告と一緒でなければできなかっただろう。

原告と弁護団とが、まさに二人三脚で問題を組み立て、裁判所の判断を問うために闘い続けた一〇年間であった。

「普通の交通事故」として「相場」どおりの賠償金をもらって終わらせてしまうほうが、経済的なコストという意味では原告にとって楽なはずだが、そういうことでは納得しない依頼者と、問題提起をしたい弁護士たちとが組み合わさった結果、このような裁判になったのである。

危険運転致死傷罪の施行

前述したように、本件当時は検察官が交通事故の捜査をなかなか本気でやってくれなかった。また、当時は交通事故の加害者が、業務上過失致死傷罪により五年以下の懲役・禁錮、または五〇万円以下（現在は一〇〇万円以下）の罰金という刑事罰で処理されていた。

悪質な運転者によって交通事故で命を奪われても、刑事罰は最大限でも懲役五年で、検察はそれ以上のことを何も考えてくれないのだから、遺族としては我慢ならない。「もっと重い刑を科すべきだ」という声が遺族たちから上がり、やがて法改正を求める運動が起こった。

こうした運動が、二〇〇一年の「危険運転致死傷罪」（当時は刑法第二〇八条の二）の新設・施行に繋がっていき、二〇一四年には、いわゆる「自動車運転死傷行為処罰法」[*1]が施行された。これにより、危険運転致死傷罪は刑法から、同法第二、三条へ移されることとなった。

現在、危険運転致死傷罪[*2]の法定刑は、致傷に対して一二年以下（アルコールまたは薬物に限定）もしくは一五年以下の懲役、致死に対しては一年以上の有期懲役（最長二〇年、加重により最長三〇年）であり、原動機付自転車や自動二輪車を運転して人を死傷させた場合にも同罪が適用されている。

他方、スクールゾーンで子供が犠牲になる交通事故は今も起きている。行政による一般的なスクールゾーン規制を信頼して任せているだけでは、事故は起こり得るのである。

スクールゾーンにまで行政の手がまわらないのだとしたら、保護者や近隣住民が子供たちを守るしかない。たとえば、通学時にスクールゾーンの入口などのポイントごとに立ち、違法車に対する監視や、子供たちの誘導などをする必要があるかもしれない。

また、小学校低学年の子供に対しては、保護者が通学時に一緒に通学路を歩いてみて、どこが危険なのかを確認し、子供に注意を促すといった予防策も必要だろう。

保護者にとっては大変なことだが、自衛策をとるしか方法がないのが実情だ。それでも、完璧な事故防止策と言えるものはなかなかないのである。

スクールゾーンについての規制や規則を、もっと厳格にする必要もあるだろう。交通規制の時間帯そのものは、各地域の実情に応じてもう少し短くしてもいい場合もあるかもしれないが、その時間帯には警察官が違法車を監視するとか、規制や規則を守らないドライバーに対して相当に厳しい制裁を科すとかしなければ、松舘事件のような悲劇は再び繰り返されてしまうかもしれない。

＊1　自動車運転死傷行為処罰法：正式名称は「自動車の運転により人を死傷させる行為等の処罰に関する法律」。

＊2　危険運転致死傷罪：自動車運転死傷行為処罰法の第二条と第三条に規定されている。成立要件は、①アルコールまたは薬物の影響、②車の進行を制御することが困難な高速度での走行、③車の進行を制御する技能のない者による走行、④いわゆる「あおり運転」、⑤ことさらな赤信号の無視、⑥通行禁止道路において重大な交通の危険を生じさせる速度での走行の計六項目。

思い出・エピソード

両親の活動と浩樹君への手紙

松舘夫妻は、浩樹君の事故後にカトリックの洗礼を受けて入信した。

夫妻は、約一〇年におよぶ裁判の間に、前述した『スクールゾーン訴訟ニュース』や、『みそらの星』という資料集を発行した。

『スクールゾーン訴訟ニュース』の発行には、この訴訟を支援する松舘忠樹氏の大学時代の同窓生（東京教育大学ＯＢ有志）らも関わり、同紙を通じて事件の背後にあるさまざまな問題をともに考え、学習会を開いたり、同紙で公判の傍聴の呼び掛けなどもおこなった。私は支援者らの学習会で本件裁判の意義や問題点などについて講演し、その内容も同紙に掲載された。

『みそらの星』は、浩樹君が生前に書いた作文や絵日記のほかに、遺族の手記、本件の裁判記録などを収録したもので、公判中に何回か発行された。

浩樹君の絵日記には、近所の公園で昆虫採集や水遊びをしたり、砂場で山を作ったりして遊ぶ様子が生き生きと描かれている。事故がなければずっと続いていたはずの、その日記のページを繰りながら、一枚一枚コピーして『みそらの星』に収録していったご両親の気持ちは、いかばかりであったろう。

『みそらの星』には、遺族の方々が亡き浩樹君にあてて書いた手紙も多数収められている。事故から何年過ぎても、浩樹君はご両親や妹さんの中で生きているのだ。以下は、その一部である（すべて原文のまま）。

「誕生日おめでとう。八歳といっても、お前がどんなになっているのか、お父さんには見当もつかない。お父さんには、ひろき、お前はやはりあの星の模様のついたパジャマを着て、ニマッと可愛い笑いを浮かべながら、ドアを開けてお父さんを迎えてくれたお前だ。フロの中でもぐる練習をやって見せてくれたお前だ。（中略）

八歳になったお前を想い浮かべる事もできないお父さんです。でも、いつかはお前に会えるという希望の下に、これからの何年かのお父さんの歩みはあるのです。その時、お前はどんなに大きくなっているだろうか。なつかしい顔、一年ちょっと前に別れた時の顔を想い浮かべている。お父さんのわがままを許してくれ。」（浩樹君八歳の誕生日に忠樹氏より）

「おにいちゃんは　いまごろになっても　おべんきょう　ちゃんとしてますか。みみそうじのときも　もうへいきですか。てんごくで　ちゃんとかみさまと　にちようび　おいのりしたりさんびかうたったり　おはなしきいたり　ちゃんとしてますか。かみさまのいうこと　きいてますか。てんごくで　いまげんきですか。おこられますか。ちゃんといいこですか。」（事故から三年後、妹の美樹さんより）

この美樹さんの手紙のあとに、母の靖代さんは浩樹君にこう呼びかけている。

「夕暮れ時、美樹が一人でさびしそうにしているのを見ると、あなたのいない美樹が不憫《ふびん》でなりません。でも、美樹の胸の中であなたがいろいろの形で生きているのを見ると、美樹は決して一人っ子ではない、お兄ちゃんがいるのだと思いを新たにします。（中略）

実をいうと、母さんは、この本を作るのがいやでした。あなたの想い出はもう母さんの胸の中にだけしまっておきたかったのです。でも、今は作ってよかったと思っています。母さん達を支えてくださっている多くの方々に裁判経過の報告もできますし、美樹が大きくなった時、きっと何よりの思い出になると思うのです。

浩樹、私達の歩みを見守っていてください。」

2　大型貨物車左折巻き込み事件

湯山賢治《ゆやまけんじ》君（当時七歳、小学校一年生）は、兄弟とともに、自宅近くの西武新宿線の踏切を子供用自転車で横断していた。

踏切を渡りきった直後に事故は起きた。

一九七五（昭和五〇）年三月八日午後五時二五分頃のことだった。

賢治君は、背後から左折して踏切内に入ってきた大型トラック（車体重量約七・八トン、最大積載量六・五トン）に衝突されたうえ、左前輪に巻き込まれ、約三〇分後に胸腔内臓器損傷により死亡してしまったのである。

事件の概要

大型左折車の死角

当時の大型貨物車には、左側（助手席側）ドアの下部に車体左側面を確認するためのガラス窓（いわゆる「安全窓」）がなく、サイドアンダーミラーもなかったため、左側に大きな死角があった。事故を起こしたトラックの運転席からは、地上一二三cmより低いものが、肉眼でもサイドミラーでもまったく見えなかった。賢治君の身長は一二〇cmで、子供用自転車に乗った時もほぼ同じ高さだった。そのため、賢治君の姿は死角に完全に入ってしまい、トラックを運転していたCは、賢治君の存在にまったく気付かなかったのである。

湯山賢治君は、東京都練馬区上石神井《かみしゃくじい》に住む小学校一年生の児童だった。ご両親の湯山茂・良子夫妻は、西武新宿線上石神井駅のすぐ近くで蕎麦屋を営んでいた。湯山家には男の子が三人おり、次男の賢治君は非常に健康で活発な子だった。将来を楽しみにしながら育ててきた愛児を突然奪われたご両親は、絶望と悲嘆のどん底に突き落とされた。

大型貨物車の左折事故は、運転者が死角にいる人にまったく気付かずノーブレーキで車輪に巻き込んでしまうため、重大な事故につながり、結果は非常に悲惨である。父の茂氏はショックのあまり、それから約一年間店を閉めてしまったほどであった。

受任の経緯

松舘忠樹氏の紹介

賢治君の命を奪った大型トラックの運転手Cは、刑事裁判で「事故はトラックの死角が原因で、自分に責任はない」と無罪を主張し、控訴審まで争った。事故から約一年半後の七六年一一月、東京高裁は死角の問題を重視して、死亡事故としてはきわめて軽い禁錮六ヵ月・執行猶予三年の判決を下した。ご両親の被害感情は、いっそう癒しがたいものとなった。

その後、湯山夫妻は七八年三月に、C運転手と彼の使用者であるN運輸株式会社（以下、N運輸）を相手取り、一七〇〇万円余の損害賠償を求める訴訟を起こしたが、十分な審理もなされないうちに裁判所から和解を提案された。加害者側は、すぐにでも和解に応じる姿勢を見せた。

「保険ですべて賄えるから相手の懐は痛まない。面倒な訴訟は早くやめにしたいということなのか」[*1]

湯山夫妻の胸中には、怒りと悔しさが渦巻いた。

湯山茂氏が、松舘忠樹氏と出会ったのは、このような苦しみのなかにいる時だった。松舘氏は、浩樹君の事故だけでなくさまざまな交通事故に関心を寄せ、被害者や遺族の方々と連絡を取り合っていた。こうした活動のなかで二人は知り合い、それがきっかけとなって湯山氏は別の形での裁判を考えるようになった。

当時、松舘氏は浩樹君の事故について裁判中だったから、二人で語り合ううちに、「私たち家族は運転手だけでなく、中野区や東京都も訴えて裁判をしています」といった話が、松舘氏の口から出たようである。

湯山氏は、直接の加害者であるCがトラックの死角を理由に非常に軽い量刑になったので、「こんな理不尽な話がどうしてあるのか」と悩んでいた。また、大型貨物車の死角の問題がしだいにマスコミに報じられるようになったことから、利益追求にしか関心のないメーカーとそれを黙認する行政の犠牲になった、との思いも強くしていた。

そうしたところへ、子供の交通事故で行政を相手に闘っているという話を松舘氏から聞かされ、心を動かされた。「賢治の事故も、行政を相手にすべき問題ではないか」という気持ちを持つようになった。

その気持ちを知った松舘氏は、「湯山さんの事件もお願いしたい」と私のところに相談に来られた。私は茂氏にお会いし、この事件を受任することを考えるようになった。

＊1　保険ですべて賄えるから相手の懐は痛まない‥交通事故の加害者は、民事責任を実質的には負わないという問題がある。加害者が保険に入っていなかったり、保険金額の上限が非常に低かったりすれば別だが、上限無制限の保険に入っていれば、加害者は、裁判で負けても、経済的負担を負わなくてすむようになっている。酒酔い運転などで保険が免責になる場合を除いて、保険でカバーできる過失の範囲であれば、民事的には加害者本人の懐は痛まないわけである。原告としては、加害者が何の経済的負担も負わないのでは納得できない。そのため、交通事故の民事訴訟では、「保険会社とは別に加害者本人も慰謝料を支払うのなら和解に応じてもいい」といった和解条件が原告から提示されるケースもある。

薬害裁判の経験を活かして

その頃の私は、東京大学法律相談所時代からの友人の秋山幹男《あきやまみきお》弁護士（「事件ファイル①」第二章「マクリーン事件」参照）と川端和治《かわばたよしはる》弁護士（同「刑事公安事件」参照）、久保田康史《くぼたやすふみ》弁護士、それに司法研修所時代に親しくなった中井眞一郎《なかいしんいちろう》弁護士と共に、同期五人で、「霞ヶ関総合法律事務所」という共同事務所を開設する寸前であった。そこで、秋山弁護士と川端弁護士とを誘ってチームを作り、三人でこの事件を担当することになった。

私たちは、初めからこの事件を、「単なる交通事故」ではなく、「大型車の左側にある大きな死角による巻き込み事故」として問題提起をしようと考えていた。

三人とも、それまでに薬害事件で国や製薬会社を訴えたり、行政訴訟で国や自治体を訴えたりしていたので、その経験を活かして、本件事故車を製造した日産ディーゼル工業株式会社（以下、日産ディーゼル社）と、死角のある欠陥車の製造を認めていた国も含めての責任を追及すべきだと意識していた。

運輸大臣（当時）には、自動車の構造装置に関する安全確保義務がある。これは、基本的には薬害事件における厚生大臣（当時）の医薬品の安全確保義務と同じ性質のものである。

医薬品の場合、国の製造承認を受けるには、一定基準以上の有効性や安全性が確保されていることが必要である。有効性と安全性の確保のための治験については、細かな基準が作られている。

自動車の場合にも、エンジン、ブレーキ、バックミラー等々の部品ごとに、安全性に関する基準がはっきりと定められている。つまり、国は自動車に関して、医薬品の場合と同様に明確な安全確保義務を負っているわけである。

それにもかかわらず、左側に広範囲な死角のある危険な構造の大型車が製造販売され続けているのは、明らかに国の安全確保義務違反である。もちろん、メーカーにも製造者としての責任がある。

三人で湯山氏にお会いしてこうしたことを話し、「国と日産ディーゼル社を被告として、これらの問題を提起しましょう」と提案したところ、湯山氏も納得した。

こうして一九七九年三月二六日、湯山夫妻を原告として、国と日産ディーゼル社を相手取り、四〇〇〇万円余の損害賠償を求める訴えを東京地裁に起こした。賢治君の死から四年後のことであった。

この四年の間に湯山氏は、同様の大型車による子供の死亡事故の被害者や遺族の方々との連携を強め、大型車の死角による死亡事故の代表として裁判を起こす決意を固めることができたのである。

裁判の経緯

国とメーカーに対する責任追及

交通事故の刑事あるいは民事責任について問題にされるのは、車の運転者が注意義務を尽くしていたか否かである。しかし、大型車の左折事故というのは、運転者個人がどれだけ注意を払っても、運転席にいる限りまったく見えないところにいる人を轢《ひ》いて殺してしまうという事件だ。

運転者がいくら神経を集中して見回しても、死角の中にいる人は見えない。見ようと思ったら、運転者が運転中に運転席を離れ、助手席まで移動してドアガラス越しに下を覗《のぞ》かなければならないが、そんなことは無理である。あるいは、大型車を走行させる際には必ず助手席に人を乗せ、その人が左側だけを常に見ていればいいかもしれないが、実際問題として非常に難しいし、それをしないことを過失と見なすこともできない。

つまり、大型トラックの運転手に左折の際の注意を求めるのは、「できない注意をしろ」と言っているに等しい。

運転手が注意しようにもできないような、構造に欠陥のある車が製造販売され、国がそれを認めていること自体が問題だ。そこで私たちは国とメーカーを訴えたわけである。

具体的には、次のように両者の責任を追及した。

【国の責任】

・道路運送車両法によって、運輸大臣は自動車の新規検査をおこなう権限を持っており、その検査に際しては保安基準に適合しているか否かを調査する、とされている。この保安基準は、運輸大臣が制定・改変するものである。

・大型貨物車のような大量生産車については、個々の車両を検査せず、申請により型式指定をして検査する。この型式指定をおこなう場合、申請対象の自動車が保安基準に適合するか否かの判定をするやり方になっている。つまり、大量生産車の場合には、もっぱら型式指定の段階で保安基準への適合性が判断されることになる。

・この保安基準では、直接視野とバックミラーなどによる間接視野をあわせて、運転に必要な視野（具体的には車両の左右の外側線付近と、その線上の後方五〇ｍの視野）の確保が義務付けられている。

・本件トラックは車両左側に広い死角があり、運転席やバックミラーが保安基準に違反する危険なものであることは明らかである。運輸大臣は、その事実を知りながら（もしくは当然に知り得たにもかかわらず）、一九七二年六月頃、これを見過ごして漫然と型式指定をおこない、同型式である本件車両を新規検査に合格させ、運行させた。

・運輸大臣のこれらの行為が、自動車の構造装置等に関する安全確保義務に違反することは明らかであり、この違反行為と本件事故の発生には因果関係がある。

・したがって、国は国家賠償法第一条一項により、本件交通事故で原告らの被った損害について賠償責任を負う。

【日産ディーゼル社の責任】
・自動車メーカーには、可能な限り安全な自動車を製造する義務があり、運転者が安全運転のために必要な視野を確保できないような自動車を製造してはならない。
・日産ディーゼル社はこの義務を怠り、広い死角のある大型貨物車を製造した。また、同社は、この死角により事故が起こる可能性があることを知っていた。
・この死角は、本件車両製造当時の技術水準で簡単に解消できるものであり、それによって本件車両の機能を損なうこともなかった。にもかかわらず、同社は故意または過失により、何の安全策も講じないまま本件車両を製造した。
・したがって、日産ディーゼル社は民法第七〇九条（不法行為による損害賠償）により、本件事故に基づく損害を賠償する責任がある。
【被告相互の責任関係】
・国と日産ディーゼル社の各不法行為は、相互に密接に関連する。さらに、C運転手が死角を承知で本件車両を運転したという行為があいまって、本件事故を引き起こしたというべきである。
・したがって、被告らは、民法第七一九条（共同不法行為者の責任）一項前段[*1]、国家賠償法第四条（民法の適用）[*2]により、本件交通事故により原告らが被った全損害につき、各自連帯して賠償する責任を負うものである。
この裁判は、湯山夫妻が七八年三月にC運転手とN運輸を相手取って東京地裁に起こした訴訟と併合して審理が進められた。

私たちは、東京地裁に「訴《うったえ》変更申立書」を提出し、被告C運転手とN運輸に対する損害賠償請求額を増額した。従来の請求額は、原告の湯山夫妻に対して各一〇七三万五七六二円だったが、それを各二九八四万二七六八円に増やしたのだ。この額は、賢治君の逸失利益、葬儀費用の一部、慰謝料、裁判費用の合計から、すでに被告らが自賠責保険によって原告に支払い済みの一〇〇〇万円を控除したものである。

当初は逸失利益各五〇〇万円、慰謝料も合計で六〇〇〇万円しか請求していなかったので、適正額にするために、また国や日産ディーゼル社に対する請求額と揃えるために増額したのだ。民事訴訟法第一四三条（訴えの変更）[*3]により、損害賠償の増額も含めた請求の変更は、原則として、裁判中（口頭弁論が終わるまで）はいつでも可能なのである。

＊1　民法第七一九条（共同不法行為者の責任）一項前段：「数人が共同の不法行為によって他人に損害を加えたときは、各自が連帯してその損害を賠償する責任を負う。」

＊2　国家賠償法第四条（民法の適用）：国または公共団体の損害賠償責任について、国家賠償法の規定にない場合には民法の規定によることが定められている。

＊3　民事訴訟法第一四三条（訴えの変更）：一項前段に「原告は、請求の基礎に変更がない限り、口頭弁論の終結に至るまで、請求又は請求の原因を変更することができる。」と規定されている。ただし、請求の変更により訴訟手続が著しく遅れる場合はこの限りではない。請求の変更は書面でおこない、その書面は相手方に送達しなければならない。裁判所が請求または請求原因の変更を不当と認めた場合は、変更を許さない旨の決定がなされる。

人間工学専門家の協力

大型貨物車の左折事故や死角の問題については、それを取り上げた一般的な資料はさまざまあった。しかし、訴訟を進めるうえで重要なのは、一般論ではなく、C運転手が、事故を起こした本件貨物車を運転していたことを前提として、本件事故の際、実際にどのような死角が存在したのか、その死角はC運転手がどれだけ注意を払っても解消し得ないものだったのか、その死角の中に賢治君がずっと隠れていたために本件事故が起こったと言えるのか、という具体的事実関係を明らかにすることである。

当時、大型車の左折事故をめぐっては、「車に死角があるのだから運転者は悪くない」「いや、運転者の不注意だ」といった水掛け論的な議論もあったが、ただ漠然と運転者が悪い、悪くないと言うだけでは、事故についての本質的な原因は究明できない。

個別具体的な事故において、死角というものがどのように影響したか、車の進行具合に応じて、どこがどう見えているのか、どこがどう見えなくなるのか、死角の範囲はどの程度なのかなどを細かく確認し、確定することが肝要であり、私たちの主張を立証するうえでも最も重要なテーマであった。

そこで、神奈川大学工学部の堀野定雄《ほりのさだお》助教授（当時）に依頼して、さまざまな実験や測定をしていただいた。堀野助教授は人間工学の専門家で、特に航空管制塔や自動車等における視界や死角の範囲に関して深く研究されていた。人間工学とは、人間の心理的・生理的な能力の限界を踏まえて、人間が扱う機械を安全かつスムーズに作動させることを考える学問である。

私たちは、堀野助教授にも連絡を取り、実験や測定をお願いしていた。すべての事件に言えることだが、こうしたことは専門家に任せきりにせず、弁護士の側も実験の現場に出向くなどして、積極的に質問をしたり、意見を述べたりすることが大切だ。私たちは横浜の六角橋《ろっかくばし》にある神奈川大学の実験現場にも何度か通い、また堀野助教授の研究室を訪れるなどして、議論を重ねた。

堀野助教授は、本件事故車と同じ型式の日産ディーゼル社製トラックを某企業から借り受け、その企業の構内にある駐車場や神奈川大のキャンパス内で、巻き尺や計測器、水準器などを併用して車体の構造寸法を二三項目にわたって計測した。

このトラックの運転席に乗る被験者の生体計測は、身長体重はもとより、座高、座眼高、手足の長さ、手の平と足の甲の長さと幅、座位膝蓋骨《しつがいこつ》上縁高など二二項目にわたっておこなった。運転者の体格は、視界や運転操作等と密接に関係するからである。被験者の身長は本件車両を運転していたCとほぼ同じで、被験者が目視により得られる視界はCのそれと同じとみなすことができた。

この測定の結果、本件事故車両と同じ型式のトラックの運転室は、地上から非常に高い位置にあることが確認された。運転席に座った被験者の眼の高さは、通常時でも二・二六五mになり、亡くなった賢治君の身長および子供用自転車に乗った時の高さである地上一・二mの二倍近くも高いことがわかった。このようなトラックのすべての窓は、運転者の眼の高さに合わせて作られているのである。

この高い運転席からは、周囲にある物のうち高い位置にある物はすぐに発見できるが、低く

目視測定用円筒形目標物

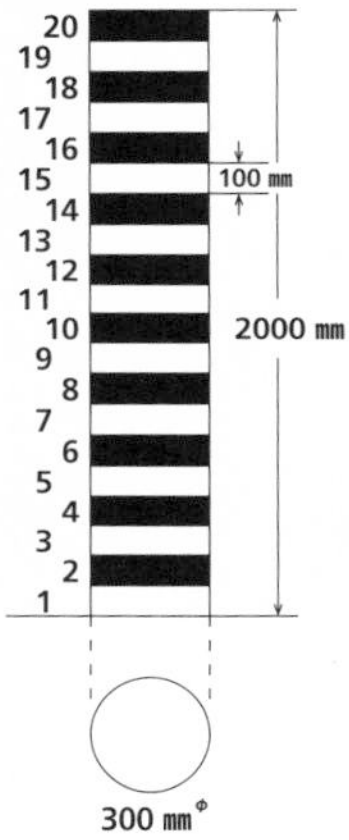

目視測定による運転視界計測

なるにつれて、トラックの車体の陰に隠れてしまい、発見が困難になる。トラックからの視認としては、前方および左右の窓から直接見える物に加えて、左右のフェンダーミラー、車内にあるバックミラー、それに大型車特有のアンダーミラーなどで見える物がある。

そこで、周囲のどの位置にある物が、どの高さまで見えるのか、それも、直接見えるのかミラーによる間接視野として見えるのか、などを細かく点検する必要がある。

そのために、長さ二〇m、横幅一〇mの平らな地面上に、ロープで五〇cm四方の方眼の目盛りを付けて座標とし、その地表座標面に、目視測定用の目標物（高さ二m、直径三〇cmの白色の円筒物に一〇cmおきに幅一〇cmの黒色の横縞帯を入れた物＝前ページ図参照）を用意して、運転席から、

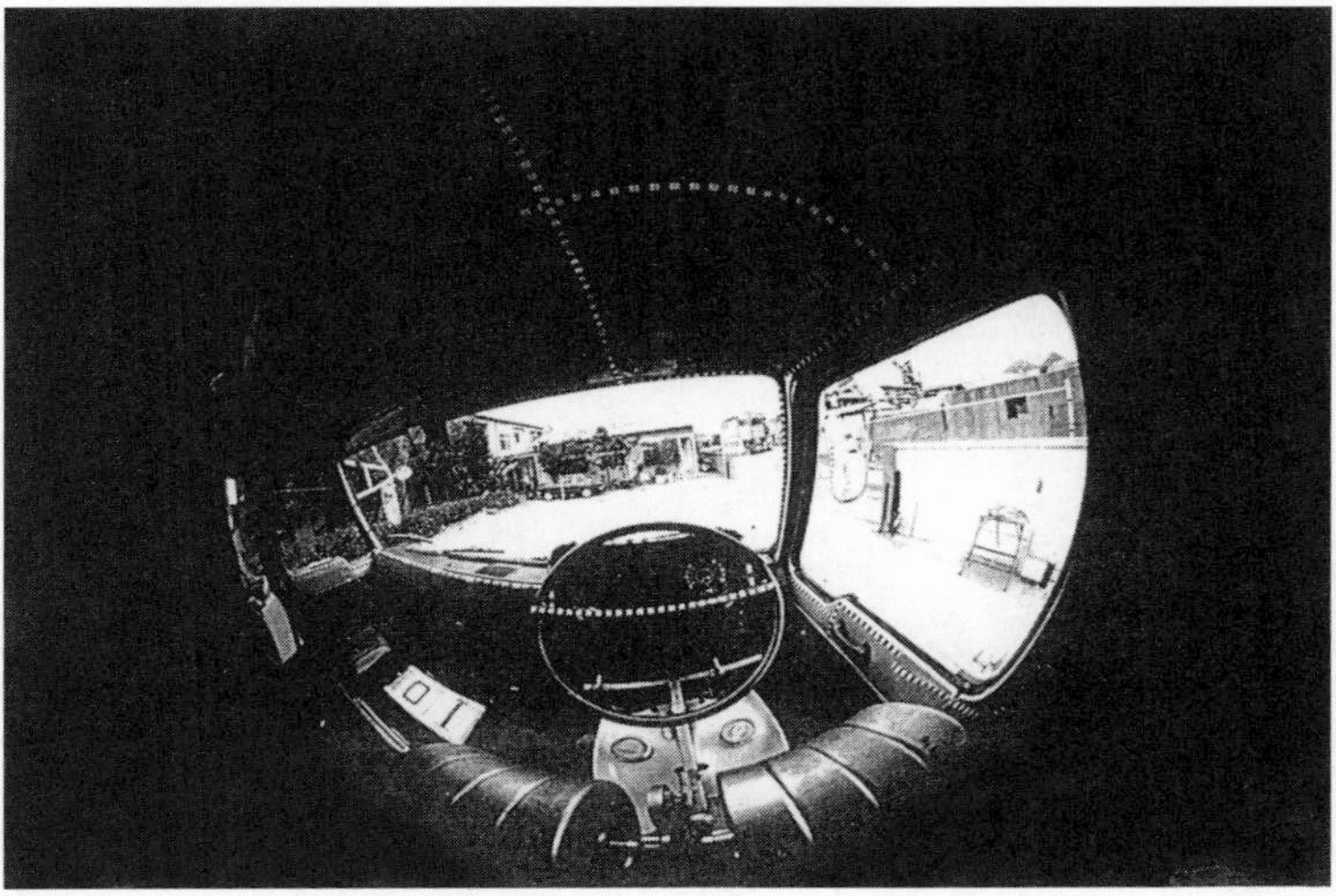

特殊魚眼レンズカメラ写真による運転視界図

どの位置の物が、どの高さまで視認できるかを計測し、視界像を作成した。

さらに、堀野助教授が開発した視界計測専用の特殊魚眼レンズ（人間の視野と同様の視野を持つレンズ）を運転手の目の高さに置いて撮影した写真から、直接視野およびミラーの間接視野で視認できる物を分析して、運転視界図としてまとめた。このようにして得られた運転視界図を使うことにより、トラックの走行（移動）において、地上一・二mの障害物（自転車に乗った賢治君と同じ高さ）がどのように死角に入り続けるかが明らかとなった。

さらに、運転手にアイ・マーク・レコーダーを装着して本件事故現場でトラックを走らせ、運転手が安全に運転するために必要な情報を得ようとして、前方、左右、ミラーなどへどのように眼を動かす必要があるかを測定した。その結果、左折に要する二十数秒間に、十数ヵ所の目的物を対象に、五〇～六〇回視点を動かすことがわかった。

また、本件事故車のような大型トラックに付けられた左アンダーミラーは、運転席から遠くて画像が小さいうえに、曲率（ひずみ率）が大きく、何かが写ってもそれを識別することが非常に難しいこともわかった。

以上からして、運転手が、左前方をことさら意識してそこに神経を集中していても、広い死角のために視認できない範囲が大きくあること、さらに、実際には前方や左右などあちらこちらに視点を移す必要があるうえ、アンダーミラーの見づらさもあって、左前方の死角の中だけではなく、その周辺にある障害物の発見もきわめて困難であることがわかった。

さらに、堀野助教授は、多数の大型車運転手からのインタビュー調査により、そもそも大型車に広範な死角があるということを認識もしていない運転手が九割以上であることを確かめた。また、トラックの使用説明書にも、死角のことは何ら記載されていなかった。死角の存在を認識していなければ、それによる事故が起こりやすいことは当然である。

このようにして、本件事故車の運転席からの視界には、肉眼やアンダーミラーやサイドミラーを通してもまったくカバーされない死角が、非常に広範囲に存在することが確認された。

特に、左側前方寄りでは、地上一・二mのものは大きな死角の中に完全に入っていた。しかも、アンダーミラーの視認度は車体の前端コーナー付近で急に見えにくくなる領域があり、ミラーによっても死角を有効にカバーできないことが明らかになったのである。

非常に大変な作業であったが、これらの実験・測定は、本件事故車の死角の範囲を明らかにするうえできわめて重要であった。私たちは堀野助教授に実験・測定結果をまとめた鑑定書を作成してもらい、裁判所に証拠として提出した。また、公判では三回も証人に立っていただいた。

堀野助教授は、鑑定書の結論部分で、本件事故車両の欠陥について次のように述べている(一部抜粋、原文のまま)。

「これでは左折時に運転者が充分に注意しても、見えない状態に変化はなく、死角内に人車がおっても発見できず、結果的に見落しと云うミスを誘発してしまうことは充分考えられる。これの有効対策は、根本原因となっている車体の構造をもっと低くするように変更する以外にない。(中略)窓をもっと低くする構造が直接視界の拡大に役立つ事は明白であり、又現在の自動車技術を以てすれば何ら難しい課題ではない。現に世界のトラックのデザインは視界拡大の方向へ移行しつゝあることは明らかである。」

また、堀野助教授は、法廷で、結論として「左折時の必要な情報が十分に、かつ正しく人間の眼に伝達されていないのです」と述べた。

裁判上の和解成立

もともと大型車の死角の問題は、一九七一年に衆議院の交通安全対策特別委員会でも取り上げられていた。その際に、松舘浩樹君の交通事故死事件で原告側証人となった尾崎一郎氏が国会で証言したことは、先にも述べたとおりだ。

本件裁判中の一九七八年には、運輸省が大型貨物車の左折事故防止対策の一環として、日産ディーゼル社を含む大型貨物車製造企業五社に対して、運転席を低くするなどして視界を改善した車両の試作を指示し、翌年には各社が試作車を完成させた。八〇年六月には、運輸省自動車局試作大型貨物自動車評価検討会が、これらの試作車について評価検討した結果の中間報告書を公表した。

私たちが堀野助教授に実験・測定をしてもらっていたのとほぼ同一時期に、運輸省は運輸省で動き始めていたわけである。本件の裁判と並行するような形で中間報告書が出されたのは単なる偶然かもしれないが、運輸省はこの裁判のことをかなり気にしていたと思う。

その後、大型貨物自動車の死角改善が実施された。それを受けて、裁判所（裁判長　仙田《せんだ》富士《ふじ》夫《お》、裁判官　芝田《しばた》俊文《としふみ》、裁判官　古久保《ふるくぼ》正人《まさと》）から私たちに対して強い和解勧告があった。本件訴訟は大型車の死角について問題提起をしたことに意味があり、死角の改善がなされたことで社会的効果を上げたのだから、このへんで和解して終わりにしてはどうか、という勧めである。

裁判中に国から具体的な改善策が出たことや、裁判所の強い勧めもあり、湯山夫妻は和解に応じることになった。一九八四年二月二〇日、湯山夫妻は日産ディーゼル社から「解決金」という名目で二五〇万円を、直接の加害者であるC運転手とN運輸からは、すでに支払い済みの一〇〇〇万円とは別に計二〇〇〇万円の和解金を受け取り、裁判上の和解が成立したのである。

結果の社会的影響

交通災害の流れを変えた事件

公判中、国と日産ディーゼル社は、私たちの責任追及に対して、「事故はC運転手の不注意で発生したもので、死角があっても当方に責任はない」と真っ向から反論していた。

和解に際して日産ディーゼル社側は、「当社に責任はなく、非を認めたわけではない」と強弁したが、私たち弁護団は「解決金」の金額などからしても、実質的には責任を認めたうえでの損害賠償金と受け止めていた。

この訴訟をきっかけとする形で大型貨物車の死角について具体的な改善策が実施されたということで、周囲からは「よくやった」と言われた。

この裁判のあと、大型貨物車には助手席側ドアの下部にガラス窓(安全窓)を付けたものが多くなった。国内メーカー四社による自主基準ではあるが、死角を解消するための企業努力がなされるようになったわけである。

二〇一九(令和元)年には、国土交通省が道路運送車両の保安基準等を一部改正し、大型貨物車の左折事故防止策として、国際基準の「側方衝突警報装置」を導入すると発表した。

この装置は、大型貨物車が左折時に自転車やバイクと衝突する恐れがある時、貨物車の運転者へブザーや車内のランプなどで危険を知らせるものだ。これまでは一部の大型貨物車にしか装備されておらず、性能基準もなかったが、同年の国連欧州経済委員会自動車基準調和世界フォーラムで同装置に関する協定規則が採択され、性能基準が決まったため、日本国内にも同じ基準の装置が導入されることになった。新型車は二〇二二年五月から、継続生産車は二四年五月から適用対象になる予定だという。

じつは、これと同じような装置は、本件の公判中から国内メーカーで試作されていた。前述した八〇年六月公表の運輸省による試作車評価検討結果の中間報告書に、「左折時車両の左側方に歩行者、二輪車がいる場合に運転者に警報を発する装置が一部試作車に取付けられており、その事故防止効果、作動状況などを評価すべき項目とした」と書かれているのだ。

運輸省が湯山夫妻の起こした裁判を意識して公判中に中間報告書を公表したのかどうかはわからないが、この裁判が運輸省に何らかの刺激を与えた部分はあったであろう。

こうした意味で本件は、大型左折車による交通災害の流れを変える一つの大きなポイントとなった事件であることは間違いないと思う。

同種事件

慰謝料の対象拡大と逸失利益のインフレ算入

「大型貨物車左折巻き込み事件」の裁判には、「中野区スクールゾーン交通事故死事件」同様に原告を支援する組織があり、私たち弁護団と協力して交通事故に関するさまざまなシンポジウムを開くなどした。

また、私のもとには、この二つの事件を担当したことをきっかけにして、同じように交通事故でお子さんを亡くされた親御さんたちから連絡がくるようになった。そうした方々と共に「交通事故と闘う市民の会」を結成し、交通災害についての討論会などをおこない、何人かの会員については事件を担当した。同会は数年間続き、「一緒に法廷で闘いたい」と希望された方々の裁判がひととおり終了した頃に活動を終えた。

以下は、同会の活動中に担当した事件だ。いずれも児童が犠牲となった交通事故訴訟で、判例集に載った事件である。

姉に対して慰謝料請求を認めさせた事件　一九七九年

小学生のA子さんと弟のB君が家の近くを散歩している時、B君がA子さんより少し遅れて歩いていたところへ、左折してきたトラックが衝突した。自分のすぐ目の前で弟がトラックに轢かれて亡くなったことに、A子さんは大変な精神的ショックを受けた。

こうした事故の特殊性に鑑《かんが》みると、ご両親のほかにA子さんにも慰謝料を払うのが妥当であると私は主張し、その主張を認容する判決をもらった。

「中野区スクールゾーン交通事故死事件」で述べたように、一般に交通事故の民事訴訟では、相続人にしか損害賠償が認められない。しかし、この事件では姉に対しても認容された。この判例は昭和五六年の交通事故民事裁判例集に掲載された。

逸失利益の計算でインフレ算入を認めさせた事件　一九八〇年

本件は、京浜急行のバスに小学生の男の子が轢かれて死亡した事件である。

「クロロキン薬害事件」（「事件ファイル①」第三章）でも述べたが、逸失利益の計算は、その時の平均賃金を積算したうえで中間利息を考慮する。「将来もらうはずの給料をいっぺんにもらうのだから、それを運用する時の利益を差し引くべきである」という理屈に基づいて、いわば利息の逆計算をするわけだ。中間利息の現在の利率は年三％だが、二〇二〇年に民法が改正される前は五％だった。

本件当時はインフレが進行し、賃金も右肩上がりで上昇していたのに、運用益だけを問題にして、インフレで目減りする分を問題にしないのはおかしいと、私は逸失利益へのインフレ算入を主張した。

一審では、この主張は認容されなかった。しかし、控訴審の倉田《くらた》卓次《たくじ》裁判官が理解を示してくれて、インフレ算入を認める判決をもらうことができたのである。この判決も当時としては珍しく、『判例時報』（一〇四一号）に掲載されただけでなく、新聞でも大きく取り上げられた。

column

保育行政をめぐる裁判

保育行政に関係する事件に取り組んだことがある。一つは、「径《けい》一《いち》ちゃんの死をムダにしない為に保育を考える会」がバックアップした損害賠償請求事件。もう一つは、大阪の摂津《せっつ》市が保育所の設置費用における超過負担金について国に支払いを求めた訴訟である。

径一ちゃん訴訟――無認可保育所での幼児死亡事故

一九七二（昭和四七）年一二月一四日、東京都足立《あだち》区内の無認可保育所「竹《たけ》の塚《づか》ベビーセンター」で、生後一年二ヵ月の子供が死亡した。

この保育所は、一歳児以下二七名、二歳児以上二七名の合計五四名の乳幼児を無資格の主婦六名で保育するという無茶なことをやっていた。園長は三ヵ月間、保育所を留守にしていた。当然、乳幼児の様子をちゃんと見守ることなどできるはずがなかった。

一二月一四日午後二時頃、保母の一人が布団の中で顔面蒼白になっている径一ちゃんに気付いて、慌てて病院に連れて行ったが、死亡が確認された。死因は窒息ならびに急性心不全とされた。

この事故が新聞報道された時、両親の東健治・秀実夫妻に対して、「母親が育てるのが当然だ」との非難の手紙が送られてきたり、周囲から「次の子は自分で育ててやるんだね。そうでないと径一ちゃんが浮かばれないよ」という心ない言葉が投げかけられたりした。

しかし、東夫妻は、我が子を失った悲しみと周囲からの非難の声のなかでも、「『子供を持っても働き続けたい』という考えは決して間違っていない。このことは人間としての基本的な願いである。問題は母親が働き続けたいという基本的な願いを保障していない体制にある。母親が働くことをやめたら負けだ」と決断して、裁判闘争に踏み切ることにした。

ところが、最初に引き受けた弁護士たちは、解剖の結果、径一ちゃんの死が「突然死」とされたことを知り、「突然死となれば行政を相手にする裁判闘争は困難」として尻込みしてしまった。そのあとにこちらに依頼が来た。新たな弁護団は、私のほか小口恭道《おぐちきょうどう》、西垣内堅佑《にしがいとけんすけ》の三名。同じ司法修習二二期、反戦法律家連合の仲間であった。

厚かった「突然死」の壁

その後、一九七四年三月に提訴して、保育行政をめぐる裁判闘争が始まった。最高裁で一九八六年一月二三日に上告棄却判決が下るまで、一二年間にわたる闘いとなった。

裁判としては、竹の塚ベビーセンターに加えて、足立区、東京都、国も被告とした。

行政は、危険な無認可保育所を漫然放置し、それのみならず、むしろ行政の補完物として利用してきた。これは、児童福祉法第二四条の「保育に欠ける児童を保育所に入所させて保育するか、あるいはその他の適切な保護を加えなければならない」（当時の条文要旨）に反した違法行為であり、国家賠償法上の責任がある、とするものだった。

この訴訟を維持するために、何度も弁護団会議を開き、保育行政の問題について勉強し、突然死に詳しい医師との議論も重ねた。竹の塚ベビーセンターの保母や原告のほか、毛利子来《もうりたねき》医師（小児科医）、寺脇隆夫《てらわきたかお》氏（東京都政調査会研究員、保育研究者）らにも証人として法廷に出てもらった。

しかし、判決の結果は思うようにならなかった。「径一ちゃんの死は突然死であり、よってベビーセンターに過失はなく、したがって行政にも責任がない」として、保育行政の是非の問題には一切踏み込まれることなく、一審も、二審も、そして上告審も負け続けたのである。

一二年間の闘争を振り返って

裁判闘争が終わって、私は、「径一ちゃんの死をムダにしない為に保育を考える会」の会報に、さまざまの思いを込めて、次のような文章を記した。

〈提訴当時、この裁判において突然死の壁は厚く、勝訴を期待することが困難だということは分かっていたことでした。それでも裁判を始めなければ、運動自体が継続できない、逆に言えば裁判は運動の軸になり得るという判断のもとに提訴に踏み切ったのです。

私たちは、突然死についての医学論争だけでなく、保育のあり方や保育行政の問題についても全面的に議論を展開しました。径一ちゃんの死亡事故と保育のあり方や保育行政の問題を結ぶ道筋を考え、論理を展開し、その論理の正しさに酔ってしまったために、裁判所にそれが通用するような思い違いをしてしまったのです。今、振り返ってみて、径一ちゃんの裁判とは何だったのか、なぜ径一ちゃんの死亡事故について保育のあり方や保育行政を問題にしようとしたのか、そのこと自体がよく分からない気がします。詰めが甘かったと思われてならないのです。径一ちゃん一人の死亡事故を基礎としている限り、それから保育のあり方や保育行政の問題を結ぶ道筋のどこかに弱いところがあれば、そこで道は切れてしまい、何の判断も下されない結果になるということは、考えてみれば当然のことでした。その弱いところとは突然死の問題だったわけです。

逆に言えば、保育のあり方や保育行政を問うことが本当の目標であったのならば、径一ちゃんの事例は適切ではなかった——少なくとも径一ちゃんの事例だけを基礎に置くことは間違いだったということになります。そういう弱点の少ない事例をつけ加えるか、それを中心にした裁判にすべきだったということになります。

逆に、目標が保育内容や保育行政のあり方を問うことではなく、径一ちゃんの死亡が竹の塚ベビーセンターの保育の過失によるものであることを明らかにするのであったのだとすれば、行政を被告に加えたのは誤りだったと思います。こちらの力量の程度からして、不要なエネルギーを割くべきではなかったはずです。

そして、目標がそのいずれでもなく、運動の継続を可能にすること自体が目標であったのだとすれば、この裁判は大成功だったということになります。〉

「径一ちゃん訴訟」の社会的影響

私は、この裁判闘争を前記のように総括したが、実際、運動としてはかなりの成果を上げてきた。

「径一ちゃんの死をムダにしない為に保育を考える会」は、東夫妻を中心として、裁判と並行して、保育所での乳幼児の死亡事故調査に乗り出し、一九六八年から一九八二年までの一五年間に報じられた一三〇件の事故について、アンケートや面談で、事故状況のほか、保育施設の形態や保育状況など一八項目について調査し、これを一九八二年一二月に『130の小さな叫び』という本にまとめた。この過程で、ばらばらだった保育所事故の被害者が一つの輪にまとまり、それなりの社会への影響力を持つことができた。

一九八〇年三月には、TBSテレビ報道局の堂《どう》本《もと》暁《あき》子《こ》さん（のちに参議院議員、千葉県知事）がベビーホテルの問題に取り組むようになり、同年三月二六日の「点検！　乱立ベビーホテルの実態」の放映を皮切りに、同局の報道番組「テレポートTBS6」で年末までに二六回のベビーホテル報道キャンペーンが張られた。堂本さんは、東さん夫妻や我々弁護士にも取材をし、いろいろの意見交換もした。

また、TBSが確認した都内のベビーホテル一一〇ヵ所について日本社会事業大学の田《た》辺《なべ》敦《あつ》子《こ》助教授（故人）が調査をおこない、堂本さんはその成果を含めて『ベビーホテルに関する総合調査報告』と題する報告書を一九八一年六月に発刊した。

なお、この径一ちゃんの事件の判決は、地裁判決（一九七九年七月一八日）が『判例タイムズ』

三八九号、『判例時報』九五二号に、控訴審判決が『判例タイムズ』四八〇号、『判例時報』一〇五三号に、上告審判決が『訟務月報』32―12に掲載されている。

摂津訴訟――市町村に重くのしかかる保育所設置費用負担

摂津市は、大阪市のベッドタウンであり、若い共働き世帯が多く、一九七二～七三（昭和四七～四八）年頃は第二次ベビーブームもあり、保育所の数がまったく足らなかった。

保育所をつくるには、広さ、種々の設備、有資格の保育士の数など、さまざまの制約があり、相応の資金が必要である。当時の児童福祉法によれば、設置費用については二分の一を国が負担することになっており、さらに残りの半分、つまり四分の一は、都道府県が負担してくれることになっていた。したがって、本来であれば、市町村としては四分の一の費用を捻出できればいいはずであった。

しかし、実際には、国はほとんど負担金を支出してくれなかった。摂津市の場合には、一九六九年から七一年にかけて四ヵ所の保育所を設けたが、そのうち二ヵ所について、国は一〇〇万円と一五〇万円だけを負担金として支出し、残りの二ヵ所については一円も負担してくれなかった。このようなことによる市の過剰な負担を「超過負担」と呼び、当時はこれが当たり前のように考えられていた。

児童福祉法で「国は二分の一を負担する」と規定されているのに、なぜ、そんなことが可能だったのか。その謎を解く鍵は、「補助金等に係る予算の執行の適正化に関する法律」の運用にあった。これは、国の負担金支出の手続を定めた法であり、運用のしくみは以下のようなものであった。

国は、負担金を支出する際には、市町村に対して事前協議を申し入れることを求め、その協議において、国はどの保育所に対して負担金を支出するか、負担するとしていくらを支出するかを内示する。そのうえで、たとえば一〇〇万円だけ支出することを決めて認めさせて、それで事前協議が成立したとして、「補助金等に係る予算の執行の適正化に関する法律」に基づく申請書には、「保育所設置にかかる費用総額は二〇〇万円である」と記載させる。その結果、表面上は、国は設置費の二分の一を負担した体裁となる。仮に、市町村が事前協議に応じず、実際に保育所の設置に必要な費用（たとえば二五〇〇万円）を記載した申請書を持ち込めば、国は、事前協議を経ていないとして、それを受理しない。つまり、市町村が一方的に超過負担を負うことになる。

そのようなしくみを、なぜ、市町村が甘受したのか。それは、第一に、何がなんでも保育所をつくる必要があったからである。そして、このようなしくみであっても、国との事前協議が整って、いわば国のお墨付きが得られると、都道府県が四分の一を負担してくれるし、国も雀の涙ほどであるが、お金を出してくれる。それに、国のお墨付きがあると、市債の発行が可能になり、なんとか費用がまかなえる。

そのようなことで、長い間、違法な超過負担が罷《まか》り通ってきたのである。

ところが、摂津市の井上一成《いのうえいっせい》市長は、この違法・不合理な超過負担にどうしても納得がいかなかった。そこで、市議会の賛同を得たうえで、国に対して超過負担分支払いを求める訴訟を起こすことを決意したのである。

国庫負担金請求訴訟を提起

この訴訟の案件は、内田《うちだ》剛弘《たけひろ》弁護士のところに持ち込まれた。そこで、内田弁護士は、秋山《あきやま》幹男《みきお》弁護士（「事件ファイル①」第二章「マクリーン事件」参照）ら、内田弁護士の事務所を中心とした弁護団を結成したのであるが、その時、私にもお呼びがかかった。一九七三年の春頃のことであり、「クロマイ薬害事件」（同第三章）の少し前の時期であった。

弁護団は、下山瑛二《しもやまえいじ》、兼子仁《かねこまさし》といった著名な行政法学者の意見も聴き、保育所設置費用の国庫負担金については、行政法上の当事者訴訟として請求できるはずとの確信を持って訴状を提出した。その後、東京地裁、東京高裁で開かれた弁論には、毎回、摂津市から市長をはじめ多数の市議会議員が上京して傍聴した。

東京地裁での第一回口頭弁論では、井上市長が以下のような意見陳述をした。

「摂津市は、大阪都市圏の中心部に位置する近郊都市として、近年人口が大幅な増加を示しており、なかでも若い共働き世帯の増加が著しい。『保育に欠ける児童』数も年々大幅な増加を示している。（中略）しかし、保育所設置にともなう経費を国が一方的な都合によって負担しないため、本市がやむを得ず肩代わりせざるを得ない。いわゆる超過負担が年々累積しており、これが本市の財政を著しく圧迫している。（中略）そのため、本市ではやむを得ず、議会の議決を得たうえで国庫負担金の請求訴訟の提起に踏み切ったものである。」

形式論で訴えを一蹴した裁判所

ところで、前述したように、「補助金等に係る予算の執行の適正化に関する法律」(以下、「適化法」)は、国の負担金支出の手続を定めた法である。この法により、負担金を受け取るには、事業の目的・内容、経費などを記載した交付申請書を所轄の官庁に提出し、官庁は、法令・予算に違反するものでないか、事業の目的・内容が適正であるか、金額の算定が正しいかなどを審査して、交付決定をする、というしくみになっている(「適化法」第五条、第六条)。

しかし、「保育に欠ける児童」を保育所に入所させて保育することは、国家の義務である。だからこそ、児童福祉法は、国が保育所設置費用の二分の一を負担することを規定していたのだ。

支出が義務づけられている「負担金」と支払い義務のない「補助金」とを一緒くたにして「適化法」を運用していることが、そもそも問題なのである。負担金の支出を適正におこなうために「適化法」の手続に乗せるとしても、審査は計算違いの有無などの形式的な問題に限られるはずであり、負担するも負担しないも自由に決めていい、などというのは、あり得ないことである。

ところが、一九七六(昭和五一)年一二月一三日に言い渡された東京地裁の判決(裁判長　三好《みよし》達《とおる》、裁判官　時岡泰《ときおかやすし》、裁判官　山﨑敏充《やまざきとしみつ》)は、児童福祉法第五二条の規定は「当該保育所を交付対象とすべきものと判断した場合に、合理的な基準に基づいて算定した設備費用額を基礎とする一定割合の額の負担を国に命じている規定であって、具体的負担請求権は行政庁の合理的な判断とそれに基づく行為によって発生することを予定した規定と解すべき」として、要するに、法に「二分の一負担」と規定されていることはほとんど意味がないとした。

これに対して、一九八〇（昭和五五）年七月二八日に言い渡された東京高裁判決（裁判長　外山《とやま》四郎《しろう》、裁判官　海老塚和衛《えびづかかずえ》、裁判官　鬼頭季郎《きとうすえお》）は、保育所設置費用については、国は現実に市町村が支出した金額の二分の一を負担する義務がある（国はそれすらも単なる精神論的規定であり「義務」ではないと主張し、東京地裁は抽象的な国の負担義務を定めたに過ぎないとした）としたものの、本件の保育所設置負担金については、「適化法」の交付決定がおこなわれていない、したがって、請求権としては発生していないという、まったくの形式論で摂津市の請求を斥けた。実費に基づく交付決定がおこなわれなかった原因が、「事前協議」と称する窓口規制により、実額を記載した申請書を受け付けなかったことにあるという実態は、あえて無視したのである。

このことについて、訴訟の冒頭で井上市長が、

「現実の国庫負担金の交付申請の手続においては、まず国によって国が一方的に決めた交付金額を『内示』され、それによって市町村が初めて交付申請をする方法をとらされており、国が当然負担すべき金額全額を交付申請しようとしても、申請の窓口ではねられてしまうという実態にはまったく目をふさいでいる」

と明確に指摘したにもかかわらず、であった。

ただし、内田剛弘弁護士の話では、高裁判決が、保育所設置費用の国の負担金の支払いが義務的なものであることを明らかにしたことは、厚生行政に強い影響を与えて、社会福祉施設の

設置に対する国の負担金が相当額引き上げられる結果を生み、地方の首長さんから大いに感謝されたということだった。[*1]

なお、本件の地裁判決は『判例タイムズ』三四四号、『判例時報』八三四号に、高裁判決は『判例タイムズ』四一九号、『判例時報』九七二号に掲載されており、その他多数の判例評釈がさまざまの雑誌に掲載された。

＊1　内田剛弘著『司法の独立と正義を求めて半世紀』田畑書店　134ページ

少子化・地方衰退問題の原点

一九七二〜七三年頃は、現在の少子化状況においては夢のような、第二次ベビーブームの時期であり、同時に、女性も社会で働き続けたいという考えが強くなり、その結果として、保育所の数の絶対的不足が明らかになった時代であった。

「径一ちゃん訴訟」は、その結果として、質の悪い無認可保育所やベビーホテルが大量発生し、そのなかで幼い命が無残に奪われることが繰り返されるという問題であった。また、「摂津訴訟」は、市町村が住民の要望に応えて新たに保育所をつくろうとしても、国が法で定められた財政負担をしないことから、その板挟みになって苦悩するという問題であった。

そして、このような問題について、径一ちゃんのご両親や摂津市は、勇気をふるい、お金と時間をかけて問題提起したにもかかわらず、裁判所はきわめて冷たかった。

「径一ちゃん訴訟」では、問題を死因が不明であることの一点に矮小化して、保育行政の貧困については、判決のなかで一言も触れなかった。

また、「摂津訴訟」については、事前協議という形で負担金請求自体をシャットアウトしていた違法な行政のあり方に目をつむって、補助金等に係る予算の執行の適正化に関する法律の解釈にすべての問題を預けるという形の判断をした。そして、その間に、つまり訴訟中に、国は児童福祉法そのものを改悪して、義務的な負担金の条項を撤廃してしまったのである。

＊

現在、少子化や地方の衰退は我が国の大きな問題となり、国は少子化対策や地方創生の特命大臣を設けたりして、弥縫策《びほうさく》（一時逃れに取り繕って間に合わせるための方策）をあれこれ論じている。しかし、そもそも、これらは五〇年前から提起された問題を国が押し潰してきた結果であり、また、裁判所もそれに深く加担してきたのである。

第三章

名誉毀損・プライバシー侵害と報道の自由

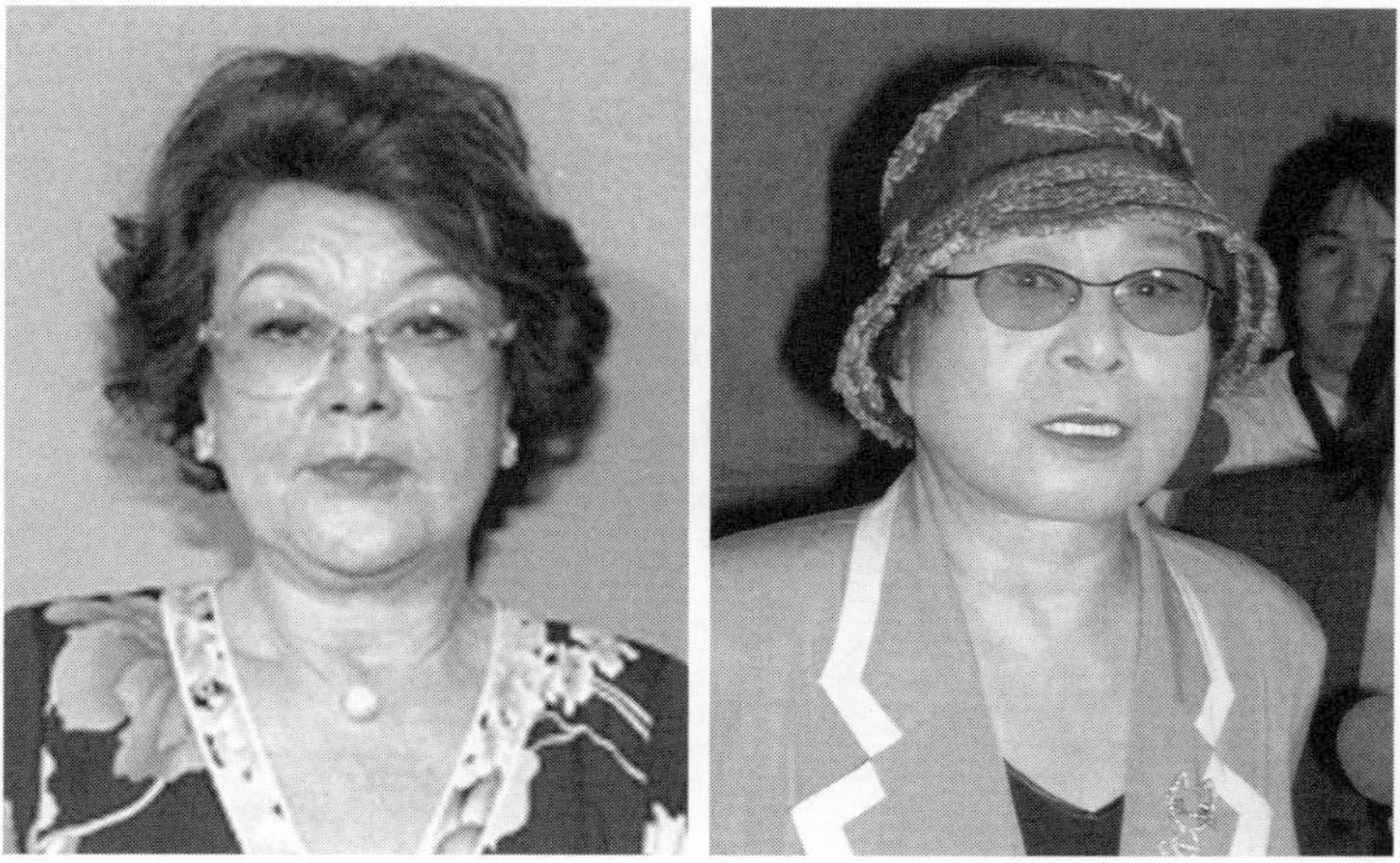

舞台出演をめぐるトラブルから始まった、浅香光代氏（右）から野村沙知代氏（左）への誹謗中傷は、多くの著名人を巻き込んでエスカレートし、さらに、プライバシーの問題も含めた「沙知代バッシング」へと変容していった。一連の批判合戦は二人の愛称から「ミッチー・サッチー騒動」と呼ばれた
（写真提供：共同通信社）

私は、名誉毀損とプライバシー侵害に関する訴訟などで、「芸能人」ないしそれに類する方々からの仕事を受任したことがある。

事案は大きく三つに分けられる。

一つ目は「ゴシップ」の問題。芸能人のゴシップは、多くの人が関心を持つので、メディアとしては格好のネタになる。しかし、それが過熱暴走した場合には、ターゲットとなった芸能人としては耐え難い苦痛を味わうことになる。これはいじめの問題と共通するところがある。

二つ目が、所属するプロダクションとの「労働問題」だ。華やかな笑顔を振りまいているタレントも、その裏面ではプロダクションに私生活や仕事の選択あるいは報酬できつい縛りを受けていて、しかも、そこから飛び出したりすると厳しい制裁を受ける。

そして、三つ目が、最初の二つと関連してくるのだが、特定の芸能人について、真実とは関係なく記号化してしまい、何かの問題が起こるとすぐ引き合いに出して、その芸能人を貶《おとし》めて、精神的な苦痛を与えることである。一度、このような記号化が定着すると、その芸能人の社会的評価は下がり仕事もなくなって、経済的なダメージにもつながる。

人権意識が希薄だった時代は、「芸能人にはプライバシーは存在しない」という言説が罷《まか》り通り、写真週刊誌や一般週刊誌による、私生活にズカズカと踏み込む取材が公然とおこなわれてきた。またプライバシー侵害や名誉毀損で賠償金が得られたとしても、その賠償額は微々たるもので、「やられ損」の時代が長らく続いてきた。

しかし、人権意識の高まりにつれて、国民もこうした報道に批判的になり、名誉毀損訴訟の賠償額の相場もひと頃に比べれば上がったこともあり、人権無視といえるような酷《ひど》い芸能報道は鳴りを潜めたように思う。そのこと自体は歓迎すべきだが、これが行き過ぎると報道が萎縮してしまう。国家権力は、往々にして名誉毀損やプライバシー保護を隠《かく》れ蓑《みの》にして、メディアに対して圧力をかけてくる。

「名誉毀損・プライバシー侵害」と「報道の自由」。時として相反する命題に、弁護士としてどのように向き合ってきたのか、実際に私が体験した事件を通して振り返ってみたい。

名誉毀損・プライバシー侵害事件

野村沙知代事件――二〇〇二年受任
中森明菜プライバシー侵害事件――一九九〇年受任

遠い世界の話ではないメディアによる「いじめ」

学校内でのいじめは、ある特定の生徒に対して、他の生徒たちが寄ってたかって嫌がらせをしたり、悪口を言ったり、無視したりと、いろいろな形でおこなわれる。芸能人をターゲットとする名誉毀損やプライバシー侵害は、それと同じようなことがおこなわれる。しかも、ゴシップ誌だけでなく、一流の出版社や新聞社、テレビ局までもが加わることもある。

その構図は昔も今も変わらないように感じるが、近年は、ネットの普及により、「芸能人いじめ」に一般人も加わるようになってきた。

二〇二〇（令和二）年には、インターネットテレビの番組に出演していた女子プロレスラーが、番組内での言動についてネット上で繰り返し誹謗《ひぼう》中傷を受け、ついに自殺してしまうという事件が起きた。この事件は日本国内で問題視されただけでなく、ＢＢＣやフォーブスなど海外のメディアでも「ネットいじめ」として取り上げられた。

このようなメディアによる過剰取材・過剰報道は、芸能人だけでなく、犯罪や事故に巻き込まれた人たちにもおよぶことがある。たとえば、いわゆる「ロス疑惑報道」における三浦和義氏の取り扱われ方や、日航ジャンボ機墜落事故の生存者を執拗に追いかけまわした報道のあり方は、芸能人報道特有の色彩を強く帯びていた。このように、一般人であっても、いつ、こうした被害に遭わないとも限らない。芸能界と裁判の問題は、決して遠い世界のものではないのだ。

有名人のプライバシーはどこまで保護されるべきか

ここで言う有名人とは、芸能人、スポーツ選手のほかに、政治家、高級官僚、財界人、宗教・教育・文化などの諸部門で指導的立場にある人、社会のオピニオンリーダー、事件の渦中《かちゅう》にある人などが含まれる。

これらの人々のプライバシー保護の範囲は、すべて同じわけではなく、その人の社会的立場により異なる。その人の人格や発言・行動が社会の安全や国民生活に直接影響するような場合には、プライバシー保護の範囲はきわめて小さくなると考えられている。

プライバシー保護の範囲が最も狭いのは、国民生活に対して大きな影響力を持つ政治家だ。選挙は個々の政治家の考え方や私生活のありようも含めて審判の対象になっていると言えるので、プライバシーが暴露されることも、ある程度はしかたがない。

また、たとえば、女性にだらしのない政治家のもとに外国や政敵が「女性スパイ」を送り込めば、簡単に籠絡《ろうらく》されて機密を漏らしてしまう危険がある。かつて、米国のクリントン大統領がホワイトハウス内で女性研修生と「不適切な関係」をもち、弾劾裁判にかけられたが、これは、単に品格の問題だけでなく、こうした危惧もあったからだろう。クリントン氏は辛うじて大統領罷免を免れたが、このスキャンダルは政権に大きなダメージを与えた。

ただし、政治家や財界人がプライバシー侵害の訴訟を起こせないわけではない。

二〇〇四（平成一六）年、読売新聞グループ本社会長の渡邉恒雄《わたなべつねお》氏が、ガウン姿で自宅にいるところを公道から撮影されたことがあった。渡邉氏がプロ野球・読売ジャイアンツのオーナーを辞任した直後のことで、その写真は『週刊文春』の巻頭に「ワンマンの末路」などという説明文を付して掲載され、渡邉氏はプライバシー侵害にあたるとして提訴した。東京地裁は、「ガウン姿は純粋な私的領域であり、渡邉氏の社会的地位や活動とは何ら関連せず、社会の正当な関心事にはあたらない」との理由で写真の撮影・掲載を違法と判断し、発行元の文藝春秋に二〇〇万円の賠償金支払いを命じた。

また、田中角栄《たなかかくえい》元首相が自宅療養中に、娘の眞紀子《まきこ》氏に車椅子を押してもらっている様子を新聞社がヘリコプターから盗撮したことがあったが、これもプライバシー侵害で訴訟を起こせば勝っていただろう。いくら有名人であっても、病気でやつれている様子と、その人の人格とは、まったく関係がないからだ。

芸能人はなぜ叩かれるのか

前項で挙げた人々との比較で言うと、芸能人は特別な権力・権限を持っているわけではなく、その人の人格や見識が国民生活に直接影響を与える立場にもない。その意味では、一般人と同じカテゴリーに入ると言える。したがって、芸能人のプライバシーは、広く保護されるのが原則であろう。

ところで、芸能人というのは「イメージが肥大化した存在」だとも言える。自身のキャラクターのうち、他の芸能人との微妙な差異を利用してイメージを作り上げ、大衆にアピールする。人気が出るとともに、そのイメージは増幅され、強調される。こうして、一人の生身の人間の外側に、肥大化したイメージの「殻」ができあがる。

そのイメージこそが、その人を芸能人たらしめ、大衆の要求を満たすものである。だが、そのイメージを私生活レベルで維持し続けるのは容易なことではない。こうして、肥大化したイメージとしての芸能人と、生身の人間としての芸能人の間には、大きなギャップが生じる。

たとえば、「愛妻家で子煩悩《こぼんのう》な父親」というイメージで売っている芸能人が不倫をして大衆にバッシングされるのは、イメージとのギャップが大きいからだ。

メディアは、こうしたギャップを取り上げれば、大衆が喜び、視聴率や雑誌等の売上部数が伸びると考えて、「私生活はこんなに乱れている」「じつは夫婦仲が悪い」などと、たとえ不正確な情報であっても報じようとする。端的に言えば、「化けの皮を剝ごうとする」わけだ。

芸能人についての名誉毀損やプライバシー侵害の問題は、こうして生じてくるわけである。

名誉毀損とプライバシー侵害の違いとは

名誉毀損とプライバシー侵害は、似て非なるものである。

プライバシーというのは、他人に知られたくないような私的領域のこと（たとえば「夫婦仲が悪い」など）であり、たとえそれが真実であっても報道される筋合いはない。

プライバシー侵害の要件については、有名な三島由紀夫《みしまゆきお》の「宴《うたげ》のあと」事件[*1]における東京地裁判決で、次のように示されている。

①私生活上の事実、または私生活上の事実らしく受け取られる恐れがあること。

②一般人の感受性を基準にして、公開を欲しない（公開されることによって心理的な負担や不安をおぼえる）であろうと認められること。

③一般の人々にいまだ知られていないこと。

これらの要件は、プライバシーがなぜ保護されなくてはならないかを示す基本的な概念として、現在でも生きている。ただし、同判決では、他人の私生活を公開することに法律上正当と認められる理由があれば、不法行為は成立しないとされている。

一方、名誉毀損事件では、その報道をすることに公共の利益があるか、報道する価値があるか（報道することが公益目的によるものか）とともに、その報道の内容が真実か否かが問題とされる。そして、この真実性については、報道する側に真実と思うだけの根拠（真実相当性、「安部英医師薬害エイズ事件」78ページ参照）がありさえすれば名誉毀損の責任を負うことはないとされている。絶対的真実でなければ報じてはいけない、ということになれば、報道が過度に萎縮してしまうからだ。

一方、何の根拠もない虚偽の報道であれば、不当にその人の社会的評価を低下させることになるので、名誉毀損が成立することに問題はない。

問題とされている報道が真実であることを立証する責任は、メディア側にある。この場合、メディア側がぶつかるのは、取材源開示の問題だ。情報源となった人物が自分の名前を出してかまわないと言ってくれればメディア側は非常に有利になるが、それとは逆に、情報源をいっさい出せないとなれば、メディア側にとって大きなハンデになる。なお、基本的には取材源は秘匿される。

メディアを提訴する際には、報道の内容がどういう根拠に基づいているか、どのような意図で報道したのかなどを分析し、名誉毀損とプライバシー侵害のどちらで提訴するか、あるいは両方で提訴するかを決めることになる。

＊1 「宴のあと」事件：元外務大臣の有田《ありた》八郎《はちろう》氏が、三島由紀夫の小説『宴のあと』によりプライバシーを侵害されたとして、三島と版元の出版社に対し、謝罪広告と損害賠償を請求した事件。東京地裁は一九六四（昭和三九）年九月二八日の判決で、「日本国憲法のよって立つところでもある個人の尊厳という思想」に言及し、日本で初めてプライバシーの権利を法的に容認し、被告三島と出版社に損害賠償支払いを命じた（謝罪広告の掲載請求は棄却）。被告らは控訴したが、控訴審中に有田氏が死去したため、原告遺族と被告らとの間で和解が成立した。

芸能人の人権意識の高まり

芸能人のスキャンダルを取り上げれば、雑誌の売上は伸びるし、テレビの視聴率はアップする。メディアにとって芸能人のスキャンダルは、いつの時代も、おいしいネタである。

昔は名誉毀損やプライバシー侵害で訴えられて敗訴しても、賠償額が安かったことから、「書きたい放題、流したい放題」の感があった。芸能人のプライバシーを暴《あば》き立てることが一つの商品価値を持ち、多数のマスメディアがそれに熱中していた。

多くの芸能人は憤慨し、困惑し、疲弊したが、「こんなことが許されるはずがない」と思いながらも、どうしていいかわからず、悩んだり諦めたりしていた。

こうした状況が変化し、芸能人のプライバシーを大切にしようという流れが生まれたのは、一九九〇年頃からだったと思う。状況を変化させた最も大きな要因は、一九八四～八五（昭和五九～六〇）年の「ロス疑惑報道」の過熱と、それにともなうワイドショーの台頭や写真週刊誌の相次ぐ創刊を経て、「報道による人権侵害」という概念が全国の各弁護士会で重要な課題として位置付けられたことだ。その意味で、一九八四～八五年はエポックメイキングな時期であった。

一九八七年には、熊本で開催された日弁連の人権擁護大会において、「報道による人権侵害」が初めて取り上げられ（「事件ファイル①」第四章「三浦和義事件」参照）、同じ頃、東京弁護士会で「被報道者の人権宣言」を作ったりした。私も、これらに積極的に関わった。

それ以前は、「表現の自由は何があっても守るべきである」との考えが強く、「報道が人権を侵害する」という考え方はあまりなかった。

それが一九八〇年代後半から「報道の自由と人格権の調和」という流れに変わりはじめたことで、芸能人の人権意識が高まり、泣き寝入りせず法的手段に訴える姿勢を強めていくことにも繋がったのである。

1 野村沙知代事件

野村沙知代《のむらさちよ》氏は、基本的には「芸能人」というよりも、プロ野球の選手・監督として活躍した野村克也《かつや》氏の妻という立場の「有名人」であるが、その毒舌ぶりが買われてメディアにも再三登場することになり、ついには剣劇女優の浅香光代《あさかみつよ》氏に誘われて舞台にまで上がるようになった。そして、その後、野村沙知代氏に対する猛烈なメディアバッシングが始まることとなった。

事件の概要

浅香光代氏との確執

事件の発端は、一九九九（平成一一）年三月末に放送された民放ラジオ番組において浅香光代氏（愛称ミッチー）が、沙知代氏（愛称サッチー）を強く批判したことである。

当時、沙知代氏はエッセイストとして活動するほか、テレビやラジオのコメンテーターとしてメディアにしばしば登場し、歯に衣着《きぬ》せぬ発言で大衆に注目される存在であった。また沙知代氏は、九六年、第四一回衆議院議員総選挙に新進党公認候補として東京五区と比例東京ブロックから重複立候補し、落選ながらも小選挙区で次々点、比例ブロックでは次点だったため、状況によっては繰り上げ当選の可能性もないではないと取沙汰されていた。

この衆院選後、沙知代氏は浅香氏と女剣劇の舞台で共演して人気を博したが、舞台稽古をめぐって二人の間に確執が生じていた。浅香氏は、ラジオ番組のなかで、「舞台稽古に遅れてきたのに横柄な態度」「挨拶もろくにできない」「あんな女を番組に起用するから増長する」などと、沙知代氏を痛烈に批判した。他方、沙知代氏によれば、「舞台での共演を続けて全国をまわりたい」という浅香氏の申し出を断った直後から、批判が始まったという。

当初、沙知代氏は、批判を受け流していたが、浅香氏がなおも執拗に攻撃を続けたため反撃に転じた。民放各局のワイドショーは、二人の舌戦を芸能ゴシップとして連日のように取り上げた。当時放送されていた民放の報道・情報番組に「お父さんのためのワイドショー講座」というコーナーがあり、その週にワイドショーで大きく取り上げられたテーマのベスト10を報じていたが、このミッチー・サッチーの争いは、ベスト10のトップの位置を長期間占め続けたほどである。ワイドショー番組が高視聴率を叩き出したため、女性週刊誌・写真週刊誌・新聞社系週刊誌、スポーツ紙なども追随することになった。

さらに、これに乗じる形で、沙知代氏から「被害」を受けたという芸能人・著名人・一般人が、次々とメディアに登場して、沙知代氏に対する批判を展開し、沙知代氏を擁護する人たちとの間で激論になることもあった。とにかく「野村沙知代」という名前さえ出せば高視聴率や雑誌の売上アップにつながるということで、マスコミは異常なまでの盛り上がりを見せたのである。一連の批判合戦は、双方の夫やパートナーをも巻き込んで、過熱化の一途をたどり、二人の愛称から「ミッチー・サッチー騒動」と呼ばれた。

当時、沙知代氏と浅香氏はともに七〇歳近かった。二人の対立は「分別のある大人の間に起きた、どうということもない口喧嘩」だったと言える。ところが、連日ワイドショーのトップとして扱われるうちに、あることないことに尾ひれが付き、話題はどんどん拡大していったのである。

ついには、浅香氏が、九六年衆院選立候補の際に沙知代氏が公表した「米国コロンビア大学留学」という学歴や野村克也氏との婚姻の年など七件について、「虚偽の経歴」で選挙活動をおこなったとして、九九年七月一二日に沙知代氏を公職選挙法違反（第二三五条「虚偽事項の公表罪」）[*1]で東京地検特捜部に告発するに至った。

さらに、沙知代氏の実弟が、著書を出して、実家の遺産相続をめぐるトラブルや沙知代氏の経歴について誹謗中傷的な発言をしたことや、沙知代氏が前夫との間にもうけた二人の息子との確執が報じられたことなどもあり、騒動は、当初の問題からかけ離れ、出自や学歴などプライバシーの問題も含めた「沙知代バッシング」へと変容していったのである。

芸能人や有名人の紛争が過熱した場合、このように家族が分裂していくケースは少なくない。それをまたメディアが面白おかしく報じるという状況が、約二〇〇日も続いた。

浅香氏の告発を受けた東京地検特捜部は、当初、不受理の通知をしたが、浅香氏は納得せず、七月一六日に同じ内容で再告発。沙知代氏の学歴詐称疑惑の調査を要求する署名募集活動をおこない、集まった七万余筆の署名を法務大臣に提出した。この署名活動には、「浅香派」としてメディアへの露出度を増していた元フィギュアスケート選手の渡部絵美《わたなべえみ》氏や、タレントの十勝花子《とかちはなこ》氏らも主導的な立場で参加していた。

こうした動きを受けて、東京地検は七月一九日に改めて告発を受理して捜査がおこなわれることとなった。その結果、沙知代氏の学歴については、コロンビア大学の事務当局に当時の留学生の学籍原簿や単位認定記録などが残っていないことがわかり、「経歴詐称」とまで言える証拠はないと結論づけられた。

こうして、浅香氏による七件の告発はすべて嫌疑不十分として不起訴処分とされたのである。

他方で、二〇〇一年一二月、沙知代氏は、自身が経営していた会社二社の法人税・所得税の脱税容疑で逮捕され、翌〇二年五月に東京地裁で有罪判決（懲役二年・執行猶予四年・罰金二一〇〇万円）を受けた。当時、プロ野球・阪神タイガースの監督で次季の〝続投〟も決まっていた夫の野村克也氏は、沙知代氏の逮捕直後に監督を辞任した。なお、私は、この脱税の刑事事件には弁護士としての関与はしていない。

＊1　公職選挙法第二三五条「虚偽事項の公表罪」一項（要約）：衆参両院議員や地方公共団体議会の議員・長に立候補する者の身分、職業、経歴、所属する政党や団体、所属政党等への届け出、所属政党等からの推薦・支持に関して虚偽の事項を公にした者は、二年以下の禁錮または三〇万円以下の罰金に処す。

受任の経緯

過熱取材・報道から護って欲しい

「野村さんが相談に乗ってほしいと言っていますが、どうですか」

人権と報道の問題に詳しい同志社大学教授（当時）の浅野健一《あさのけんいち》*1氏から私に打診があったのは、二〇〇二年三月のことであった。浅野氏の紹介で沙知代氏にお会いした。

当時、沙知代氏は、前述した所得税法違反刑事事件の第一回公判を間近に控えており、メディアの取材・報道は再び熱を帯びていたが、へこたれているような印象はまったくなく、「肝《きも》のすわった方だな」と思った。

メディアとしては、こうしたキャラクターの人であるほうがありがたい。この種の騒動では、当事者がへこたれて退散すれば、騒動自体がそこで終わってしまうからだ。相手に何を言われても動じず、逆に言い返すような人ならば、叩きやすいし、騒動も長続きする。メディア側は、そのぶん多くの利益を得ることができるわけである。

沙知代氏の私への依頼の趣旨は、まずは、現在の過熱取材・報道から護ってもらい、少しでも平穏な生活を取り戻したいというものであり、そのうえで、これまでにさんざん繰り広げられてきた名誉毀損・プライバシー侵害の報道に対して反撃してもらいたい、というものであった。

まず、私は、沙知代氏の代理人として、「沙知代氏およびその家族の生活の平穏を害するような方法での取材を自粛するよう強く要望する」との申し入れ書を、新聞・雑誌・テレビなどの「メディア各位」に対して、三月一四日に一斉に送付した。

そして、五月に所得税法違反の刑事事件の判決が下されて、一件落着した段階で、それまでの一連のスキャンダル報道をおこなったメディアや、沙知代氏を誹謗中傷した個人に対する大量提訴にとりかかることになった。

＊1　浅野健一：共同通信社ジャカルタ支局長、外信部デスク等を経て同志社大学社会学部、同大学院社会学研究科で教授を歴任。『犯罪報道の犯罪』『メディア・ファシズムの時代』など人権と報道に関する著書が多数ある。「人権と報道・連絡会」世話人。

裁判の経緯

三三件の名誉毀損・プライバシー侵害訴訟

まず、東京・世田谷区内にある「大宅壮一文庫《おおやそういちぶんこ》」＊1に通って、沙知代氏に対するそれまでのスキャンダル記事を集める作業から始めた。そのうえで、集めた一〇〇件近い記事の内容を検討し、明らかに違法な名誉毀損・プライバシー侵害と言えるもの三三件を選んで、出版社や、沙知代氏を誹謗中傷した浅香光代氏をはじめとする個人を相手取り、名誉毀損およびプライバシー侵害の訴訟を次々と起こしていった。弁護団は、私のほか、当時所属していたミネルバ法律事務所※欄外注の加城《かじょう》千波《ちなみ》、西岡弘之《にしおかひろゆき》、大村《おおむら》恵実《えみ》弁護士で構成した。

法廷で沙知代氏と浅香氏が顔を合わせることも見込まれたので、私と沙知代氏との間には、「もし、浅香さんから『ごめんなさい、野村さん』と言われたらどうしますか？」


（※編集部注：2020年に巨額の負債を抱えて破産した東京ミネルヴァ法律事務所とはまったく関係がない。）

「五分五分で言うかもしれないわね」

といった会話もあったが、結局、浅香氏は闘う姿勢を崩さなかった。

最初に我々の勝訴が確定したのは、沙知代氏の借金問題や衆院選出馬時の金銭トラブルなど事実無根の記事を書いた『週刊実話』の版元、日本ジャーナル社を相手取った訴訟（〇二年六月一四日提訴）で、東京地裁は〇三年五月一五日、被告に賠償金二二〇万円の支払いを命じた。

この裁判の口頭弁論にも沙知代氏は出廷した。『週刊実話』の記者は法廷で、

「野村さんのことが嫌いで書いたわけではない。我々にも生活があるからやったのだ」

などと主張した。のちに沙知代氏は浅野健一氏との雑誌対談で、「これが今のマスコミのレベルなのかとがっかりしました」と述べた（『創《つくる》』〇三年一〇月号117ページ）。

その後も、ほとんどの裁判で我々が勝訴した。そのうちのごく一部ではあるが、訴訟の結果を以下に記す。

・経歴詐称の公職選挙法違反があったかのごとき発言・行為（東京地検特捜部への告発・署名運動等）などをした浅香光代氏に対する件。東京地裁は、浅香氏が根拠もなく沙知代氏の名誉を傷つける情報をマスコミへ提供したことについては、「雑誌記者に情報を提供した段階で名誉毀損は成立した」と判断した。しかし、「学歴詐称」に関しては、「詐称していると信じる相当の理由があった」と真実相当性を認めた。賠償金額は一一〇万円であった。双方が控訴したが、東京高裁はいずれの控訴も棄却して、地裁判決が確定した。

・元フィギュアスケート選手の渡部絵美氏の件。沙知代氏が所得税法違反事件で逮捕された時に、渡部氏は「ようやく狂犬が一匹捕まって安心した」と発言したので、これを不当な侮辱

として提訴したが、東京地裁は、当時沙知代さん側でも渡部氏に対して相当過激な表現をしていたとして、「失礼な表現ではあるが損害賠償をさせるまでの違法性はない」とした。しかし、控訴審の東京高裁は、渡部氏の表現は問題であるとして、その結果、渡部氏が「遺憾の意を表する」として謝罪する形で裁判上の和解となった。

・著書に沙知代氏の本名をイニシャルで記し、かつてそのイニシャルの人物（すなわち沙知代氏）に著書の印税を横領されたかのような記述をした茶道家の塩月弥栄子《しおつきやえこ》氏に対しても、名誉毀損が認められた。東京地裁は、イニシャルであっても「二八年前に自分の秘書をしていた人物」と特定しており、そのイニシャルの人物が沙知代氏であるとわかる人が相当数に上る、とした。賠償金額は七七万円だった。

・女性週刊誌上で「魔女どころか毒婦以下の女」などと沙知代氏を罵ったデヴィ・スカルノ氏に対して、裁判所は、「きわめて品性のない、不穏当と言うほかない表現」として、一一〇万円の損害賠償を命じた。デヴィ氏は控訴したが、東京高裁は棄却して、判決が確定した。

・野村夫妻それぞれの異性関係や過去の経歴に関する記事を掲載し「離婚は確実」と報じた『週刊新潮』に対して、東京地裁は、夫婦関係は私生活上最も私的な要素が強く、著名人でも公共性は認められないとし、「記事内容の真実性は判断するまでもない」とプライバシー侵害を認定。克也氏と沙知代氏とに対して合計三三〇万円の損害賠償を命じた。新潮社は控訴したが、東京高裁はこれを棄却して判決は確定した。このように、記事のなかには、沙知代氏だけではなく克也氏に対してまでも違法な名誉毀損・プライバシー侵害の記事を垂れ流したところが少なくなかった。その場合には、野村克也氏も原告として加わった。

・風変わりなものとして、『現代用語の基礎知識　２０００』を発刊した自由国民社が、「サッチーvs.ミッチー騒動」という用語の解説という形で「傲慢《ごうまん》なうえに嘘つき、とくにカネに汚いサッチーをめぐる情報は視聴者をなんとも居心地の悪いものにした」などと記述したので、名誉毀損および侮辱として提訴した。結果は裁判上の和解となった。

・女性週刊誌の記事で沙知代氏の社会的評価を低下させた主婦と生活社、光文社、小学館の三社については、多数の記事があったため、個別の訴訟をすることなく、それぞれの社と一括和解という形でまとめた。

＊1　大宅壮一文庫：評論家の大宅壮一氏（一九〇〇～七〇）の死後、大宅氏の膨大な雑誌のコレクションを基礎として作られた専門図書館（公益財団法人）。

結果の社会的影響

マスコミに対する批判

「ミッチー・サッチー騒動」が過熱するにつれて、人権擁護の観点からマスコミの姿勢に対する批判の声が上がった。これは当然のことであろう。

また、一連の騒動に便乗する形でメディアへの露出を増した著名人のなかには、〇一年の第一九回参院選に出馬した者もおり（結果は落選）、「最初から売名目的で騒動に参加したのではないか」「ワイドショーで視聴率を稼ぎたい民放テレビ各局と、互いの利益で結び付いていたのではないか」との批判も出た。

その一方で、報道する側からは、沙知代氏が衆院選出馬で政治家を目指していたこと、繰り上げ当選の可能性もあったことなどから、「沙知代氏は準公人」であるとして、報道を正当化するような意見も出た。しかし、一連の報道の内容や経過からして、このようなことがスキャンダルの報道目的であったとは考えられない。とってつけた議論としか言いようがない。

エピソード

賠償額の「相場」

芸能人や有名人をめぐる名誉毀損事件は、写真週刊誌が登場するずっと以前から散発的に起きていた。しかし、本件のように同じ話題をあらゆるメディアが手を変え品を変えて連日取り上げるようになったのは、「三浦和義事件」における過熱報道以降のことだと思う。

報道合戦の渦に引きずり込まれた沙知代氏は、

「メディアは私を殺したかったのか。自殺でもして死んでほしかったのか」

と、のちに雑誌などで語っていた。そう言わずにはいられないほどの、ひどい誹謗中傷を受けたのである。沙知代氏はまた、多くの雑誌でこうも語っている。

「日本は名誉毀損の賠償額が低すぎる。アメリカで同じような事件が起きたら、テレビ局が二～三局吹っ飛んでいますよ。アメリカの賠償額は億になることもあるそうですから。そういう事情を含めて、まだまだ日本は後進国だと思いますね」

沙知代氏の言うとおり、アメリカでは名誉毀損の損害賠償額がべらぼうに高い。

日本の場合、名誉毀損により社会的信用が低下し、経済的損失まで広がる被害を受けたという因果関係が立証できれば、ある程度大きい賠償額を取れると思うが、裁判所は信用毀損による経済的損失まではなかなか認めてくれない。

名誉毀損の損害賠償額には「相場」がある。これまでの高額の双璧《そうへき》は、元プロ野球選手のK氏が、現役時代の海外キャンプ中にストリップを見に行ったという記事を書かれたケースと、今は亡き女優O氏が誹謗中傷記事を書かれたケースである。K氏の事件は、一審（東京地裁）では一〇〇〇万円の損害賠償が認められた。また、O氏の事件では、二審（東京高裁）が「損害額は一〇〇〇万を下らない」と認定した。この二件が、裁判所として名誉毀損の損害賠償を一〇〇〇万円と認定したという意味で高額の双璧である。ただし、K氏の事件は高裁で六〇〇万円に減額となり、また、O氏の事件は、原告の請求金額が五〇〇万円であったために、判決で賠償を命じた額としては五〇〇万円にとどまった。

沙知代氏に関する過熱報道と前後する二〇〇一年頃から、司法界では名誉毀損の賠償額が安すぎることが問題になり、裁判官たちが研究チームを立ち上げて、「一件の基準額を五〇〇万円にするべきである」という意見を法律雑誌に発表したことがあった。

私は、当時、東京弁護士会人権擁護委員会の報道問題部会長をしていたこともあり、部会で「裁判所が従来の名誉毀損における賠償額が硬直的であり、また低きに過ぎたことを正面から認め、適正な賠償金額算定基準の設定の必要性を明らかにしたことは大いに評価できる」としてエールを送った。そして、その後、それを一つの標準額として裁判でかなり頑張った時期があったが、それでも一件で五〇〇万円というのはなかなか難しく、せいぜい三〇〇万～四〇〇

日刊スポーツ　2017年(平成29年)12月9日　土曜日

芸能界でも活躍 サッチー写真館

ミッチーVS.サッチー騒動から18年 毒気で惜別

「あの世で嫌われないように」

浅香光代

野村沙知代さん死去

夫同士が親友

葬儀は「遠慮」

「6時間遅刻」

「売名行為よ」

2017年12月8日に急逝した野村沙知代氏についてインタビューを受ける浅香光代氏（『日刊スポーツ』2017年12月9日付）

万円になることが多かった。

現在ではむしろ、「相場」が下がってきており、三〇〇万円も難しい感じがする。

しかし、表現の自由とのバランスを考えると、名誉毀損の賠償額は高ければいいというものでもない。

また、名誉毀損の損害賠償とともに謝罪広告を要求するケースもあるが、これはそう簡単には認めてもらえない。判決文にきちんと理由を書いて損害賠償を認定するのだから、それに加えて被告が謝罪広告まで出す必要はないだろう、との裁判所の考えがあるからだ。

また、謝罪広告を出すと原告にとって不利益が生じるケースもある。

たとえば、「〇〇氏が複数の女性と不倫をしたという弊社の記事は誤りでした。深くお詫びいたします」といった広告が出ると、「あいつはそんな悪いことをしたのか」

と思う人が、かなりの数いるかもしれない。たとえ根も葉もない話であっても、世間が忘れた頃にもう一度その話が蒸し返されれば、原告にとってマイナス面もあり得るわけである。

このため、原告のほうでも敢えて謝罪広告を求めないことが多いようである。

＊

二〇一七年一二月八日、野村沙知代氏は虚血性心不全で死去した。八五歳であった。沙知代氏の死から二年余りを経た二〇二〇年二月、克也氏は妻と同じ病に倒れて他界した。騒動のもう一人の当事者であった浅香光代氏も、同年末に九二歳で死去した。

2 中森明菜プライバシー侵害事件

一九九〇（平成二）年七月、歌手の中森明菜《なかもりあきな》氏が、交際していた男性アイドル歌手と破局後、傷心を癒すために、カリブ海に浮かぶジャマイカの保養地オーチョリオスを訪れた。ところが滞在先のホテル「ジャマイカ・イン」内のプライベートビーチで、水着姿でくつろいでいる姿を遠方から盗撮され、その写真を女性週刊誌の表紙やグラビアなどに多数使われるという事件が起こった。

それ以前にも、私は中森氏をめぐるプライバシー侵害事件をいくつか担当していたが、傷ついた心を癒すために日本を離れた女性を、わざわざ海外まで追いかけて行って、やっと得た安らぎのひとときを盗撮し、それを勝手に週刊誌に掲載するなどというのは、あまりにひどい話だと思った。タレントとて生身の人間である。そっとしておいてもらいたい時、安心してくつろいでいる時に、このようなことをするのは、人間としてどうかしている。人権侵害も甚だしい。

事件の概要と裁判の経緯

盗撮の現場

出版社側からすれば、この盗撮写真はインパクトがあり、リスクを計算しても雑誌の売上を大幅に伸ばせるから元は十分に取れると考えたのだろうが、こうした計算が罷《まか》り通ってよいはずがない。そうしたところ、一緒に担当することになった飯田正剛《いいだまさよし》弁護士から、「先生、現地視察が重要ですよ！」と言われた。確かに、この事件で十分戦うには、事実調査を徹底的にやる必要があると考えて、ジャマイカのそのホテルに行くことにした。

ジャマイカには直行便がなく、ニューヨーク経由で向かった。首都キングストンの空港から、夜間にガタガタ道を約二時間車を飛ばして、ようやくオーチョリオスに着いた。

ホテル「ジャマイカ・イン」は九〇人までしか宿泊できない小ささだが、一九五二年にはイギリスのチャーチル首相も保養のために滞在したという名門ホテルである。木造二階建てで、セメント、ガラスなどはいっさい使っておらず、ベッドルームの扉を押し広げると大きな大理石のテラス（五m四方）になっており、テラスから芝生を経て白砂のプライベートビーチが広がっている。こぢんまりしたホテルなので、プライベートビーチにはほとんど人影はなかった。

「ジャマイカ・イン」の支配人に聞き取り調査する著者（下）と、中森明菜氏が盗撮されたプライベートビーチ（左）

我々は、このホテルに宿泊し、ホテルの支配人から、ホテルの歴史や設備、プライバシー保護の方針、中森さんの滞在状況や、このプライベートビーチが個人のプライバシーが守られる環境になっていることなどをヒアリングして、一二ページの問答集の形でまとめた。支配人は中森さんの滞在についてもよく憶えていた。

また、週刊誌に複数掲載された写真などから、中森さんがくつろいでいた場所、そこを盗撮したと思われる地点（プライベートビーチの外。中森さんから六六m程度離れた地点）などを特定し、計測して、図面を作成した。さらに、近くのパブリックビーチの状況を見て回って写真撮影をし、それとの対比で、本件プライベートビーチが、個人が安心してくつろげるはずの場所になっていることを確認した。

そのような調査を踏まえて、我々は、本件が非常に悪質なプライバシー侵害であるとして出版社を相手取って訴訟を起こした。この事件は裁判上の和解で終わった。その内容については、守秘条項があるため明らかにすることはできないが、中森さんとしても十分満足できる内容であった。

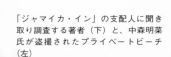

プロダクションとの紛争事件

加勢大周事件――一九九一年受任

芸能人と所属プロダクションとの紛争も、昔からよくある問題である。

近年では、お笑い界における「闇営業」（所属プロダクションを通さずに営業し報酬を得ること）がマスコミで取沙汰されるなかで、芸能人と所属事務所との契約条件の曖昧《あいまい》さや、契約書自体が交わされていないケースも多々あることなどが問題になった。

こうした問題は、芸能人の立場の弱さの表れであると言える。芸能界に限らず、アルバイター、契約社員、フリーランスなどにも共通する普遍的問題だとも言えよう。

ここで、契約に関する問題について、プロ野球選手と芸能人を比較してみよう。

弱みに付け込む契約

プロ野球の場合、ドラフト制度があるので、相当程度レベルが上の人でないと、もともとプロ野球界に入ることができない。球団の数は決まっており、ドラフトに掛けられる選手の年齢は高校卒業以上である。また、ある程度のベテラン選手になると、代理人をつけて年俸や待遇等について球団と交渉する。アメリカでは一〇〇%代理人が交渉しているようだ。

一方、芸能界にはドラフト制度に該当するものはなく、プロダクションも数えきれないほどある。芸能界に憧れる人たちの年齢は低く、大半は未成年である。歌や演技やダンスのレベルは百人百様で、プロダクション側から見れば「海のものとも山のものともつかない」人も多い。それでも芸能界に入ることを熱望する少年少女は五万といる。つまり、プロ野球界とは違って完全な買い手市場である。

しかも、デビューしたばかりの芸能人の場合、自分の給料がどのような基準で支払われているのかさえわからないことが少なくない。それでも本人は、「なんとかしてスターになりたい」と思っているからあまり気にしない。そうした若者の夢に付け込んで、まともな契約書も作らずに芸能活動をさせているプロダクションもある。

これは日本特有の問題ではないだろう。「老獪《ろうかい》な芸能プロダクションが、スターを夢見る若者を、使い捨てのように利用して商売をする」という要素は、どの国の芸能界にも、多かれ少なかれ存在することではないかと思う。

いかに独立させないか

芸能界では、タレントが、独立をめぐり、プロダクション側と紛争になるケースが昔から延々と続いている。これは、タレントとプロダクションの力関係の問題でもある。

たとえば、プロ野球の場合、選手がグラウンドで見せるプレーによって、実力のあるなしは一目瞭然である。トップレベルの成績をあげていればコンスタントに試合に出場できるし、球団に対してもそれなりの力を持つことができるので、次季の交渉もしやすくなる。また、その成績を維持することが人気を保つうえでも重要な点である。

ところが芸能界では、仕事を取ってくるのはプロダクションである。芸能人のほうでは「売れているのは自分に実力があるからだ」と思っているかもしれないが、実際にはプロダクションがテレビ局や映画会社やスポンサーなどとさまざまに交渉し、お膳立てをしたうえで、芸能界における「役」を与えている。それによって、本人の実力以上の評価を得ている面もあるだろう。その一方で、プロダクションが、自社の所属タレントの実力に見合う仕事を次々と取ってくることが難しい面もある。

こうしたことを芸能人が理解していないと、「自分の力を発揮する場がない」と不満を募らせ、独立を考えるようなことが起こる。報酬に不満があればなおさらであろう。

プロダクション側としては、それまでせっかく育ててきたタレントに、「人気があるから一人でやっていきます」と出ていかれたら、経営が成り立たなくなってしまう。所属する多数のタレントのうち、人気が出てある程度のお金を稼げるようになるのはほんの一握りにすぎず、大半はお金にならないからだ。

私は、今では、プロダクション側の弁護もすることがあるので、プロダクションにそういう言い分があることも理解できる。独立をめぐる問題には、芸能人とプロダクションの双方に、それなりの言い分があるわけだ。

しかし、「人気も実力もあるから一人でやっていける」というつもりで独立したタレントが、家族を中心にした個人事務所をつくっても、プロダクション同士のネットワークの力によって、なかなか仕事が回ってこないようにされたり、決まりかけていた仕事がキャンセルされたりすることもあるのが現実である。

芸能人は、プロスポーツ選手のように「自分の力でどこまで人気が上がったか」が簡単にわからないところに、独立問題の難しさがあると言えるだろう。

事件の概要

報酬の九割が事務所のものに

本件は、俳優の加勢大周《かせたいしゅう》氏（二〇〇八年に引退）と所属プロダクションとの間に生じた、独立をめぐる紛争である。

加勢氏は、高校在学中の一九八八（昭和六三）年に芸能プロダクションＩ社の社長Ｔ氏にスカウトされ、Ｉ社に所属するようになったが、当初は書面による専属契約を締結せず、両者の口頭による合意（つまり口約束）に基づいて芸能活動をしていた。

その後、加勢氏は、映画『稲村《いなむら》ジェーン』（サザンオールスターズの桑田佳祐《くわたけいすけ》氏の初監督作品）のオーディションに自ら応募して合格し、しかも主役に抜擢《ばってき》されることとなった。大手企業のコマーシャル出演もいくつか決まり、芸能活動が順調になってきたことから、Ｉ社は九〇（平成二）年六月一日に、加勢氏との間に専属契約を締結した。

しかし、この契約は加勢氏をがんじがらめに縛り付けるものだったのである。両者が取り交わした専属契約書の主な内容を簡潔に記すと、以下のようになる。

第一条（役務提供義務）　契約期間中、加勢氏はI社の指示に従ってすべての芸能活動をおこなう。第三者のために芸能活動をすることはできない。

（筆者註：ここで言う芸能活動とは、「音楽演奏会、映画、演劇、ラジオ、テレビ、テレビコマーシャル、レコード等の芸能に関する出演の他、それに関連するすべての役務を提供する業務」とされている。以下に記す芸能活動もこれと同じである）

第二条（芸名等の使用許諾権）　I社は、「加勢大周」という芸名、写真、肖像、サイン、経歴等をすべて管理する。I社の許諾なしにこれらを勝手に第三者に使用させてはいけない。

第三条（対価の帰属）　加勢氏の芸能活動によって得た報酬は、すべてI社に帰属する。

第四条（報酬）　I社は、加勢氏の芸能活動によって得た報酬の一割を加勢氏に支払う。

第五条（契約期間）　本契約期間は一年間とする。契約が満了した時は、当事者に別段の意思表示がない限り契約を自動的に更新する。ただし、どちらかが契約更新を欲しない時は、契約期間満了の三ヵ月前までに書面によってその意志を相手に通知しなければならない。

第六条（損害賠償）　契約更新の拒絶は、正当な理由がない限りしてはいけない。正当な理由なく契約更新を拒絶する場合は、相手の受けた損害を賠償する義務がある。また、契約更新期間が一〇年に満たないうちに加勢氏が正当な理由なく契約更新を拒絶した場合、それまでI社が加勢氏の育成に投じた費用の損害を、加勢氏は賠償しなくてはいけない。

第七条（解除）　双方のどちらかが、相手によって名誉や信用を著しく傷つけられた場合は、本契約を解除することができる。
第八条（連帯保証）　加勢氏の父親を連帯保証人とし、この契約に基づくいっさいの責務について、加勢氏と連帯して支払い履行の責を負うものとする。

報酬の九割を搾取されたうえ、契約後一〇年間は正当な理由（その定義はきわめて曖昧である）なく契約更新を拒絶すると、自分に投資された費用全額を賠償させられるというのは、非常に厳しい「縛り」である。

この契約書の雛型《ひながた》とされたのは、社団法人日本音楽事業者協会（略称「音事協」、以下同）の「専属芸術家統一契約書」だった。ただし、音事協で作成していたのは契約書の基本的構成のみである。契約内容は個々のタレントとプロダクションとの力関係によって異なるので、音事協に所属する各プロダクションは、これを叩き台として、報酬の取り分など細かい条件はそれぞれで決めていた。

ところが、I社は音事協に所属していなかったにもかかわらず、音事協作成のフォーマットを利用し、自社に一方的に有利な契約内容にして、加勢氏に判子を押させていたのである。

金の卵を産む芸能人

九〇年九月に公開された『稲村ジェーン』は興行的に成功し、この映画で本格的に俳優デビューを果たした加勢氏は、いわゆるトレンディ俳優として人気者になり、映画やテレビドラマへの出演オファーが殺到した。

しかし、加勢氏はI社での処遇に不満を募らせていた。

最も大きな不満は報酬だった。

もともと、加勢氏は、アルバイト先の焼鳥屋でI社の社長に見いだされ、ルックスがいいという理由でスカウトされていた。このような駆け出しの若いタレントとしては、芸能プロダクションと専属契約を結ぶこと自体を「幸運」と感じるであろう。力関係から言えばプロダクションのほうが圧倒的に強いので、対等な契約交渉などできるはずがない。また、若いタレントには社会経験がほとんどない。契約内容をよく吟味せずにサインしてしまうのは、仕方のないことだと言える。

しかし、加勢氏が売り出すきっかけとなった映画『稲村ジェーン』は、I社が苦労して見つけてきてくれた仕事ではない。自らオーディションを受けて主役に抜擢されたのだ。それを機に芸能活動が軌道に乗り、スターになれたのに、月給以外に支払われるのは報酬のわずか一割だけである。これがせめて四割ぐらいなら、彼も「仕方がない」と思っただろうが、九割もI社に持っていかれるとなると納得がいかない。

しかも、I社が取ってきた仕事はどんなことでも絶対にやらなければならず（専属契約書第一条）、自分の芸名、肖像、経歴までがI社に管理されている（同第二条）。

もう一つの不満はマネージャーの交代だった。芸能人にとって、朝から晩まで一緒にいるマネージャーは頼りになる存在だ。それをI社に勝手に替えられてしまったのである。

一般に、芸能プロダクションは、所属タレントとマネージャーの仲が良すぎることをあまり歓迎しない。マネージャーがタレント側に同調するようになると、「一緒に独立しよう」と勧めたり、報酬などの管理面でいろいろな問題が生じることもあるからだ。そうしたことを危惧してマネージャーを差し替えるケースはよくある。I社も同様だったのかもしれないが、加勢氏はマネージャーの交代によって気分的にも落ち込んだ。

こうした不満が積み重なり、加勢氏は専属契約書第五条に基づいて、契約満了期限の三ヵ月前にあたる九一年二月二八日、I社に対して契約更新を拒絶する意思を書面で表示した。

さらに、同年四月五日付書面で、後述する相手役募集オーディション問題を理由に契約解除の意思表示もした。そのうえで、加勢氏は、母親を社長とする個人事務所「フラップ・プロモーション」社を設立し、同社と専属契約を交わした。

これに対してI社は、加勢氏とフラップ・プロモーション社を被告として東京地裁に提訴し、以下のような請求をおこなった。

請求①加勢氏は、フラップ・プロモーション社との間で芸能に関する専属契約を締結し、「加勢大周」という芸名を使用して芸能活動をしてはならない。

請求②フラップ・プロモーション社は、加勢氏との間で芸能に関する専属契約を締結して、右に挙げた芸能活動を加勢氏にさせてはならない。

請求③加勢氏に関する芸名等の使用許諾権は、I社が有していることを確認する。

処遇に納得できず所属事務所を飛び出したところ、「それなら芸名を使うな」という形で裁判になったことは、マスコミに目新しいスキャンダルとして大きく報じられ、注目を浴びるここととなった。

本件の根底にある問題は「所属プロダクションとの雇用関係における芸能人の立場の弱さ」である。芸名の使用禁止は派生的な問題の一つだが、この話題が世間の耳目を集めたのは、芸能人にとって、芸名はイメージと直結する大事なものであり、大衆に与えるインパクトもそれだけ大きいということであろう。

ところで、I社の請求は、加勢氏と交わしていた専属契約の存続を前提としていた。

同契約書の第五条によれば、加勢氏の専属契約は一年ごとに更新される。一年間我慢すれば、専属契約の更新時に、報酬の取り分をそれまでの一対九から五対五にしてほしいとか、実績を上げているから七対三にしてほしい、といった交渉をすることは、理論的には可能である。だが、実際問題として、そこまでの交渉力のある芸能人は多くはない。

裁判の経緯

専属契約は有効か無効か

本件の争点は多岐にわたったが、最も大きな問題となったのは、「加勢氏による契約更新の拒絶がなされたかどうか」「専属契約は存続しているのか、解除されたのか」ということである。この件に関して、我々は次のように主張した。

「加勢氏は、専属契約書第五条に基づき、契約満了の三ヵ月前（九一年二月二八日）に、I社に対して書面で契約更新拒絶の意思表示をした。したがって、九一年五月末日を過ぎた時点で、期間満了により専属契約は終了している」

これに対してI社は、「その書面は契約更新拒絶の意思表示をしたものではない」と反論した。反論の根拠となったのは、加勢氏がI社に提出した書面において、契約更新を婉曲的な表現で拒絶していたことである。拒絶の書面を書く時、加勢氏側はこう考えた、という。「喧嘩腰で明確に拒絶しても、契約満了までの三ヵ月間はI社の管理下に拘束される。その間にI社が膨大な量の仕事を入れたら、その仕事を全部やり終わるまでは独立できなくなってしまう。途中で仕事を放りだすことはできないし、そんなことをすれば巨額の損害金を請求されるだろう。そういうことは避けたいから、できるだけ穏便な形で拒絶しよう」

そこで加勢氏は、やんわりと契約更新を断る表現にした。

I社は、それを逆手にとって「加勢氏は契約更新を拒絶していない」と反論したのだ。そして、「契約は自動的に更新されたのだから、芸名や肖像等の使用許諾権は我社にあり、加勢氏がこれらを勝手に使うことはできない。フラップ・プロモーション社が加勢氏に芸能活動をさせることもできない。正当な理由なく勝手に辞めるのなら、芸名も肖像も使ってはいけない」という理屈を展開したのである。

実際、契約更新拒絶の文書が提出された二月から三月にかけて、加勢氏が懸念していたとおりのことが起こった。「加勢大周相手役募集」と称して、I社が不特定多数の女性を対象としたオーディションを実施したのだ。

しかし、実際にはI社には、加勢氏の相手役を必要とする企画などまったくなかった。新たなタレント探しと申込料稼ぎを兼ねて、架空のオーディションを実施したとしか考えられない。そこで我々は次のように主張した。

①このオーディションは、新たなタレント探しと申込料稼ぎのためにおこなわれたものであり、このようなI社の行為によって、結果的に加勢氏の多くのファンを裏切ることとなり、加勢氏の名誉と信用は著しく傷つけられた。

②また、I社は音事協の会員ではないのに、本件契約の契約書面にI社が同会員であると記載し、音事協の統一契約書の内容とは異なるのに統一専属契約書であるかのように装って加勢氏を誤信させ、本件契約を締結させた。

③これらのことから加勢氏は、I社に対して九一年四月五日、専属契約書第七条に基づいて、I社との専属契約を取り消す旨の意思表示を書面にておこなった。したがって、両者の間に専属契約は存続していない。

判決の内容

原告勝訴の一審判決

一九九二年三月三〇日、東京地裁（裁判長　宮崎公男《みやざききみお》、裁判官　井上哲男《いのうえてつお》、裁判官　河合覚子《かわいさとこ》）で下された判決は我々の負けであった。

裁判所は、「加勢氏とI社との専属契約は存続している」と判断したのである。

まず、二月末の「契約更新の拒絶」は、その言葉遣いからして、更新拒絶と認めることはできない、とされた。また、四月五日の解除についての我々の主張は、以下のような理由で斥《しりぞ》けられた。

①「加勢大周相手役募集」と称してI社が実施したオーディションは、ただちに応募者を騙《だま》すものであったとは言えない。オーディションについての責任はI社が負うもので、加勢氏の芸名が使われたからといって、加勢氏が直接責任を追及されることはない。とすれば、加勢氏の名誉と信用を著しく害するものとまでは言えず、これをもって契約解除の理由とすることはできない。

②I社がことさら加勢氏を欺く目的で音事協の統一契約書を使用したとは認められない。また、加勢氏が本件契約締結に際し、I社が音事協に加入しているか否か、本件契約書が音事協の統一契約書と同一の内容であるか否かを重要視していたと認めるに足る証拠はない。したがって、加勢氏に錯誤があったことを認めることはできない。

③これらのことから、加勢氏がI社に対して九一年四月五日に送付した書面は、専属契約の解除や更新拒絶の通知には該当せず、両者の間に専属契約は存続している。

そして裁判所は、専属契約が存続していることを前提に、「加勢氏は、その芸名を使用して、第三者に対してこれらすべての芸能活動を提供してはならない」「芸名等の使用許諾権をI社が有することを確認する」して、I社の三つの請求のうち二つを認めた。

「フラップ・プロモーション社は加勢氏と専属契約を結んで芸能活動をさせてはならない」との請求については、すでに両者が専属契約を締結しており請求の目的は失われているとの理由で却下されたが、我々は判決を不服として東京高裁に控訴した。

控訴審で逆転勝利

翌九三年六月三〇日、控訴審判決（裁判長 山下薫《やましたかおる》、裁判官 並木茂《なみきしげる》、裁判官 高柳輝雄《たかやなぎてるお》）が出た。東京高裁の判断は、次のようなものであった。

・加勢氏が九一年四月五日にＩ社に送付した専属契約解除の書面は、「契約期間満了の三ヵ月前」という期限を過ぎており、専属契約は同年六月一日以降更新されたものと認める。

・そのうえで、この契約が次の契約満了期日の九二年五月三一日に終了したか否かを検討すると、加勢氏は本訴訟において、本件契約の終了を前提にＩ社の主張を一貫して否認してきた。このことは、次の契約期間満了期日である九二年五月三一日の三ヵ月前までに、書面によって契約更新拒絶の意思を表示したに等しいと認めるべきである。

・したがって、本件契約は同日をもって終了したと認められる。

このような判断のもと、東京高裁は原判決のうち加勢氏の敗訴部分を取り消し、Ｉ社の請求を棄却すると言い渡した。すなわち、我々は、一応、逆転勝訴したのである。

Ｉ社の主張の前提となる契約が切れた以上、芸名の使用禁止などの請求は認められないということで、加勢氏は「加勢大周」の芸名を使用することを認められた。

しかし、一審、二審を闘っている間に、加勢氏の人気は徐々に低下していた。

第三者から見れば、「加勢氏は人気を失い、Ｉ社も〝金の卵を産むニワトリ〟をみすみす手放することになり、この訴訟で原告・被告の双方が損をした。うまいところで折り合いをつければよかったのに」と思えるだろう。

しかし、それは原告・被告双方の個性とも関係してくるので、致し方のないことである。特に、I社のT社長は相当アグレッシブな性格の人だったので、こちらが穏便に済ませようとしても、泥沼化は避けられなかったと思う。これは芸能界特有の問題かもしれない。

今の私なら、相手の顧問弁護士と直接話し合って妥当な着地点を見つけようとするだろうが、当時は私も若く、この種の紛争を手掛けた経験も少なかったため、「I社の主張は不当だ。すぐに独立しましょう」とI社に四月五日付の内容証明を送りつけ、真正面から闘ってしまった。

これは一つの反省材料となった。その後も私は芸能人から独立についていくつか相談を受け、プロダクションとの関係を整理したこともあったが、その際にはできるだけことを荒立てないように注意した。相手がI社の社長ほどアグレッシブではなかったこともあり、いずれもなんとか平穏に処理することができた。

結果の社会的影響

今も続く理不尽

本件の一審の際、我々は、「I社が確認の対象としている芸名等の使用許諾権は、権利の意味が不明であり、権利の概念が未成熟である」と主張し、I社の請求を却下すべき根拠の一つとしていた。

これに対して東京地裁は、判決のなかで、「被告の芸名である『加勢大周』はI社によって商標登録がされている」と認定したうえで、「芸能人の氏名や肖像などには経済的利益や価値があり、これを独占的に利用する権利は財産権の一つに該当すると考えられる。芸名等の使用許諾権とは、このような財産的権利の使用を許諾する権利を意味する」旨を述べ、我々の主張を排斥していた。

しかし、芸名「加勢大周」がI社によって商標登録されているという認定は、裁判所の事実誤認だったのである。

I社は一九九一年五月一日付で「加勢大周」の商標登録出願をしただけで、商標登録がなされたわけではなかった。裁判官は、I社が訴状に添付した「商標登録願」のコピーを見て、すでに商標登録がなされていると誤解したようである。

九二年四月三〇日の毎日新聞夕刊は、「弁理士が判決に疑義」「大周に法の『加勢』?」との見出しで、これについて記事を掲載している。これによると、商標登録の審査には通常二年五ヵ月を要するのに、一年未満で登録に至ったとする判決に不審を抱いた弁理士が調べたところ、加勢氏に関しては、出願はされているが登録はされておらず、しかも芸名の場合には本人の承諾が必要なので登録されるか否かは微妙、ということがわかった、ということである。もちろん、「大周に法の『加勢』」は駄洒落である。

我々は控訴審で、東京地裁の「商標登録済み」認定が誤りであることも指摘した。商標登録出願とは、「商標登録願」という願書を特許庁に提出することだ。商標を登録するためには、この願書を提出して特許庁の審査を受けなければならない。つまり、I社が商標登録を出願しているからといって、「加勢大周」の芸名をI社以外の者が使ってはいけない、ということにはならない。

商標登録出願の対象となる指定商品は、文房具、菓子、飲料など、全部で三四類に分類されている。I社が一九九一年に「加勢大周」の商標登録出願をしたのは、第二六類（当時）の「印刷物（文房具に属するものを除く）、書画、彫刻、写真、これらの付属品」であった。

商標登録出願では、一つの願書で一つの商品しか指定できない（一商標一出願の原則）。仮に、I社の登録出願が特許庁の審査をパスしたとしても、「加勢大周」という商標を使用できるのは第二六類の「印刷物等」（たとえばカレンダーなど）のみに限られるので、たとえ商標登録がされても、芸名「加勢大周」をI社が独占使用できるわけではない。

結局のところ、I社の出願した「加勢大周」の商標登録は特許庁の審査をパスしなかったのだが、I社がこのように「加勢大周」の芸名にこだわったのは、東京地裁が言うように、芸能人の氏名には経済的な利益や価値（たとえば、人気タレントの名前や肖像を付せば商品の売上が伸びるなど）があるからだ。

そのため、芸名の使用をめぐるトラブルも起こりやすい。

最近では、「能年玲奈《のうねんれな》」の芸名で人気を博した女優が、元所属事務所とのトラブルからその芸名を使えなくなり、「のん」という名前で活動しているケースがある。

加勢氏の場合と違って、彼女の芸名は本名である。にもかかわらず、それを使えない状態が続いている。事務所とのトラブルがどのようなものなのか私は知らないが、法的に言えば、本名を芸名として使用してはいけないという規制はできないはずである。加勢大周氏に対する一審判決に対しても、芸名は財産権ではなく人格権である、という視点から批判が強かった。まして、本名の使用は人格権そのものである。これを契約で縛るというのは、どう考えても不当である。

エピソード
スターに群がるハイエナたち

私が担当した加勢大周氏の事件は合計六件で、裁判では勝ったり、負けたりだった。たとえば、本件控訴審で逆転勝訴した翌年（一九九四年）、加勢氏側は損害賠償訴訟を起こされた。原告はＩ社であるが、相手は先に述べたＴ社長ではなく、Ａという人物だった。Ｔ社長はすでにＩ社にいなかった。Ａ氏に会社を乗っ取られてしまったのだ。

先に述べたように、東京高裁で逆転勝訴したと言っても、裁判所が認めてくれた「独立」は一九九二年五月三一日だった。つまり、一九九一年二月末の「契約更新拒絶」の意思表示は不十分だったが、四月以降の言動からして、それ以上更新する意思がないことは明瞭なので、次のチャンスの九二年五月末日には「更新拒絶を認める」というものだった。

しかし、実際には、加勢氏は九一年四月にはＩ社を飛び出して、フラップ・プロモーション社の下で仕事をしてきた。そこで、Ｉ社としては、その隙間、つまり九一年四月から九二年五月までの間の加勢氏がやった仕事、あるいはやる予定だった仕事による利益はＩ社が取得できたはずである、と主張してきたのである。

そういうことで、I社は加勢氏側（加勢氏と、連帯保証人の父親と、フラップ・プロモーション社）を相手にして、三億七〇〇〇万円の損害賠償請求訴訟を起こしてきた。

私はこの事件も担当したが、高裁まで争って負けてしまった。裁判所に支払いを命じられた賠償金の額は四六〇〇万円であった。A氏が請求してきた額の三億七〇〇〇万円に比べれば一部であるが、それでも四六〇〇万円は大金である。

独立後の加勢氏にはコマーシャルやドラマなどいい仕事が入っていたのだから、しっかりしたマネージャーを付けてその報酬を貯蓄しておけばよかったのだが、そういうことをしなかったため、その頃の加勢氏にはお金があまりなかった。その後、この件は、結局、一〇〇〇万円で裁判上の和解をして、それを分割して支払うことにしてもらった。

ほかに、加勢氏が独立の際に設立した個人事務所フラップ・プロモーション社に関しても、いくつか事件があった。スターの周囲には、「お金の匂い」を嗅ぎつけてくる輩《やから》がいる。そうした輩に会社（フラップ・プロモーション社）を横取りされてしまい、それをまた取り返したり、といったことがあったのである。

新旧二人の「加勢大周」

控訴審で逆転勝訴して「加勢大周」の芸名使用は認められたが、I社側は納得せず、「新《しん》加勢大周」なる芸名のタレントをデビューさせた。このタレントは一時的に注目を集めたが、す

控訴審で逆転勝訴して「加勢大周」の芸名使用は認められたが、納得しないI社は「新加勢大周」なる芸名のタレントをデビューさせた。ほぼ同姓同名のタレントのデビューという珍事は、NHKのニュースで取り上げげられるほどの話題になった（1993年7月27日号『週刊女性』）。「新加勢大周」は後に改名して「坂本一生」となったが、本家をしのぐほどの人気を得ることはできなかった。一方、本家「加勢大周」も騒動によるイメージ悪化で徐々に人気は低迷していった

ぐに別の芸名に改名した。こうした泥仕合でイメージが低下したせいか、「新旧」双方の「加勢大周」は徐々に日本の芸能界の第一線から姿を消していった。

だが、「旧」のほう、つまり本来の加勢大周氏は、一九九〇年代後半から台湾のテレビドラマに出演して現地で注目を集めた。人気を取り戻した加勢氏は、日本と台湾を往復して活動するようになり、テレビドラマやVシネマへの出演など、日本での仕事も増えていった。

しかし、二〇〇八年に大麻を栽培したことが発覚して刑事事件となり、加勢氏は、芸能界を引退することになったのである。

記号化による人権侵害

中島知子事件——二〇一三年受任

女性お笑いコンビ「オセロ」で活躍していた中島知子《なかじまともこ》氏は、自宅マンションで一緒に暮らしていた女性ライターI氏との関係で、二〇〇五（平成一七）年頃から「I氏は占い師であり、中島さんはこの占い師に洗脳されている」とスポーツ紙や週刊誌、テレビのワイドショーなどで報じられ、ネットでも盛んに取り上げられたため、事実上、仕事ができなくなってしまった。

中島氏から相談を受けた私は、「占い師に洗脳されている」という報道が事実に反することを公にはっきりさせる必要があるとの観点から、スポーツ紙を中心に名誉毀損の訴訟をいくつか起こすことを提案した。

結果としては、法廷で「洗脳」が事実無根であると明らかにしたこと、二〇一六年一二月に最後の裁判が和解で終了したことなどから、一連の訴訟はとりあえずの目的を達した。

なお、本来であれば、週刊誌やテレビを相手にして、大々的に訴訟を起こしたいところであった。しかし、これからも芸能界で活動していくことを念願している中島氏としては、週刊誌やテレビを敵に回すことはできず、結果として、相手をスポーツ紙に限定することとなったのである。この「洗脳」騒動の経過のなかで、中島氏は二〇一三年に所属事務所からマネジメント契約を解除され、「オセロ」のコンビも解消された。その後はいくつかのテレビ番組にゲスト出演し、「洗脳報道」が嘘であること、一連の騒動は親族への毎月の送金を停止したとたんに始まったことなどを明かした。

しかし、その後も芸能界では、時折、「この芸能人は〇〇に洗脳されている」「この芸能人は〇〇にマインドコントロールされている」という話題が持ち上がる。そういう時に、メディアは、条件反射のように、「占い師に洗脳された中島知子のように」とか「占い師にマインドコントロールされた中島知子のように」という言い方をして、中島氏を引き合いに出す。そのたびに中島氏は、とてもつらい思いをする。

メディアは、中島氏が実際に洗脳されたことがあったのか、ということを調べもしないし、そのことで中島氏がいくつかの裁判を起こして勝っている（勝訴的和解をしている）という事実を思い出しもしない。要するに、真実か否かとは関係なく、芸能メディアのなかでは、中島知子と「洗脳」とはいつのまにか同義語とされ、中島知子は「洗脳」の代名詞となってしまっているのである。

私としては、機会があれば、そのような不当な言い回しに対して強く争っていきたいと思っている。中島氏以外にも、芸能メディアにおいて、特定のタレントを何かの記号と見なして、何も考えずに、条件反射的に引き合いに出していることは多々あるのではないかと思う。いつ、どのような形で持ち出されるかもわからない「記号化」による人権侵害に抗《あらが》うのは、容易なことではない。なんともやるせない話である。

「報道の自由」をめぐる訴訟

「日刊新愛媛」事件――一九八四年受任
『噂の眞相』名誉毀損事件――一九九五年受任
『創』接見妨害事件――一九八七年受任

メディア側に立ち表現の自由を擁護

私は、前述したように、芸能人の名誉毀損やプライバシー侵害事件の弁護を多数手がけてきたが、専ら報道機関と対決してきたわけではなく、表現の自由を護るために、メディア側に立って、頑張った思い出の事件がいくつかある。いずれも国や県を相手にする闘いだった。

一つは、大野正男《おおのまさお》・玉重無得《たましげむとく》、両先生と共に活動した、地方紙「日刊新愛媛」に対する取材拒否処分をめぐる闘いだ。大野正男先生は、人権派弁護士の代表格で、自由人権協会の代表理事も長く務め、最後には最高裁判事にもなった。自由人権協会の仕事を通じて親しくさせていただき、御巣鷹山《おすたかやま》日航ジャンボ機墜落事故の遺族補償でも一緒に仕事をした。

玉重無得先生とは、「安部英医師薬害エイズ事件」でも触れたとおり、祖父の時代からの長いおつきあいであった。玉重先生は裁判官を辞めたあと、東京・麴町に事務所を開設された。「無得」という名は得度をしてからの名前で、弁護士というより僧侶という感じで、事務所の本棚にも仏教の本のほうが多かった。その人柄を慕って、裁判官を退職して弁護士登録をしてから玉重事務所に籍を置く方が多かった。

二つめは、清水英夫《しみずひでお》先生を団長とする「『噂の眞相』名誉毀損事件」(刑事事件)の弁護活動。もう一件は、雑誌『創《つくる》』の編集者に対する在監被告への接見妨害事件で、これも清水先生が弁護団の中核であった。

清水英夫先生は、憲法、特に表現の自由やジャーナリズム論を専門にする学者で、青山学院大学などで教授をされたのち、弁護士登録をされた。清水先生も、自由人権協会の代表理事を長く務めた。清水先生は、ゴルフや麻雀も大好きで、私も何度か、夜は麻雀、翌朝からゴルフという一泊旅行にお供した。

大野先生、玉重先生、清水先生には、毎年手作りのカレンダーをお送りしてきた。東大美術サークルの仲間と始めた、手作りの作品を持ち寄ってのカレンダー作りは、途切れることなく六〇年近く続いている。このカレンダー作りのモチベーションになったのが、こうした敬愛する先輩方に毎年カレンダーを送ることだった。大野先生、玉重先生、清水先生お三方とも鬼籍に入られて、もはやカレンダーを御覧いただくことができず、寂しさを禁じえない。

1 「日刊新愛媛」事件

この事件は、県知事がとんでもない大規模の取材拒否をしたことに始まる、愛媛県松山市を舞台とする熱い闘いだった。

日本には、朝日・毎日・読売などの全国紙のほかに、全国各地に多数の地方紙（地元紙）がある。多くの県では一県一紙であり、その県内では全国紙をしのぐ部数が購読される。

愛媛県では、昔から「愛媛新聞」が圧倒的な発行部数を誇っており、同紙と県知事との仲は良好だった。そこに、一九七六年に創刊された「日刊新愛媛新聞」が対抗して、一九八四年時点では発行部数二五万部を達成し、四国最大の地元紙に成長した。

この「日刊新愛媛」のオーナーは、倒産寸前の企業を多数再建させたことから「再建の神様」と言われ、「来島《くるしま》どっく」（現「新来島どっく」）をはじめとする多くの造船会社を経営していた実業家の坪内寿夫《つぼうちひさお》氏であった。

四国松山を舞台に政財界のドンが激突

「日刊新愛媛」の売りの一つは、徹底した県政批判だった。そのようななかで、一九八四（昭和五九）年七月一五〜二九日に、「日刊新愛媛」は、松山地域での県立高校増設問題について、自民党県連が松山市に対して、違法に、建設費の一部負担を要求している事実をすっぱ抜いた。

当時の愛媛県では、自民党県連の実力者だった白石春樹《しらいしはるき》氏が一九七一年以降、長く知事の座に君臨していた。この記事に激怒した白石知事は、直後の八月九日に、「本日（八月九日）から貴社に対する報道資料の提供を中止するとともに、いっさいの取材活動に応じないことを決めました」とする処分通知書を「日刊新愛媛」に送りつけた。

これは、県政に関する資料提供の全面拒否、すべての県職員の取材対応禁止、記者会見会場への入場禁止、県主催のすべての会議および催場への立ち入り禁止などを含む全面的取材拒否処分であった。とにかく、県立高校の入試合格者の発表から、夏の甲子園に向けての県立高校への取材まで妨害するという徹底ぶりであった。もともと、白石氏と坪内氏は同郷で、ほぼ同年齢であり、親しい時期もあったのだが、それぞれが愛媛県の「政界のドン」「財界のドン」となってから、ぶつかるようになったらしい。

この問題について、坪内氏は知り合いの笛吹亭三《うすいきょうぞう》弁護士に相談し、同弁護士が玉重無得氏に連絡したところ、玉重弁護士が中心になって弁護団編成がおこなわれ、環昌一《たまきしょういち》、大野正男、秋山幹男《あきやまみきお》と私が加わることとなった。

さっそく議論を積み重ねて、同年一一月七日、松山地方裁判所に、取材拒否処分取消等請求事件として提訴した。訴状において、私たちは、「今回の取材拒否処分は、報道機関たる原告会社の取材の自由、報道の自由を侵害し、ひいては国民の知る権利を奪うものである」などの華々しい主張を展開した。

当時は電話会議すらない時代であり、私たちは、一九八四年一二月二六日の第一回口頭弁論を皮切りに、八六年一月まで、一三回松山地裁に通うことになった。

ところが、証人尋問をすべて終え、勝訴判決が見えてきた時に、思いもかけないことが起こった。折からの造船不況により、「日刊新愛媛」の母体である「来島どつく」が経営危機に陥ったのである。その結果、八七年一月一三日をもって訴えを取り下げざるを得なくなり、この訴訟はここで終わってしまった。したがって、判決はない。

なお、その間の八五年一二月一八日（提訴の約一年後）に、白石知事は取材拒否処分を撤回した。

奥道後の思い出

この訴訟の弁護団会議の議論をリードしたのは、常に大野弁護士であった。大野弁護士に発破をかけられながら、私と秋山弁護士とで準備書面の作成や証人尋問の準備に取り組む日々だった。

大野弁護士や環弁護士の薫陶を受けられること自体が充実した時間であったが、それとは別にも印象に残ることが多かった。

当時、坪内寿夫氏が率いる坪内グループは、松山市郊外に「ホテル奥道後」（その後、「奥道後壱湯《いちゆ》の守《もり》」と名称変更）という一大リゾート施設を有していた。「ジャングル風呂」という名の巨大な温泉施設のほか、周囲には動物園から立派なゴルフ場まで備え、広大な敷地の一角には金閣寺をそっくり模した建物まであった。このため、私の家族は坪内さんのことを「金閣さん」と呼んでいた。

松山での弁論は常に泊まりがけで、ときには二泊、三泊したこともあった。食事も豪勢だったし、温泉はもとより、ホテル内のさまざまの飲食店での飲み食いから、ゴルフ場の利用を含めて、自由に過ごすことが許されていた。

このゴルフ場は、メンバーが坪内氏と作家の柴田《しばた》錬三郎《れんざぶろう》氏（坪内氏をモデルとした小説を上梓し、個人的にも交友が深かった）の二人だけしかいないため、常にがらがら状態。好きな時間からプレイできるという贅《ぜい》を極めたもので、私と秋山弁護士は、大野弁護士と共に、何回かプレイを楽しんだ。

2 『噂の眞相』名誉毀損事件

本件は、雑誌『噂の眞相』の編集長と記者とが、刑事の名誉毀損罪で東京地検特捜部によって起訴された事件である。雑誌記事の掲載で検察が起訴するなどということは聞いたことがない話だったので、これを新聞で目にした時には、「えー？」と思った。しばらくして、『噂の眞相』から私にも連絡がきたので、すぐに弁護を引き受けることとした。

『噂の眞相』は、ジャーナリストの岡留安則《おかどめやすのり》氏が一九七九年に創刊した月刊誌であった。岡留氏は私より二歳くらい年下の、いわゆる全共闘世代。昼も夜もサングラスをかけているので素顔がわかりにくかったが、ずっとのちに清水英夫先生らと一緒に麻雀ゴルフ旅行をした時に、風呂で見たら、案外優しい顔だった。

「タブーなき雑誌としての自由な言論活動」をモットーとする『噂の眞相』は、政界・財界・官界の権力構造に鋭い批判を浴びせるとともに、作家・文化人などのオピニオンリーダーに対しても容赦なく批判記事を掲載し、事件当時には発行部数六万部を超えるほどで、メディアの重要な一角を占めるようになっていた。また、同誌は、検察官に関する醜聞のすっぱ抜きなども遠慮なくおこなっていた。したがって、検察上層部からも睨《にら》まれていたと思われた。

そうしたところ、マーケティングコンサルタントの西川《にしかわ》りゅうじん氏に関する一九九三（平成五）年六月号の記事と、推理作家の和久峻三《わくしゅんぞう》氏に関する一九九四年一月号の記事が、名誉毀損罪に該当するとして、一九九五年六月一三日に、岡留氏とライターの神林広恵《かんばやしひろえ》さんとが東京地検特捜部に起訴されたのである。

一審だけで約七年を要した裁判

日頃、『噂の眞相』の民事名誉毀損事件については、芳永克彦《よしながかつひこ》弁護士、内藤隆《ないとうたかし》弁護士が対応していたようである。しかし本件では、岡留氏と神林氏はさすがに逮捕はされなかったものの、刑事裁判となったため、急遽、弁護団が編成されることとなった。私のほか、清水英夫、小野慶二《おのけいじ》、喜田村洋一《きたむらよういち》弁護士が参加することになった。小野さんは元刑事裁判官で、温厚な方であったが、裁判中に亡くなられた。

政治家や官僚、財界人のスキャンダルだけでなく、作家や文化人に対しても容赦ない批判記事を掲載した『噂の眞相』

名誉毀損罪に該当するとされた記事の内容について、中心問題の和久峻三氏の関係で言うならば、①最近の和久峻三の小説はパクリが多く、またゴーストライターを使うことも多く、推理小説としての展開も雑で、作家としての力量の衰えは目に余る、②夫婦の寝室をラブホテルのように改造したり、妻のエッチな下着を外に干したりしているなどの私生活暴露、という二本立てから成っていた。

広く読まれている月刊誌の記事を刑事名誉毀損罪で起訴するというのは稀有なことであり、検察批判も展開していた同誌に対する検察官の私怨も絡んでいる感じで、表現の自由に対する威嚇として重大な問題であることは明らかだった。

公判は九五年九月二八日から始まった。冒頭、清水先生は、名誉毀損罪が権力者の大衆弾圧手段として用いられた歴史や、現在ではどこの国でも名誉毀損を犯罪として訴追するのは稀であることをていねいに論じて、刑事名誉毀損罪の適用と解釈にあたっては、特に表現の自由の保障を念頭に置かなければならない、などの主張を展開した。

裁判は、東京地裁だけで七年近くも続いた。第四回公判（九六年二月）から西川りゅうじん氏の証人尋問が、第一一回公判（九六年一〇月）から和久峻三氏の証人尋問がおこなわれた。

その後、第二五回公判（九八年七月）からは弁護側立証に移り、一〇人の証人尋問がおこなわれた。和久氏の最近の小説がどのような資料からどのようにパクっているか、それは単なるヒントというレベルではないこと、さらに小説としての出来栄えもひどく悪いことを、これでもかこれでもかというほど立証した。さらに、実際にゴーストライターを務めた人に証人として出廷してもらい、ゴーストの実態をあからさまに証言してもらった。

第三九回公判（二〇〇〇年五月）からは神林さんの被告人質問が、さらに第四四回公判（〇一年二月）からは岡留さんの被告人質問がおこなわれた。

この間に、裁判長は、田中康郎《たなかやすろう》裁判官から大渕敏和《おおぶちとしかず》裁判官へと代わり、さらに被告人質問の途中（第四三回公判）から木口信之《きぐちのぶゆき》裁判官に代わった。なお、大渕裁判長は居眠りの性癖がひどく、証人尋問中はほとんど寝ていた。私は、たまりかねて、昼休みに右陪席裁判官を呼び出して苦情を言ったが、「いや、しょうがないんですよ」と言われてしまった。ただ、寝ていても、速記官交代の瞬間に起きるのが不思議だった。

問題の本質から目を背けた判決

和久氏のパクリやゴーストが真実であることは十分に立証したと、私たちは思っていた。ところが、〇二年三月に下されたのは有罪判決であった（岡留氏は懲役八ヵ月・執行猶予二年、神林氏は懲役五ヵ月・執行猶予二年）。

裁判所（裁判長　木口信之、裁判官　幅田《はばた》勝行《かつゆき》、裁判官　古玉正紀《こだままさのり》）は、①のパクリやゴーストの問題は「和久峻三が自己の著作物として公表している作品や著作等が真に同人の手になる著作物であるか否かは、当然一般読者の関心を持つところと推認されることなどにも照らすと、その摘示事実は公共の利害に関する事実にあたると解するのが相当」としながらも、他方で、②の私生活暴露の摘示事実は「公共の利害に関する事実にはあたらない」とし、①と②の事実摘示は「同一記事中に不可分の形でおこなわれ、全体として和久らの名誉を対象とする一個の名誉毀損行為を構成することが明らかであるから（中略）違法性の阻却（斥けること）を問題にする余地はない」として、結局、パクリやゴーストが「真実」であったか否かにはまったく触れずに有罪判決を下したのである。

これはかなりひどい話である。一つの記事のなかに名誉やプライバシーに関する複数の記述

2002 年 3 月 20 日、東京地裁は、月刊誌『噂の眞相』掲載記事が、作家の和久峻三氏らの名誉を傷つけたとして、名誉毀損罪が成立するという判決を下した。写真は、敗訴後のインタビューに答える岡留安則同誌編集長（写真提供：時事通信社）

があるのは普通のことだ。民事名誉毀損では、それぞれの記述ごとに名誉毀損の有無などが判断されるのが当然とされている。「不可分」などと言われることはない。

そして、①の問題は作家としての名誉に関することであるが、②は単なるプライバシー侵害の要素が強く、名誉の問題ではない。仮に、②で名誉毀損を認めるとしても、①について無罪か否かは別個に判断しなければならないはずであり、「不可分」として判断しなくていいという理由があるはずがない。

また、仮に、裁判所が初めからそのような考えであったとするならば、パクリやゴーストについての調べは不要だったことになり、七年近くの歳月を使って多数の証人を調べたことには、およそ意味がなかった、ということになる。

そもそも、本件記事のなかで、①の作家としての仕事そのものが問われている問題と、②の私生活上のちょっとした醜状との、どちらが主たる問題であるかは、歴然としている。そのバランスを無視して、このような「不可分一体」という言葉遊びのような形で片付けるということには、なんとも合点がいかない。

結局のところ、裁判所は、問題を正面から判断することから逃げた、ということであろう。私たちは、控訴、上告したが、新たな証拠調べすら認められず、結果は変わらなかった。

＊

その後、〇四年四月に『噂の眞相』は休刊となり、岡留氏は沖縄に移り住んだ。それでも、シンポジウムの時にパネラーとしての出場を依頼すると快く引き受けてくれて、遠路東京まで来てくれた。岡留氏は、二〇一九年一月に肺がんで死去。享年七一であった。

3 『創』接見妨害事件

雑誌『創』は、一九七一年一〇月の創刊から半世紀におよんで発刊されている月刊誌である。同誌の記事は、新聞・テレビ・雑誌・出版社・広告などのメディア業界の実情を詳しく報じることを柱としているが、他方で、社会的に話題となった刑事事件などについて、被告人や受刑者と長期にわたって文通や面会などの交流をして、それに基づき、事件の真相や心情の変化なども含めて、裁判ではわからなかった問題を報じることも多い。これは、編集者と被告人・受刑者との間での一定の信頼関係の構築なくしては、なし得ないことである。

一九八七年に起こった『創』の編集者に対する在監被告への接見妨害事件も、このような同誌の編集方針と深く関わる問題であった。この事案の概要は以下のとおりである。

当時、『創』の編集者であった対馬滋《つしましげる》氏は、名古屋拘置所に勾留中の被告人S・K氏（殺人事件被告人、その後一九八七年七月に死刑が確定）と、かねてから文通をしていた。八七年五月二五日、対馬氏が「安否確認」として拘置所にS・K氏との面会を申し入れたところ、名古屋拘置所は、「面会が取材目的ではなく、面会内容はいっさい公表しない」との誓約書を書かない限り、ジャーナリストには面会させないことになっていると言明した。対馬氏がこれに応じなかったところ、拘置所は面会を拒否した。そこで、対馬氏が、同年六月一七日、今度は問題をはっきりさせるために、「取材目的の面会」として面会を申し入れたところ、名古屋拘置所はただちにこれを拒否したのである。

当時の監獄法[*1]では、裁判所が接見禁止の決定をしている特定の人との場合を除いて、勾留されている被告人は、外部の人と自由に接見できることとなっていた。監獄法第四五条一項は「在監者ニ接見センコトヲ請《こ》フ者アルトキハ之《これ》ヲ許ス」と規定していた。ジャーナリストであることを理由とする接見制限を認める規定など、存在しなかったのである。

それどころか、犯罪報道として、無責任あるいは事実を歪曲・誇張した憶測記事が氾濫している状況においては、被告人から直接取材して、それに基づいて真実を報道することは、被告人の名誉・プライバシーを守り、犯罪報道の公正の実現につながるものとして、きわめて重要と言える。

対馬氏から相談を受けた加城千波弁護士の呼びかけに、加城弁護士と同期の坂井眞《さかいまこと》弁護士、堀井準《ほりいひとし》弁護士ら、それに私が加わり、団長として清水英夫弁護士の参加を得て、弁護団の結成がなされた。

＊1　監獄法：一九〇八（明治四一）年の施行以来、約一〇〇年間、刑事施設における被収容者の処遇について規定していた法律。二〇〇二〜〇三（平成一四〜一五）年に受刑者の処遇等に関する問題が表面化したことから全面改正が求められるようになり、二度にわたる改正の結果、〇七（平成一九）年六月一日に現行の「刑事収容施設及び被収容者等の処遇に関する法律」（略称「刑事収容施設法」）が施行され、監獄法の全面改正が実現した。

拘置所に対して弱腰の裁判所

弁護団は、あれこれと議論を繰り返した末、八七年七月三日、東京地裁に、取材を目的とする限り接見を許可しないとの処分の取り消しと国家賠償を求める訴訟を提起した。

この訴訟は、対馬氏だけではなく、面会相手のS・K氏も原告となった。私たちは、双方が希望している面会権の問題として「相互アクセス権訴訟」と名付けた。裁判は、在監中の被告人の基本的人権の問題でもあるし、また、取材の自由・知る権利の問題としても重要な憲法訴訟であると考えていた。

八七年九月一一日に第一回弁論が開かれ、九二年三月まで二八回の弁論が開かれた。拘置所側は、接見を認めなかった理由として、「在監者であるS・Kのプライバシー等が侵害され、その心情の安定が阻害される」ことを主張した。九一年五月二〇日には、裁判所が拘置所内でS・K氏の本人尋問を実施した。S・K氏は、心情が安定していることや、対馬氏との面会を強く希望していたことなどを証言した。

こうして、九二年四月一七日に地裁判決が下された。結果は、接見不許可の取り消し請求については、在監者との接見は個別具体的な接見申し出に対してなされるものであり、包括的な処分ではないとして却下された。

問題は、国家賠償請求のほうである。裁判所は、まず、「監獄内の規律または秩序の維持上の障害が認められる場合にそのような事態を防止するのに必要な限度で制限を加えることができるとしているに過ぎないとする原則を厳格に適用すべきものとすると、本件各処分の客観的な適法性については疑問の余地があり、これを違法なものとする考え方も成り立ちうる」とした。「考え方も成り立ちうる」というややこしい言い回しはともかくとして、一般論としては、ジャーナリストとの面会を禁止するのは違法、としたものと言えそうである。

ところが、裁判所はこれに続けて、「監獄の長において、接見の相手方に対して接見を行うに際し一定の事項を遵守するよう求め、これを接見の条件とする等の措置を執ることも、それが必要かつ合理的と認められる範囲内の措置にとどまっている限りは禁じられるものではないとする考え方にも、それなりに合理的な根拠があるものと考えられる」とし、さらにその判断は「施設内の実情に通暁《つうぎょう》し、直接その衝にあたる監獄の長による個々の場合の具体的状況の下における裁量的判断に待つべき点が少なくない」として「判断に相応の合理性が認められる限り監獄の長の措置は適法として是認されるべきもの」という、きわめて回りくどい言い方で請求を棄却したのである（裁判長　涌井紀夫《わくいのりお》、裁判官　小池裕《こいけひろし》、裁判官　近田正晴《ちかだまさはる》）。

ここには、拘置所に対して裁判所の「腰が引けている」状況が見て取れる。

行政のやり方は担当の役人がいちばんわかっている、などということを裁判所が言い出したら、およそ三権分立の意味がない。特に、在監者が望んでいる場合にもメディアとの接見を禁じるべきか、というのはきわめて重要な問題であり、処遇一般の問題と一緒に論じること自体が誤りである。

しかし、控訴審も、「死刑判決を受けた被勾留者と外部者との接見を許可するか否かは、拘置所内の実情に通暁し、直接その衝にあたる拘置所長による個々の場合の具体的状況の下における裁量的判断に待つべき点が少なくない」として、同様に請求を認めなかった（一九九五年八月一〇日判決。裁判長　時岡泰《ときおかやすし》、裁判官　小野剛《おのつよし》、裁判官　大谷正治《おおたにまさはる》）。上告も棄却された（一九九八年一〇月二七日。裁判長　千種秀夫《ちぐさひでお》、裁判官　園部逸夫《そのべいつお》、裁判官　元原利文《もとはらとしふみ》）。

こうして、一一年に及ぶ闘いは終わった。

判決への評価とその後の展開

この判決に対しては多数の評釈がなされた。その一つ、紙谷雅子《かみやまさこ》学習院大学教授の評釈は、取材の自由には制限があることは指摘しつつ、「接見の目的が取材である場合には必ず不許可とするのは不合理」「在監者の名誉やプライヴァシィは、一般市民と同じように事後的な救済に委ねられるはず」「未決勾留者には接見を申し出た者に面会するか否かの決定権がある」とするものであった（憲法判例百選第三版）。

ところで、上告審審理中の九五年一二月二一日に、国はS・K氏の死刑を執行した（享年四五）。私たち弁護団メンバーは、知らせを聞いて、名古屋の教会で開かれた葬儀に列席した。

私にとって、死刑執行された遺骸を見るのは初めての経験であった。頸部にくっきりと絞殺の跡が残っていた。

上告審判決から四年足らず後の二〇〇二年八月には、もう一人の原告であった対馬滋さんも大腸がんで亡くなった（享年五二）。

それでも、『創』は、今なお、同じ姿勢を維持して発刊され続けている。

最近では、若手俳優として活躍していた三浦春馬《みうらはるま》さんの自死に強い衝撃を受けた人たちのフォーラムにもなっている。

第四章
誰もが当事者に

福岡県警が貼り出した、痴漢対策を呼び掛けるポスター（福岡市地下鉄天神駅ホーム）。痴漢犯罪の取り締まり強化で、これまで泣き寝入りしていた被害者たちが声を上げるようになったが、誤解が原因で起きる冤罪事件も続発している

（写真提供：共同通信社）

警察官による暴行事件

八千代台交番事件――一九七七年受任
川崎暴走族事件――一九七八年受任

弁護士になって六年目の一九七五（昭和五〇）年一二月に私が独立し、自由人権協会の事務所に移ったことは「事件ファイル①」第三章で述べた。港区・愛宕山《あたごやま》下にある愛宕山弁護士ビル三階の事務所に常駐し、三期下の羽柴駿《はしばしゅん》弁護士とともに、自分の仕事をしながら、同協会の事務局次長として活動するようになった。そのため、自由人権協会に持ち込まれる人権相談や人権にかかわる事件も受けるようになった。警察官による暴行事件も、その一つである。

1　八千代台交番事件

本件は、酒に酔った会社員が、深夜に駅前の交番で警察官らの職務質問中に暴行を受け、死亡した事件である。

事件の概要

妻と幼い息子を残しての「突然の死」

被害者の高橋澄雄《たかはしすみお》さん（当時二六歳）は、千葉県市川市内にある会社に勤務していた。一九七六年九月一八日、高橋さんは仕事を終えたあと、会社の最寄り駅である国電（現・JR）本八幡《もとやわた》駅周辺の居酒屋など四軒で知人らとハシゴ酒をし、一九日午前一時三〇〜四〇分頃に知人と別れ、自宅に帰ろうとして本八幡駅付近のタクシー乗り場からタクシーに乗った。

高橋さんの自宅は八千代台《やちよだい》（千葉県八千代市）の花見川《はなみがわ》団地にあったが、乗ったのは東京のタクシーで、運転手のS氏は花見川団地までの道順を知らなかったため、とりあえず近くの京成八千代台駅まで行ってもらうことになった。

午前二時ころ、タクシーは八千代台駅前の広場に着いた。眠り込んでいた高橋さんは、S運転手に起こされ、「ここはどこだ？」という感じでふらふらと車外に出た。S運転手は「乗り逃げされるのではないか」と心配して、急いで広場にいた地元のタクシー運転手に花見川団地への道順を聞いて戻ったが、高橋さんは「自分に道を訊《き》けばいいのに」と文句を言い、酔った勢いもあり、平手でS運転手の頭をはたいたため、二人は言い合いになった。

たまたまそこに千葉県警習志野《ならしの》署のパトカーが通りがかり、警察官WとKが様子を見とがめてパトカーを降り、「何をやっているんだ」と介入してきた。S運転手は事情を説明して「ここで料金を精算してもらって帰りたい」と訴え、二人の警察官もこれに同調して、「料金を払って帰してやれ」と言い出した。

だが、高橋さんには持ち合わせがなく、家に着いてから料金を支払うつもりだったこともあり、一方的で威圧的な警察官の言葉に腹を立て、反抗的な態度で食ってかかった。

そこへもう一人の警察官Yが応援に駆け付けた。警察官の数が増えたためトラブルはよけい激しくなり、高橋さんと計三人の警察官は、小突いたり摑んだり振り払ったりの揉《も》み合いとなった。そのさなか、高橋さんは一度コンクリートの地面に仰向けに転倒したがすぐ起き上がった。

そして「まだ文句があるなら聞くから交番に来い」「ああ、どこにでも行ってやる」といった言葉の応酬の末、高橋さんとS運転手は、広場に面した八千代台駅前交番に入っていった。

その交番内で高橋さんは、三人の警察官のなかで最も若いY（当時一九歳）に詰め寄り押し戻されるなどするうち、突然ぐったりとスチール製の椅子に崩れ落ち、意識不明の状態に陥ったのである。

救急車で地元の病院に搬送されたが、九月一九日午前三時三八分、高橋さんは意識を取り戻すことなく死亡した。あとには、妻と満二歳になったばかりの男児が遺された。

受任の経緯

フリージャーナリストからの持ち込み

自由人権協会にこの事件を持ち込んだのは、フリージャーナリストで人権活動家の千代丸健二《ちよまるけんじ》氏であった。千代丸氏は一九三三年生まれであるから、当時四〇代前半。消費者運動などを経て、自身の誤認逮捕事件の経験などから、ベストセラーとなった『無法ポリスとわたりあえる本』（二見書房）を上梓《じょうし》、また、永六輔《えいろくすけ》氏、中山千夏《なかやまちなつ》氏らがメンバーの「革新自由連合」という政治団体に属したりした（後述）。その当時、彼は、同志二人と共に、「人権を守る会」という組織を作って、さまざまな人権問題に取り組んでいた。特に、警察による暴力を糾弾する活動に力を入れていた。

当初、習志野署は、高橋さんと警察官とのトラブルのことを遺族に告げなかったため、高橋さんの妻A子さんや高橋さんの二人の兄は警察の曖昧《あいまい》な説明に不信感を持つようになり、八千代台駅周辺に何度も足を運んで事件の目撃者を探すようになった。その際、たまたま乗った地元タクシーの運転手O氏から、「あの夜、高橋さんが警官に殴られているのを見た」と聞き、「人権を守る会」に相談することとなった。

千代丸氏と遺族は、三ヵ月にわたって、タクシー運転手のS氏やO氏から繰り返し話を聞くなど独自に調査を進めた結果、高橋さんは交番内で警察官に殴られ死亡したと判断し、その年の一二月に、千代丸氏を含めた「人権を守る会」三名の名前で、事件に関与した三人の警察官を、未必の故意（「事件ファイル①」355ページ＊1参照）による殺人罪と特別公務員暴行陵虐《りょうぎゃく》[＊1]罪で千葉地検に告発[＊2]した。

他方で、千代丸氏は、素人の調査には限界があると感じ、自由人権協会にこの事件を持ち込んだのである。

私たちは、千代丸氏や遺族の方々から事情聴取を重ねた結果、千葉県と三人の警察官を相手どり、国家賠償請求事件として提訴することを考えた。自由人権協会の若い弁護士たちにも協力してもらうこととなり、四人の弁護士（熊谷裕夫《くまがいひろお》・種田誠《たねだまこと》・羽柴駿・弘中の各弁護士）でこの事件を担当することとなった。

＊1　特別公務員暴行陵虐罪：刑法第一九五条「特別公務員暴行陵虐」により、裁判官、検察官、警察官、看守などが職務中に被告人、被疑者、受刑者らに暴行、辱め、虐待を加えた時は七年以下の懲役または禁錮に処すと定めた罪。同法第一九六条「特別公務員職権濫用等致死傷」で、特別公務員職権濫用および特別公務員暴行陵虐により人を死傷させた者は、傷害罪より重刑に処すとされている。

＊2　告発：犯罪の被害者でない第三者が、検察官や司法警察員（通例、巡査部長以上の警察官）に対して書面または口頭で犯罪事実を申告し、公訴の提起を求めること（刑事訴訟法第二三九条「告発」、同第二四一条「告訴・告発の方式」）。なお、告訴は被害者またはその法定代理人等がおこなう（同法第二三〇～二三三条「告訴権者」）。

裁判の経緯

目撃者への聞き取り

提訴に向けて、我々は手分けをして事件の詳細な事実経過を調べた。千代丸氏をはじめとする「人権を守る会」のメンバーは、非常に熱心に細部まで調査してくれた。

事件当日に高橋さんが会社を出てから事件現場に至るまでの行動を調べるため、高橋さんと一緒に酒を呑んだ人たちからも話を聞いた。高橋さんがかなり酒に酔っていたことは確かなので、タクシーに乗る前にどこかで転んだとか、誰かと喧嘩をしたという可能性も考えられたからだ。そうした可能性を一つずつつぶしていき、八千代台駅前広場に至るまでは、特に怪我をしたり暴力を振るわれたりした形跡はないとの結論に達した。

二人のタクシー運転手S氏、O氏からも詳しく話を訊いた。事件の様子を目の前で見ていたのは、警察官以外にはS氏とO氏しかおらず、二人は重要な目撃者だった。

高橋さんを乗せてきたS運転手には、車内や駅前広場での高橋さんの様子、警察官と揉み合いになったいきさつ、交番内で高橋さんが意識を失うまでの状況などについて確認した。

高橋さんが警察官に暴行されるのを見たという地元タクシー運転手O氏については、千代丸氏らが何度も会って話の内容をテープに録音していたので、それを分析した。O氏によれば、「高橋さんは駅前広場で警官たちと揉み合いになった際、もんどりうって仰向けに地面に倒れた」「そのあと、現場に壊れた眼鏡などが落ちていたので交番に届けに行き、高橋さんが警官に数回殴られるのを見た」ということであった。

警察による調書の改竄が発覚

事件直後、O氏は参考人として習志野署の事情聴取を受け、供述調書を取られていた。その際、「交番内で警官の一人が高橋さんを殴った」と述べると、取調官に「警察官がこづいたのだな」と言われた。完成した供述調書を取調官が読み上げると、「殴った」ではなく「こづいた」という表現が使われていた。さらに末尾には、言ったこともないのに「たちの悪い酔っ払いを保護したのに警官が被害を受けていて可哀想だった」という趣旨の一文が付け加えられていたが、O氏は取調官に言われるまま供述調書に署名、押印したということだった。

その後、「人権を守る会」による告発がなされ、自分の供述の重要性に気付いたO氏は、告発の翌七七年の一月二五日、千代丸氏を立会人として習志野署を訪れ、「供述調書の内容は自分の言ったことと違う」と署長に抗議し、調書の取り直しを約束させた。O氏一人なら警察にうまく丸め込まれていたかもしれないが、同席した千代丸氏はそれまで何度も警察と事を構えてきた人だから、署長もそれなりの対応をせざるを得なかったのだと思われた。

本件に限らず、警察や検察は供述調書を作成する際、被疑者や参考人の話をそのまま調書にするわけではない。「村木厚子事件」（「事件ファイル①」第一章）でも述べたように、被疑者や参考人の話のなかから、自分たちのストーリーに適合する部分や、都合のいい部分だけを選び出して、それらをつなぎ合わせて供述調書にするのである。

供述調書が完成すると、取調官がその内容を読み上げ、問題がなければ供述した人物が署名をして、供述調書の作成は完了する。署名をした供述調書は、その後の裁判において重要な法的証拠となるので、本来は安易に署名すべきではないのだが、警察や検察は誘導的に署名を求めてくるため、自分の供述と異なる点があっても、話の大筋が合っていれば、いつまでも解放されないのを避けるため署名してしまうことが多い。

しかし、いったん署名をした供述調書の内容を、あとから訂正してもらうのは非常に難しい。警察や検察にとっては〝余計なことを言い出した〟ことになるので、「お前は嘘をついたのか」「法廷で調書通りに証言しないと偽証罪に問われるぞ」などと圧力をかけてくる。これでたいていの人は怖気《おじけ》づき、引き下がってしまう。O氏のように人権活動家と一緒に警察に乗り込んで抗議したりする人は、めったにいないのである。

O氏の抗議の数日後、習志野署は供述調書の取り直しに応じた。その際、O氏は前回の供述調書の閲覧を求め、その内容を見て驚いた。事情聴取の際、「警官は交番内で高橋さんの顔面、こめかみ、口などを二、三発拳で殴った」「高橋さんの歯茎から血が出ていた」などと述べていたにもかかわらず、そうした文言は抜け落ちており、「警官に静かにしろと言われ、高橋さんはおとなしく椅子に座った」など、自分が言ってもいない内容が記されていたからである。「前回、取調官が読み上げた調書には暴行の具体的な様子が入っていたのに、その後、調書の内容が書き換えられている」と、O氏は改めて同署に抗議したのだった。

主な争点と我々の主張

事件から約半年後の七七年三月、我々は、高橋さんの妻A子さんと息子さんを原告として、総額八四〇〇万円を超える国家賠償訴訟（以下、国賠訴訟）を、東京地裁に提起した。

裁判は同年六月から始まり、結審までに六年以上を要した。その間に、高橋さんの遺族、事件の目撃者であるS氏とO氏、事件当夜高橋さんと最後まで酒を呑んでいた知人、高橋さんの遺体を司法解剖した千葉大学医学部法医学教室の木村康《きむらやすし》教授、のちに木村教授が作成した解剖鑑定書を精査・鑑定した横浜市立大学医学部法医学教室の西丸與一《にしまるよいち》*1教授などが証人として出廷した。

弁護士は、刑事事件に取り組んでいると、法医学の教授と出くわすことが多い。弁護人に協力してくれる教授もいれば、それと対照的に検察側に全面協力する石山昱夫《いしやまいくお》教授のような人もいる（「事件ファイル①」第四章「三浦和義事件」参照）。

木村教授は、千葉で著名な法医学者であり、いわゆる成田闘争の渦中で起きた東山《ひがしやま》事件[*2]などでも名前を聞いていた。また、私は、たまたま親子鑑定の民事事件で西丸教授と知り合い、その人柄に惚れ込んで、しばしば相談に行っていた。この事件でも、木村鑑定だけでは不明確な点があり、西丸教授の助けを借りることとなった。西丸教授は、『法医学教室の午後（正・続）』（朝日新聞社）という洒脱《しゃだつ》なエッセイ集を刊行し、同書は、その事件展開の面白さから、テレビドラマ化されたこともある。

裁判の主な争点と、我々の主張ならびにその主な理由は、以下のとおりである。

争点①高橋さんが駅前広場で被告警察官らと揉み合ううちに仰向けに転倒したのは、被告警察官らに足払いなどの暴行を受けたためなのか、それとも、酩酊《めいてい》状態だったため足元がふらつき、自らバランスを崩して倒れたものなのか。

【主張】高橋さんの転倒は、被告警察官Yによる足払いなどの暴行によるものである。

【理由】司法解剖の結果、高橋さんの血中アルコール濃度は〇・二一％（編集部註：清酒に換算すると四合弱）で、生前に中等度の酩酊状態だったと推測されるが、高橋さんの酒の強さや、一度しか転倒していないことなどから、立っていられないほど足元がふらつく状態ではなかった。

また、高橋さんと被告警察官Yが広場で揉み合った際、Yの左足と高橋さんの右足踵《かかと》あたりが交差し、その直後に高橋さんは後方に倒れた（O氏の証言）。揉み合いのあとの広場には、Y

の襟章と高橋さんの壊れた眼鏡が落ちており、それらをO氏が拾って交番に届けた（O氏・S氏・被告警察官らの証言など）。高橋さんは交番内で他の警察官には目もくれず、Yの顔を見るなり「あ、この野郎」と詰め寄った（S氏・O氏の証言）。

これらのことから、広場で高橋さんがYから特別の暴行を受けていたことが推認される。S氏も、そのような印象を受けたと証言した。

争点②交番内で高橋さんが被告警察官Yに詰め寄り、押し戻されて意識不明となった際、Yは高橋さんを単に振り払っただけなのか、それ以上の暴力を積極的に振るったのか。

【主張】Yの行為は防御的なものではなく、高橋さんに対して積極的に暴力を振るった。

【理由】高橋さんに詰め寄られたYが、「なめるんじゃねえよこの野郎」、もしくは「なにこの野郎」と言って、三回ほど続けて高橋さんの顔面もしくは胸から上の部分を殴ったことをO氏は証言した。S氏も、強さについては差があるものの、それに近い証言をした。このような乱暴な言葉を吐いたことからも、Yの反撃がかなり暴力的であったことは十分推認される。

争点③被告警察官らの暴行と高橋さんの死に因果関係はあるか。

【司法解剖の結果】我々は遺族や千代丸氏とともに千葉大学の木村教授に会い、司法解剖の鑑定結果について詳しく話を聞いた。木村教授の話をまとめると以下のようになる。

・高橋さんの死因は、頭部打撲に起因する外傷性のクモ膜下出血である。死に繋がったと考えられるのは、次の二つの損傷である。

第一次出血：受傷後数時間〜三時間を経過した右側後頭部の三つの損傷。そのうち二つは、内部に広く皮下出血が認められた。ただし、のちにおこなわれた横浜市立大学西丸教授の鑑定によれば、第一次出血は受傷後二時間以内と考えることも十分可能であり、右側後頭部の三つの損傷は、路面などに転倒した際のものと考えるのが妥当とのことである。

第二次出血：受傷後一時間以内の左側頸部の二つの損傷。いずれも内部に広く皮下出血と筋肉内出血が認められた。これらは、表面が比較的軟らかな鈍器（たとえば、椅子の背の部分にあるパイプなど丸みを帯びた形状の物や、手のひらの側面など）による損傷と推測される。

・直接の死因として影響したのは、内部に広く出血のある第二次出血のほうである。

【主張】被告警察官らの暴行と高橋さんの死亡には因果関係がある。

【理由】木村教授の鑑定結果や目撃者の証言を総合すると、時間的な流れから言って、高橋さんは駅前広場で転倒した際に路面に頭を打って、右側後頭部に内出血（第一次出血）を生じ、さらに交番内で頭部に打撲を受けたため、左側頸部に大きな内出血（第二次出血）を生じ、後者が致命傷となったと推測される。

高橋さんは交番内で三回ほど続けて被告警察官Yに殴られ、後方にあったスチール製の椅子に倒れ込んで意識を失った。してみると、「殴打→椅子への倒れ込み」の瞬間に、第二次出血が生じたと考えるのが合理的である。

＊1　西丸與一：神奈川県監察医の傍ら、横浜市立大学医学部で法医学を担当。三期六年、同医学部長を務めた。大学退官後、横浜市に働きかけて横浜市総合保健医療センターの立ち上げに関わり、九八年まで同施設長。その後は日本のクルーズ客船「ぱしふぃっくびいなす」の船医を務めた。二〇一〇年、九三歳

で死去。鑑定に関わった事件は、日航ジャンボ機御巣鷹山墜落事故、坂本堤弁護士一家殺害事件（一九八九＝平成元年、オウム真理教団の幹部六人が、オウム真理教問題に取り組んでいた坂本堤弁護士〈当時三三歳〉とその妻子の計三人を殺害、死体を遺棄した事件）など多数。

＊2　東山事件：一九七七年五月八日、新東京国際空港（成田空港）の建設問題をめぐり、空港建設反対派と機動隊が衝突した際、反対運動の支援者・東山薫氏（当時二七歳）が頭部に重傷を負い、二日後に死亡した事件。裁判では、東山氏の死因について、反対同盟側の主張する「機動隊が水平撃ちした催涙ガス弾が後頭部を直撃」と、警察側の主張する「反対派の投石が後頭部に命中」という点が争われ、東山氏の遺体の司法解剖を担当した木村康氏は、催涙ガス弾または模擬弾による可能性が大きいと鑑定した。

判決の内容

警察による暴行の認否

一九八四年七月三一日に判決（裁判長　藤井正雄《ふじいまさお》、裁判官　大前和俊《おおまえかずとし》、裁判官　藤井敏明《ふじいとしあき》）が言い渡されたが、我々の請求は棄却された。被告警察官らの行為は、損害賠償責任を生じさせるに足るほどの違法性があるとは認められない、との判決である。

ただし、東京地裁は、この事件は警察官の行為とまったく無関係だったわけではなく、また、高橋さんが八千代台駅前に至るまでにどこかで喧嘩をしたわけでもなく、警察官による暴行があり、その暴行と高橋さんの死亡には因果関係があるということは認めた。

判決は、争点①については、中等度の酩酊状態で千鳥足となった高橋さんが、被告警察官らのうちの一人Wを蹴ろうとして身をかわされて空振りし、自らバランスを失って後方に転倒したものと判断した。

争点②については、高橋さんに掴みかかられた被告警察官Yが、高橋さんの両手を下から両手で強く払いのけ、その際に手を頸部に当てたうえ、さらに続けて、左こめかみあたりを一回拳で殴り、そのうえで両手で高橋さんの両肩付近を押しのけたために、高橋さんはふっ飛ばされて交番内のカウンターに当たり、その反動で後方にあったスチール製の椅子の座席に崩れ落ちたと判断した。Yの反撃がかなり暴力的であったという我々の主張は、おおむね認められたわけである。

争点③については、被告警察官Yが高橋さんの攻撃から脱するために両手を下から突き上げたところ、たまたま右手の拳が高橋さんの頸部に当たり、クモ膜下出血と脳挫傷による死亡という重大な結果に繋がったとされた。つまり、被告警察官らの暴行と高橋さんの死に因果関係があるとする我々の主張は認められたのである。

しかし、裁判所は、Yの行為は防御的反撃と評価できて、違法と言えるほど積極的な暴力を振るったとまでは言えない、との判断を下した。

警察の隠蔽体質が明るみに

本件で重要なことは、裁判の過程で警察の隠蔽体質が明るみに出たことである。

警察がO氏の供述調書を自分たちに有利なように改竄《かいざん》していたことはすでに述べたが、それだけでなく、高橋さんの妻A子さんの供述調書まで改竄していたのだ。

A子さんは、事件直後に習志野署から事情聴取された際、高橋さんについて、「以前からいたって健康だった」「酒には強く、酒癖も悪くない」「晩酌の量は半合程度」と答えていた。

ところが、習志野署作成の調書には、「以前から心臓が苦しく圧迫されるようだと言っていた」「酒に弱く、酒癖が悪い」「晩酌は一合」と書かれていたのである。この改竄は、「人権を守る会」が告発していた刑事事件の調査を開始した千葉地検の検事が、七七年三月、A子さんに事情を訊くため習志野署作成の供述調書を示したことにより発覚した。A子さんは供述内容と調書の内容の相違点を指摘し、検察はその指摘に従って検察調書を作成した。

さらに、こうした調書の作り方のほかに、事件当夜高橋さんと最後まで酒を呑んでいた知人宅を習志野署員が訪れ、「高橋さんは一緒に帰る途中に転んだか、あるいは喧嘩をしたことにしてくれないか」という依頼をしていたことも明るみに出た。

警察によるこれらの隠蔽工作は、新聞紙上でも取り上げられ、問題となった。

交番の中で警察官が市民と争い、程度はどうあれ暴力を振るって死なせてしまったのだから、警察は非常に困ったはずだ。そのため、「自分たちは何もしていない。高橋さんは別の場所で怪我をしたか、病気のために死んだのだ」というストーリーを作りあげ、この事件を隠そうとしたものと思われる。

しかし、我々弁護団や千代丸氏らの調査で事件の真相が相当程度はっきりし、裁判所も、違法かどうかは別にして、警察官の暴力が高橋さんの死因に繋がったことを認めたのである。

警察にとって本件は、隠そうとした事実の半分以上が裁判の過程で明らかになり、その隠蔽体質が白日の下にさらされた事件だったと言えるだろう。

地裁の不公正な判断

本件の裁判には重大な問題があった。警察が違法に入手したO氏の供述調書を、東京地裁が証拠として採用したことである。

「人権を守る会」が警察官らを千葉地検に告発したことは前述したが、結局、この刑事事件は、不起訴処分となった。

ところが、我々が提訴した国賠訴訟の被告である千葉県と三人の警察官らは、不起訴処分となったこの刑事事件のO氏の供述調書の写し三通を、被告に有利な証拠として、東京地裁に提出したのである。

刑事訴訟法第四七条前段[*1]は、訴訟に関する書類を公判の開廷前には公にしてはならない旨を規定している。ここで言う「訴訟に関する書類」とは、その事件を捜査するために作成された書類全般のことで、当然、供述調書も含まれる。そして、この規定は、不起訴処分になった事件にも適用される。つまり、国賠訴訟の被告らが、不起訴処分となった刑事事件のO氏の供述調書の写しを証拠として公にしたことは、この法律に違反するものであった。

千葉県警は、「人権を守る会」が告発した刑事事件の捜査記録の写しが手元にあったことを利用して、O氏の供述調書の写しを、国賠訴訟の証拠として裁判所に提出したのである。しかも、その調書は警察に都合のいい形に作られたものだった。それを証拠とすることで、裁判を自分たちに有利に進行させようと謀《はか》ったのであろう。

我々は、千葉地検の検事正《けんじせい》[*2]宛てに質問状を内容証明郵便で送り、この事実を把握しているか確認したところ、「当庁は何ら関知していない」との回答が総務部長の名前で返ってきた。

そこで我々は、法廷でこの問題を取り上げ、被告らが提出したO氏の供述調書は違法に入手したものであるから証拠能力を欠く、と主張した。

しかし、裁判所は、刑事訴訟法第四七条後段の「公益上の必要その他の事由」という例外をあてはめ、我々の主張を斥《しりぞ》けた。

これは非常に不公正な判断である。そもそも、不起訴事件の供述調書の開示[*3]には厳格な基準があり、開示を受けられるケースは非常に限定されている。刑事事件でも、被告人・弁護人が同意しなければ、供述調書は証拠として採用されることがないのが原則だ。しかし、民事事件は刑事事件に比べて証拠能力に関する原則がないため、このO氏の供述調書は証拠として採用されてしまった。

O氏は、法廷で、高橋さんと被告警察官Yが広場で揉み合った際、Yの左足と高橋さんの右足踵あたりが交差し、その直後に高橋さんは後方に倒れた、と証言した。ところが、習志野署が作ったO氏の供述調書ではその点が明確ではなかった。後述する高橋さん遺族とO氏との複雑な関係もあり、裁判所は、法廷証言を採用せず、そのため、高橋氏の広場での転倒は警察官の暴行によるものとは認められないとされたのである。

本件は、広場での第一次負傷と、交番内での第二次負傷とが重なって死亡に至ったものである。前述の通り、第二次負傷については警察官の暴行によるものと認定されたので、これに加えて第一次負傷も警察官の暴行によるものと認定されれば、間違いなく、こちらの主張が認められたはずであった。したがって、このO氏の供述調書の採用は、裁判の結果を大きく左右したものと言える。

＊1　刑事訴訟法第四七条「訴訟書類の非公開」:「訴訟に関する書類は、公判の開廷前には、これを公にしてはならない。但し、公益上の必要その他の事由があって、相当と認められる場合は、この限りでない。」

＊2　検事正:地方検察庁の長である検事。その地方検察庁の庁務を掌理し、その庁およびその庁の対応する裁判所の管轄区域内にある区検察庁の職員を指揮監督する。

＊3　不起訴事件の供述調書の開示:開示を受けるには、原則として以下の要件をすべて満たす必要がある。①民事裁判所から不起訴記録中の特定の者の供述調書について文書送付嘱託がなされた場合。②供述調書の内容が、当該民事訴訟の判決を左右する重要な争点に関してほぼ唯一の証拠である場合。③供述者が死亡・所在不明・心身の故障・記憶喪失等により、民事訴訟において供述できない場合。または、当該供述調書の内容が供述者の民事裁判所での証言内容と実質的に相反する場合。④供述調書の開示により、捜査・公判に具体的な支障をきたしたり、関係者の生命・身体の安全や名誉・プライバシー等を侵害したりするおそれがない場合。

遺族の納得感

結局、我々は控訴しなかった。理由の一つは、遺族とO氏との関係が複雑化したことだ。

一般に、タクシー会社は警察に協力的なものであるが、O氏は証言で警察の非を暴くことに協力した。そのため、O氏は、勤務先のタクシー会社に居づらくなって退職せざるを得なくなり、そのうえ妻にも去られ、幼い子供を抱えて再三職場を変えなければならなくなった。しかも、O氏の親族のなかには、その幼い子供の面倒を見られるだけの余裕のある人がいなかった。

高橋さんの遺族としては、自分たちのためにO氏が苦境に立たされたことになる。それを心苦しく思い、結局、高橋さんの次兄夫妻が、O氏の子を預かり養育することになった。純粋な善意からであった。

被告側は、準備書面（民事裁判で原告と被告が、それぞれ主張を記載して提出する書面）でこの事実を指摘し、O氏は中立な立場ではないとして、O氏の証言の信憑性《しんぴょうせい》に疑問を呈した。裁判所は、O氏の証言の信用性について正面から指摘するようなことはなかったが、前述のとおり、重要なポイントで彼の法廷証言を採用しなかった。こうしたことも、控訴して裁判を続けることの障害になった。

しかし、控訴をしなかった最大の理由は、「できることはすべてやり尽くした」という思いが遺族にも弁護団にもあったからである。

朝、いつものように元気に出勤した夫が、夜も明けぬうちに遺体となっていたのだから、妻のA子さんが受けた衝撃は計り知れず、しかも、警察は、当初、「酔っ払ってどこかで喧嘩でもしたのだろう」などと言うだけだったので、夫の身にいったい何が起きたのか、まったくわからない状況だった。

それを、千代丸氏や我々の調査およびその後の裁判の証拠調べのなかで相当程度はっきりさせたことで、遺族はそれなりに得心がいったのではないかと思う。むろん、判決を聞いた時は非常に悔しかったはずだが、控訴しないと決めたあと、関係者で打ち上げのような会をして集まった時には、A子さんも、高橋さんのお兄さんたちも、千代丸氏も納得しており、「やれることはやった」という雰囲気に満ちていた。

医療事故の訴訟にも言えることだが、事件の真相を可能な限り明らかにすることで、依頼者の気持ちがある程度は晴れるという側面がある。依頼者は、裁判に勝って賠償金を得ることよりも、「いったい何があり、どうしてこうなったのか」を知りたいのである。それを明らかにすることは、弁護士の重要な仕事の一つだと私は思う。

警察は非常に強い捜査権限を持ち、仲間を庇《かば》い合う組織であるため、八千代台交番事件はすべてを闇の中に封じ込めて、そのまま揉み消されてしまう可能性があった。それで遺族や千代丸氏は、自由人権協会を頼って相談に来てくれたのである。私たち弁護団は、手分けをして事実経過や医学的な問題を調べたり、司法解剖をした木村教授に直接話を聞いたり、さらに西丸教授の意見を求めるなどして、遺族や千代丸氏の求めにかなり応えることができたのではないかと思っている。

2 川崎暴走族事件

昭和五〇年代前半、いわゆる暴走族の動きは都市部より都市近郊で活発化した。この暴走族の〝ドーナツ化現象〟は社会問題となり、警察庁は都市近郊で重点警備体制を敷くようになった。そのさなかに起きたのが、「川崎暴走族事件」である。

事件の概要

取り締まりで「てめえ」と殴られた

一九七八（昭和五三）年六月三日午後七時頃、川崎市在住のトラック運転手Y君（当時二一歳）は、近所に住む知り合いのNさんら三人の女子高生を自分の車に乗せて食事に行き、その後、午後一〇時頃からドライブを始めた。

ドライブの途中、ガソリンスタンドで友人のA君に出会い、近くの空き地で暴走族の集会があると知らされた。Y君は、かつて地元の暴走族に入っていたことがあり、A君はその時の仲間だった。Y君自身は深入りしないうちに脱退し、当時は暴走族のメンバーではなかったが、女子高生らにせがまれて空き地に赴き、しばらく集会の様子を見物した。

その後、Y君は、A君の車と共にその場を離れて、三人の女子高生を家に送り届けるために川崎市高津《たかつ》区内の川沿いの道路を走っていたところ、午後一一時五〇分頃、市道との交差点の手前で、前を走っていたA君の車が突然停止した。理由がわからぬままY君も停車すると、前方に見知らぬ青年がやってきて「前に機動隊がいる」と教えてくれた。これを聞いたY君は、機動隊が出動して暴走族取り締まりの検問をしていることを初めて知った。

市道は川沿いの道路より高い位置にあり、橋の欄干もあるため、検問の状況はまったくわからなかったが、Y君は、なんとかしてその場から離れたいと考えた。すでに深夜になっていたため、警察官に見つかれば同乗の女子高生たちが補導されるなどして、迷惑がかかる可能性が高いと思ったからである。また、機動隊に取り巻かれれば、理由もなく車を叩かれたりする心配もあった。

彼は車をバックさせて引き返そうとしたが、川沿いの道路は車両一台がやっと通れる程度の狭い道で、後ろには車が数珠繋ぎになっており、とうていバックできそうもなかった。やむを得ず前方に向き直ると、A君の車はいつのまにかいなくなっていた。

じつは、彼が後ろを向いているあいだにA君の車は前進し、約三四m先で交差する市道を突っ切り、向かいの路地に入っていたのだが、Y君は路地の存在を知らなかったため、A君の車は前方の交差点を左折か右折して走り去ったのだろうと思ったのである。

人や車の動きから、検問は左方でおこなわれていると判断したY君は、交差点を右折すれば騒ぎに巻き込まれないですむと考え、車を発進させた。交差点を右折すると、予期に反して、市道上に警察官が十数名いた。しかし警察官からは停止を命じられなかったので、Y君はこれらの警察官をよけながら、進んでいった。ほとんどの警察官は、Y君の車を避けるために歩道側に移動した。

ところが、その直後、一人の警察官が車の前にいきなり飛び出してきた。Y君は咄嗟《とっさ》によけることができず、この警察官を車の右前部で撥《は》ね飛ばしてしまったのである。

驚いたY君はすぐに車を停止させたが、仲間が撥ねられたことに激昂した多数の警察官がY君の車を取り囲み、警棒を車体に激しく打ち付け、警棒でフロントガラスやリアガラスを叩き壊し、足蹴《あしげ》にして車体をへこませるなどの暴行を加えた。車体は約三〇ヵ所が損傷し、フロントガラスとリアガラスは全面破損、両サイドミラー、バックミラー、テールランプ、車内スピーカーが損壊するなど、凄まじい暴力であった。

Y君らは生きた心地もなく車内にうずくまっていた。しかし、車のすべての窓が開いていたため、警察官の一人が助手席にいた女子高生Nさんの左頰を警棒で強打した（加療一五日の打撲傷）。Nさんは激痛と恐怖で気絶寸前になり、別の警察官が叩き壊したフロントガラスの破片が左足に突き刺さって全治約五日の傷も負った。後部座席にいた二人の女子高生も、数人の警察官がリアガラスの破損部分から突っ込んだ警棒で背中を殴打され、打撲傷を負った。

さらに警察官らは、ロックされていなかった運転席のドアから、無抵抗のY君を引きずり出し、路上に突き倒すと、罵声を浴びせながら顔、胸、背中、足など、ところかまわず三十数回にわたり警棒で殴打、編み上げ靴で足蹴にするなどの暴行を加えた。警察署に連行する際には、パトカー内で「てめえ馬鹿野郎」などと暴言を浴びせながらY君の頭を拳で殴った。これらの暴行により、Y君は全身約二〇ヵ所に、加療約二ヵ月の打撲傷・擦過傷を負うに至った。

そしてY君は、殺人未遂および公務執行妨害で現行犯逮捕されたのである。交通取り締まりの現場における逮捕に、殺人未遂が適用されることはめったにない。

しかも、Y君が勾留され取り調べを受けたのは、彼が車で撥ねたM巡査の所属する神奈川県警高津警察署だった。取調室では、M巡査の仲間の警察官たちから「一〇年入れてやる」「お前なんか死んだほうがいい」などと脅され、夜は留置場で「お前は絶対に出られない」と言われて睨《にら》みつけられるなど、Y君は大変な恐怖を味わうこととなったのである。

受任の経緯

再びフリージャーナリストからの依頼

この事件を持ち込んだのも、前出の千代丸健二氏である。八千代台交番事件を持ち込んだ翌七八年、「元暴走族の青年が警官にボコボコにされた。この事件も担当してくれないか」と言ってきた。千代丸氏の話では、遠藤直哉《えんどうなおや》弁護士にもこの件で相談しているということだった。遠藤弁護士は、自由人権協会の二八期弁護士の中心メンバーであり、私と同い年で、大学も同期であった。こうして、私と遠藤直哉弁護士との二人で、この事件に取り組むことになった。

我々はまず、次の手を打った。

①移監の申し立て

事件から三日後の六月六日、私は高津警察署でY君に初めて接見した。彼は、警察官から脅迫的な言葉を連日浴びせられ、精神的にかなり参っていた。

私と遠藤弁護士は、同署に勾留されたままにしておくのはまずいと判断し、裁判所に対して、Y君を別の警察署に移してほしいと申し立てた。申し立ては認められ、六月八日、Y君の身柄は高津警察署から同じ川崎市内の多摩《たま》警察署に移された。

②証拠保全の申し立て

次いで我々は、Y君の怪我の状況を明らかにしておくために、刑事訴訟法上の証拠保全手続[*1]を裁判所に申し立てた。

川崎暴走族事件年表

1978. 6. 3	事故発生　現行犯逮捕
6. 6	最初の接見
6. 8	移監（高津警察署→多摩警察署）
6.16	弁護人申請による証拠保全
6.24	起訴（公務執行妨害・殺人未遂）
9. 1	逆告訴 （特別公務員暴行陵虐致傷・暴力行為等処罰ニ関スル法律違反）
12. 6	逆告訴和解
1981. 5.19	判決　公務執行妨害および傷害罪 懲役２年・執行猶予３年→確定

接見の際、彼の顔や腕には痣《あざ》や腫れがあちこちにあり、ひどい暴行を受けたことは一目瞭然だった。しかし、それらは裁判が始まる頃には消えてしまうであろうし、そうすると暴行されて怪我をした事実がわからなくなってしまう。そのため、証拠保全をすべきだと判断したのである。

ただ、刑事訴訟で証拠保全手続を使うケースはそう多くはない。私自身も、それまで使ったことがなかったが、条文上、可能なはずだと考え、初めて申請した。実務上どうなっているかはよくわからなかったが、裁判所は案外あっさり認めてくれた。

六月一六日、裁判官と一緒に多摩署に出向き、Y君の顔や身体の打撲傷の状態と、彼の車の破壊状況を裁判官に直接確認してもらい、写真撮影をしたうえ、怪我の状況を詳しく図示した検証記録を作成してもらった。

この証拠保全が、次に述べる「逆告訴」に繋がっていったのである。

＊1　刑事訴訟法上の証拠保全手続：「被告人、被疑者又は

弁護人は、あらかじめ証拠を保全しておかなければその証拠を使用することが困難な事情があるときは、第一回の公判期日前に限り、裁判官に押収、捜索、検証、証人の尋問又は鑑定の処分を請求することができる。」(刑事訴訟法第一七九条一項)

裁判の経緯

暴行した警察官を逆告訴

六月二四日、横浜地検はY君を公務執行妨害と殺人未遂で起訴した。

我々は次の手を打った。九月一日、Y君に暴行を加えた高津警察署長以下同署員約三〇名を、特別公務員暴行陵虐致傷罪および暴力行為等処罰ニ関スル法律第一条違反で、刑事告訴したのである。いわゆる「逆告訴」だ。

警察官などのように一定の有形力を行使する公務員[*1]が、その権限を濫用して人を死傷させた場合、通常の傷害罪より重刑が科される(274ページ*1参照)。また、暴力行為等処罰ニ関スル法律第一条では、集団的な暴行・脅迫などに対して三年以下の懲役または三〇万円以下の罰金に処すとされている。

つまり、この逆告訴は、「M巡査を撥ねてしまったY君にも非はあるが、そのあと警察官が権限を濫用して、しかも集団で、Y君らに報復的な暴行をしたのは許されることではない」としたものである。

逆告訴は我々からY君と彼の父親に提案し、告訴人にはY君父子のほかに、Y君の車に同乗していて顔面と足に怪我を負わされた女子高生Nさんにも加わってもらった。

被告訴人（告訴された人）のうち高津警察署長のH氏は、事件当日、現場で暴走族取り締まりの総指揮をしていた人物で、本件の中心人物として最も責任が重いうえ、目の前で警察官らがY君に暴行を加えているのに放置した。これは、部下を使って暴力行為をしたに等しく、たとえ直接暴力を振るわなかったにしても、共犯としての責任を負うべきである、と我々は主張した。

＊1　有形力の行使：人を殴る、蹴る、突く、押す、投げ飛ばすなど直接的な暴力を用いること。

逆告訴の効果

被告人が、自分を逮捕した警察官らを逆に告訴し、横浜地検に告訴状を提出するという事態に、逆告訴の担当検察官は困り果て、和解の斡旋《あっせん》に乗り出してきた。こちらはY君の怪我の状態を証拠保全し、集団暴行の動かぬ証拠を握っていたので、検察官は、このままでは不起訴処分にするのは難しいと判断したようである。

結果的にY君は、怪我を負わせたことについて、M巡査と示談することができた。

一二月六日、Y君とM巡査は横浜地方検察庁に出向いて、担当検察官の前で和解書を取り交わした。立会人は、Y君側が私と遠藤弁護士、警察側は高津署の刑務課長だった。刑務課長は交通取り締まりなどをおこなう際の責任者で、警察のなかではそれなりのポジションである。

公務執行妨害および殺人未遂事件の被告人が、検察の仲介によって、被害者である警察官と和解するというのは、きわめて珍しいことだと思う。

この和解には一つの〝狙い〟があった。それは、和解書の内容が、Y君の裁判で彼に有利に使えるようにしてあったことだ。

示談と引き替えに、こちらは逆告訴を取り下げた。そしてM巡査は、逆告訴の取り下げと引き替えに、横浜地裁川崎支部で公判審理中の公務執行妨害・殺人未遂事件について、被告人であるY君の「誠意ある態度に鑑《かんが》みて、Yに対して厳重な処罰は求めないこととし、裁判所に対してその旨の意思表示をする」ことになったのである。

しかも、Y君がM巡査に支払った示談金は、たったの一〇万円だった。

人を車で撥ね飛ばし重傷を負わせて一〇万円の示談金というのは、常識的にはあり得ない。だが、我々は和解条件の一つとして、「損害賠償の額は諸般の事情を考慮して金壱拾万円とする」とした。「諸般の事情」すなわち「Y君が警察官らに暴行された損害」を考慮し、その分を差し引いて一〇万円という金額を提示したのである。

M巡査からすれば、仲間が自分の〝仇討ち〟をしてくれたばっかりに、わずか一〇万円で和解に応じなければならなくなったうえ、自分を撥ねたY君に「寛大な処罰をお願いします」と、裁判所に求めるはめになってしまったのである。

走行実験と目撃者証言

他方で、我々は、事件と同じ時間帯に同じ場所で車を走らせての走行再現実験や、事件の目撃者探しなどもおこなった。「警察官を攻撃しようとして車をぶつけたのではなく、その場から逃れようとしたところ、運悪く、飛び出してきた警察官にぶつかってしまった」というY君の主張を証明するためである。

事故は深夜に起きており、暴走族がらみということもあって、一般市民が協力してくれるかどうか懸念もあったが、千代丸氏が懸命に動き回り、事故状況を見ていた付近住民らを探し出してくれた。その人たちから話を聞き、そのうちの一人には証人として出廷してもらった。

走行再現実験は、前出のA君などY君の暴走族時代の仲間に協力してもらった。彼らはなかなか気持ちのいい若者たちで、きわめて熱心で協力的だった。

彼らの車に乗せてもらい、暴走族の集会があった空き地から市道に至るまでの走行経路、川沿いの道路や市道の幅員、市道に出ていく際にY君の供述どおりに運転するとどのような走り方になるか、などを確認した。彼らの車は、「シャコタン」と呼ばれる改造車で、車体が低くしてあった。シャコタンの車に乗ってみると、周りの風景が低く見えるが安定感が増した感じであった。車道中央のチャッターバー越えのジグザグ運転もしてもらった。チャッターバーとは道路の中央線などに設置される大型で細長い道路鋲《びょう》で、走行車両の減速や、車線外への逸脱防止のためのものである。チャッターバーを超えながら走るのはかなりの衝撃があることが実感できた。

刑事記録を検討してわかったことと、これらの検証作業から、以下のように、事故様態がかなり詳しく確認できた。

①事件当夜、川沿いの道路から右折して片側二車線の市道に出ると、一車線目は車で塞がれ、

二車線目にも進路を妨害する車がいたので、Y君は中央線寄りに走ることとなった。

②Y君は、市道に出て初めて十数人の警察官がいることを認識した。警察官は四、五人ずつ固まって歩道寄りの道路上にいたので、Y君は中央線付近を抜けられると判断した。

③警察官たちは、Y君に対して停車の指示をまったく出さず、むしろ彼の車に気付いてよけてくれた。Y君は警察官らに接触しないよう車を走らせたため、やや蛇行運転になった。右のタイヤがチャッターバーを越えて反対車線に入ったりもしたが、極端なジグザグ運転はしていない。我々は、実際に右タイヤがチャッターバーに乗り上げると、どのような走行状態になるかも検証したのである。

④Y君の車のスピードは、最大でも時速約三〇km（秒速八・三m）で、ギアは常にセカンドだった。チャッターバーに乗り上げたりしたため、仮にスピードを出そうと思っても出せない状態だった。

⑤右折を完了したY君の車の前に、突然、M巡査が飛び出してきた。Y君はアクセルから足を離し、右ハンドルを切って避けようとしたが衝突してしまい、急ブレーキを踏み停止した。急ブレーキによるエンストはなく、スリップ音もしなかった（事故直後に警察が作成した実況見分調書にもスリップ痕は記されていない）。また、Y君は停止直後にエンジンを切っており、現場から逃走するような行為はなかった。

⑥右折を完了してからM巡査を撥ねるまでに、Y君の車が進んだ距離は三〇m強で、その間はごくわずかな時間（計算すると三・六秒）であった。

検察側が主張する不自然な「犯行状況」

検察が主張する「犯行状況」は、前記の事故様態とは大きく食い違っていた。法廷において我々は、自分たちの検証結果をはじめ、現場にいた警察官や付近住民の証言、さまざまな証拠に基づき反論した。主な争点について、検察側と我々の主張、弁論のポイントを以下に記す。

争点①事故状況と未必の故意の有無

【検察側主張】市道上に十数人の取り締まり警察官の存在を認識したYは、前方にいた警察官から停止を命じられたが、取り締まりを受けたくない一心で、車を時速四〇～五〇kmに加速し、ジグザグ運転で警察官らに向かって車を疾走させた。Yには、「もし警察官と衝突すれば死亡させるかもしれないが、そうなってもしかたがない」という未必の故意があった。

【我々の主張】

・取り締まり警察官らはY君に停車の指示を出さなかった。これは、Y君の車に同乗していた女子高生らのほか、現場にいた複数の警察官も証言している。

そもそも、事件当夜、市道上に配置されていたのは、高津警察署から出動した暴走族取り締まりチームのなかで違反車両を検挙する役目の「検挙班」の警察官であり、暴走族の逃走などを阻止する役目の「阻止班」は、無線連絡の失敗により現場に到着していなかった。

市道上にいた「検挙班」の警察官Uは、「車を停止させる指示は受けていなかった。その役目は阻止班と思っていた」「Yの車を停止させようとした警官がいた記憶はない」と証言し、警察官Oは、「警棒を振るなどして走る車を止めるのは無駄だと思う」と証言した。

・Y君の車の速度は最大でも時速約三〇㎞で、十分に警察官らをよけられるスピードだった。やや蛇行運転になったのも警察官らをよけて走ったためである。これについても複数の警察官が「Yの車が近付いても危険は感じなかった」「蛇行の幅は小刻みだった」などと証言しており、警察官らを蹴散らすように大きく蛇行していたものではない。

・Y君は「停止を命じられれば応じるつもりだった」と供述しており、「取り締まりを受けたくない一心から車を疾走させた」との検察の主張は当たらない。

・これらの事実に照らして、Y君に未必の故意はまったく認められない。

【ポイント】証言をした警察官らは、争点①と後述する争点②について、我々に有利になるような証言をかなりしている。読者のなかには、「警察官として、検察や警察の主張を否定するようなことは言いたくないはずでは?」と、不思議に思う方もいるかもしれない。確かに、彼らにはそういう気持ちもあっただろうが、証人尋問では事実をありのままに言わなければ偽証罪に問われてしまうので、いくら仲間意識が強い警察官でも、極端な嘘は言えないのだ。

争点②衝突前後のM巡査の行動

【検察側主張】M巡査は、Yの車に手を上げて停止を命じたが、無視して暴走してくるのに驚き、Yの車に背を向けて逃げたところ、背後から衝突されて宙を飛ばされ、路上に落下して意識を失った。Yは急ブレーキをかけて激しく車を停止させたあと、バックをして逃走しようとしたが、警察官らに阻止された。

【我々の主張】

・M巡査は衝突により宙に飛ばされたのではない。事故を目撃した付近住民Yさんの証言があったし、何よりM巡査自身が、衝突の際に車をよけるため自ら飛び上がったということを法廷で証言したのである。

・警察の実況見分調書には、衝突地点とM巡査が倒れていた地点までの距離は約四・五mと記されている。宙を飛んで地上に落下した事故様態であれば、その間の距離がわずか四・五m程度ということはあり得ない。また、仮にM巡査が撥ね飛ばされたとするならば、その距離が約四・五mということは、衝突時の車速を時速四〇～五〇㎞とする検察側の主張が誤りであることを示すものである。

・Y君の車の前部右側（運転席の前）のボンネット部分はへこんでいるが、これは衝突によって生じたものではなく、本件現場において多数の警察官が車体を警棒で叩いて破壊するなどして故意に作成したものであり、悪質な証拠の捏造《ねつぞう》である（ボンネットのへこみが衝突によるものか、破壊行為によるものかは、容易に区別がつきそうなものだが、我々は敢えて「証拠の捏造」という強い文言を使って指摘した）。

・複数の警察官が「Yの車は急ブレーキで激しく停止したわけではない」と証言している。また、同乗の女子高生全員およびY君は「車はバックしていない」と証言している。

・事故の目撃者たちは、事故直前のM巡査の動きをほとんど認識しておらず、Y君の車を目で追っていた警察官Yは、「M巡査がYの車のほうへ走っていった記憶がない」と証言した。これらのことから、M巡査はいきなりY君の車の前に飛び出したものと推測される。

・争点①で述べたとおり、事故当夜、M巡査を含めた「検挙班」の警察官は、走行中の車を停止させる指示を受けていなかった。つまり、「阻止班」でもないM巡査は、Y君の車を停止させる理由がなかったのである。また、「警察官の勤務および活動上の受傷事故防止要領」（昭和三七年六月一六日通達甲第一四号）には、交通違反取り締まりにおける警察官の受傷事故防止のための注意事項の一つとして、「車両を停止させるため、車両の前方に立ちふさがりまたは不用意に道路中央部もしくは車道に飛び出さないこと」と記載されている。M巡査が、これらの指示や通達に従って職務を遂行しなかったことが、この事故の最大の原因である。

・M巡査は、現場における自己の役目を理解しないまま、いきなり走行車両の前に飛び出すという不合理で冷静さを欠く行為におよんだ。これは彼が事故当時、警察学校を卒業して二ヵ月目の新人警官だったことが大きく影響していると思われる。

【ポイント】警察官の職務執行については、かなり詳細な内部通達や捜査規範などの内規がある。右の弁論で我々が援用した「警察官の勤務および活動上の受傷事故防止要領」もその一つである。

争点③M巡査の受傷の程度

【検察側主張】M巡査は、頭部・顔面・腰・左膝などに打撲傷を負い、その後、左膝半月板損《はんげつばん》傷の手術を受けたが、現在もなお、その後遺症に苦しんでいる。

【我々の主張】

・M巡査の一回目の診断書（事故翌日の一九七八年六月四日）には、左膝の打撲について記載されておらず、本人もそれを医師に訴えなかった。しかも、M巡査は診断直後に歩いて高津警察署に行き、自分の足で階段を上り、二階で五分以上立ったまま負傷状態などの写真撮影に応じていた。つまり、事故直後の外形的損傷や痛みの程度は、さほどのものではなかったはずである。

・二～四回目の診断書（同年六月一〇日～九月二日）では、左膝打撲あるいは左膝内障《しつないしょう》と診断されているが、半月板損傷という名称は記載されていない。また、診断のたびに二週間あるいは一ヵ月の加療を要すると記されており、正確な診断がなされないまま加療期間が長期化していった。

・五回目の診断（同年九月一一日）で、初めて左膝半月板損傷が明確となり、九月一三日に手術がおこなわれた。あまりにも遅い発見と手術と言わねばならない。半月板損傷が悪化したのは、一回目の診断で発見されず、その後に適切な治療がおこなわれなかったためと考えられる。

【ポイント】警察がM巡査の受傷程度を大袈裟に言ったかどうかは別として、事故で負った怪我の治りが悪いことと、事故の大きさとは直接的な関係はない、という主張である。たとえば、ごく軽い追突事故でむち打ちになった場合でも長引くことはある。M巡査の半月板損傷が医学的に治癒するまでに時間がかかっているからといって、Y君が起こした事故がきわめて激しく大きなものだったとは、一概には言えないはずである。

見せしめとしての起訴「殺人未遂」

我々は、Y君を殺人未遂の現行犯で逮捕した高津警察署の対応についても言及した。

本件事故のあと、新聞紙上には、「暴走族のメンバーであるYが、取り締まりのおこなわれている市道上で、突然、他の車二台とともに走り出し、四〇mほど走ったところでわざわざ車をUターンさせ、故意に警官の列に突っ込み、M巡査を撥ねて逃げようとした」という趣旨の記事が掲載された。傍線部はすべて事実と異なる。これは、高津警察署のH署長が、事故後、新聞記者に対して虚偽の発表をおこなったからである。

さらにH署長は、『週刊新潮』(一九七八年六月二二日号)扉ページの囲み記事に顔写真入りで登場し、事故当夜の様子について、同趣旨の虚偽の談話を発表した。その一部を以下に原文のまま引用する。文中の「彼ら」「連中」とは暴走族のことである。

「当日、私は前線で指揮していたが、部下を一人殺してしまったかと思った。彼らが襲撃してきた時、私は用意していた古タイヤを路上にバラまくよう命じ、彼らを袋のネズミにするつもりだった。が、連中は、古タイヤの前でUターンして逃げ出した。で、彼らを追いかけようとしたその時です。中の一台が再び方向を変えたかと思うと、猛スピードで警官の列へ突っ込んでき、部下の一人をハネ飛ばした。私は『殺人未遂で逮捕せよ』と叫ぶとともに、路上に血を流して倒れている部下の手を握り、『大丈夫か』と声をかけた。まさに戦場です。」

事件当夜、市道上は暴走族の逃走を含めて大混乱になり、警察官が車を停止させるために古タイヤを路上にまいていたことは事実である。

しかし、もとをただせばその混乱は、前述したように、高津警察署内部の無線連絡の失敗から「阻止班」が現場付近に来ていなかったために起こったことである。H署長以下同署の幹部は、「阻止班」が到着していないことを知りながら、それを現場の部下たちに伝達しないまま検挙開始命令を発していたのだ。H署長の談話は、このことにいっさい触れていない。

本来、交通違反の取り締まりや検問の現場で事故が起こるのは、警察の指揮なり計画なりに何らかの問題があったからであるはずだが、本件取り締まりの総指揮官だったH署長は、警察官らの配置体制が必ずしも万全ではなかった弱みもあり、「すべて暴走族が悪い。警察に正義がある」という言い方をしたかったのであろう。引用した文章の最後のくだりなど、H署長が暴走族取り締まりの英雄であるかのような書きぶりである。

このような記事が週刊誌の扉ページに掲載されたのは、H署長の談話が当時の世論に適合したからだ。「不良青年の集まりである暴走族が、正義の味方である警官を撥ね飛ばしたのだから、殺人未遂で逮捕されて当然だ」という見方が、当時の世の中では受け入れられやすかったと言える。

我々は、H署長の虚偽の発表や談話は、警察が暴走族取り締まりに対して冷静さを欠いた過剰な「熱意」を持っていたことを示すものであり、事故後のY君に対する暴行はオーバーヒートした「熱意」によるものである、と指摘した。

一方、検察官は、Y君が取り締まりの現場から逃れようとした理由として、①その日の夕刻に飲酒していたこと、②車の車高を下げていたこと、③過去二回、免許停止の行政処分を受けており、ここで取り締まりを受ければ免許取り消しになる恐れがあったことを挙げた。

しかし、これらは、Y君が警察官を撥ね飛ばしてでもその場から逃げようとしたことにするために、検察が作りあげたストーリーである。我々は次のように反論した。

①事故の約四時間前にビールを少量飲んだだけであり、取り締まりに遭遇した時点では飲酒のことを問題にされるはずがなかった。

②車高は三cmほど低いだけで、外見上も警察官にわかるようなものではなく、そもそも道路交通法第六二条[*1]に言う整備不良車両にも該当しない。

③したがって、取り締まりを受ければ免許取り消しの恐れがあったとする検察の主張には根拠がない。

仮に、免許取り消しの懸念がY君の頭にあったとしても、その場から逃げたいと思いながら車を運転することと、相手が死んでも構わないと思って車をぶつけて逃げることには、非常に大きな差がある。もともと、殺人未遂を適用した起訴には無理があった。報道関係者から得た情報によれば、検察内には殺人未遂罪での起訴に反対論も多かったそうである。

だが、捜査当局にとっては、暴走族に殺人未遂という重罪を科すことは、一種の見せしめとして十分に価値があったようである。警察や検察は、〝見せしめ効果〟を欲するあまり、暴走族の一員ではないY君を「暴走族のメンバー」とし、もともと無理のある殺人未遂を適用して逮捕・起訴するという愚を犯してしまったのだと、我々は主張した。

＊1　道路交通法第六二条「整備不良車両の運転の禁止」（要旨）：車両等の使用者・運転者・整備に責任のある者は、道路運送車両法の保安基準などに適合しない車両等により交通の危険を生じさせたり、他人に迷惑をおよぼす恐れのある車両等を運転または運転させたりしてはならない。これに違反した場合は、

三ヵ月以下の懲役または五万円以下の罰金に処す。

判決の内容

墓穴を掘った警察

　このようにして、我々はさまざまな面からY君の無罪を争った。最終弁論では、無罪主張を展開しただけではなく、Y君とM巡査のあいだでは本件について示談が成立していること、Y君が逮捕時に警察官から暴行を受けたこと、逮捕後に勾留された高津署内で精神的・肉体的苦痛を味わったことなどを考慮し、仮に何らかの罪で有罪としても、執行猶予にすべきである、ということも予備的に主張した。また、Y君の自白調書には「殺意」を認める供述があったが、我々は、警察官らによる暴行や暴言を指摘して、その任意性を争った。

　印象に残っているのは、逮捕翌日の六月四日に高津署で作成されたY君の自白調書のなかに、事故当時のY君の気持ちとして、次の一文があったことである。

「お巡りさんに　そこのけそこのけ　お馬が通る　という具合に、お巡りさんを蹴散らかして通過しようとしたのです。」

　小林一茶の俳句「雀の子　そこのけそこのけ　お馬が通る」を下敷きにした表現であることは明らかである。私はこの文章を見て、「ああ、警察が勝手に作ったな」とピンときた。それは誰でも気付くだろう。暴走族であるか否かを問わず、二一歳の若者に、一茶の俳句を使って、自分が起こした事故の瞬間の気持ちを表現するような洒落《しゃれ》たことが、できるはずがない。

念を入れてY君に確認してみた。

「雀の子　そこのけそこのけ　お馬が通るって、何のことかわかる?」

「え?　ぜんぜんわかりません」

「これは小林一茶という人の俳句なんだけど、小林一茶を知っているかい?」

「いいえ、知りません」

そこで、この調書には任意性がないことを立証するために、調書を作成した高津署のH警部補を証人として呼んで尋問したところ、

「いや、それは……、本人は知らなかったかもしれないが、私がきっとそういう心境だろうと思い、想像して作りました」

と、自分の作文であることをしぶしぶ認めたのである。

結果的に、裁判所はこの調書の任意性を否定してくれた。

問題になった供述部分について、藤野豊《ふじのゆたか》裁判長は判決のなかで、「同警部補がその文言を発案し、被告人に承諾させたものであることが認められる」とし、そうだとすれば、この供述部分は、「甚だしい誘導の下になされたものであるから、その自白には任意性がなく、証拠能力は認められない」としたのである。

刑を軽くできた二つのポイント

一九八一年五月の判決で、裁判所は我々の主張を大筋において認めてくれた（裁判長　藤野

豊、裁判官　平澤雄二《ひらさわゆうじ》、裁判官　福島節男《ふくしませつお》）。

検察が主張する未必の故意はなかったとして、殺人未遂を適用せず、公務執行妨害と傷害の範囲に縮小して懲役二年の有罪としたうえで、三年間の執行猶予を付けたのである。

起訴罪名の殺人未遂が傷害罪に落ち、しかも執行猶予に終わったのだから、結果としては大成功である。一般的に言っても、このレベルの傷害で二年は軽い刑だと思うし、執行猶予の期間も三年間というのはかなり短いと言える。

Y君にしてみれば、事実上無罪になったようなものであり、我々は控訴しなかった。判決が高津署の取り調べに厳しく反省を促したこともあり、検察も控訴せず、判決は一審で確定した。

刑を軽くできた大きなポイントは二つある。一つは、Y君に殺意がなかったことを証明した点。もう一つは、過剰な取り締まりや逮捕後の暴行、調書の任意性の問題など、警察にかなりやりすぎの面があったことを裁判所に理解させたことである。

裁判が始まる前から、移監の申し立てや、刑事訴訟における証拠保全をおこない、裁判が始まってからも、逆告訴とその後の和解、暴走族との走行再現実験、目撃者探しなど、いろいろなことをやったという意味で、本件は私の印象に強く残る刑事事件である。

裁判官は控訴されないように判決を書く

本件の判決は、殺人未遂を適用しなかった点では納得できるものであり、その意味で裁判官に恵まれたと思うが、私と遠藤弁護士には判決に対する不満もあった。約三年にわたる公判で一貫して主張してきた警察による集団暴行が、現行犯逮捕に際して許される実力行使の範囲だったと判断されたことである。

また、判決の「量刑の理由」前段には、Y君について、「自車をほしいままに改造し」「整備不良車両運転等で数回検挙され」「なお暴走族との縁が切れず」「自己の非は過少に、他人の落度は過大に評価するという他罰的傾向が著しく、改悛《かいしゅん》の情に乏しい」との記述もあった。

要するに、Y君は車を勝手に改造して何度も検挙されるような人物で、OBとして集会を見に行くなど暴走族と完全に縁が切れていないのに、一方的に「警察が悪い」と言うのだから反省が足りない、と言っている。これらは、検察官の主張に一定の理解を示す記述であった。

ところが、「量刑の理由」後段では、一転して、「本件は暴走族の計画的暴走行為に基くものでなく、偶発的なもの」とし、Y君については「その後暴走族とも離れ、ハンドルを握らないですむ職業に変った」「公判段階を通じて人間的に成長した」と一定の評価を与え、M巡査が車を停止させるために「とった手段はむしろ危険なものであった」「逮捕時に傷害を負った被告人を留置した高津警察署の処遇には遺憾な点があった」などと、警察に対して批判的な言葉を連ねて、「被告人に有利ないし同情すべき点も見当らないではない」と結論付けている。

「量刑の理由」を全体的に見れば、Y君寄りでもなく、警察・検察寄りでもない。これは、双方から控訴されないよう、バランスをとっていると思われた。

裁判官は、自分が認識・判断したことをそのまま判決に書くわけではない。こういう結論にしようと思ったうえで、どうすれば控訴されないか、あるいは、どうすれば控訴された時に自分が出した判決をひっくり返されないかを、考えて書くのである。

刑事事件の場合、一審の裁判官にとって、控訴されること自体はそれほどの減点にはならないが、控訴されて一審の判決がひっくり返されれば減点になる。となれば、最初から控訴されないような判決にするのがいちばん安全、ということになる。

本件で言えば、警察官による集団暴行の事実があったと認めれば検察は控訴するだろう。また、刑が軽ければ被告人は控訴しないだろうと考える。殺人未遂を適用せず軽い刑にしようという判断ならば、検察から控訴されるリスクをあえて冒してまで、集団暴行の事実があったと認める必要はない。そこで、「現行犯逮捕に際して許される実力行使の限度を超えているものとも認められない」と表現し、集団暴行の有無を明確に判断することを避けたのであろう。

これは刑事事件に限ったことではなく、民事事件でも判決を書く時、裁判官は「どうしたら破られにくいか」という発想をしている。

ところで、本件の判決を書いた藤野豊裁判長は、かつて新潟地裁にいた時、「小西事件」(「事件ファイル①」299ページ参照)で反戦自衛官に対して無罪判決を下した裁判官である。国家権力の意向に反する判決を書いたという点で、ユニークな人である。私も「小西事件」の裁判に多少関わったので、藤野裁判長は気骨のある人だと好感を持っていた。

本件の裁判で裁判長の顔を見て、「ああ、あの人か」と思った。裁判がおこなわれたのは横浜地裁の川崎支部だったから、「小西事件」の判決のあと、〝左遷〟されていたのかもしれない。

良心に従って判決を下したがために、いわゆる出世コースから外れてしまう裁判官も、少なからずいるのである。

思い出・エピソード

大雪のなかでの再会

Y君と彼の両親は、殺人未遂が否定されたうえでの執行猶予付きの判決を得て、大いに喜んだ。ご両親は、一貫してY君の味方だった。東急東横線の元住吉《もとすみよし》駅の近くで新聞販売店を経営していたY君のお父さんは、小柄な体格で、事件が起きた頃、体調がすぐれず半病人のようだったが、裁判が始まるとかえって元気になり、弁護団会議にも積極的に参加するなど、非常に協力的だった。ちょっと大柄なお母さんは、落ち着いた感じの人で、やはりちょくちょく会議に参加してくれていた。

後日談である。裁判が終わって三年ほど過ぎた冬のある日、期せずして、妻と娘を連れてY君の家を訪ねることになった。

その日は夕方から上野の東京文化会館でウイーン少年合唱団のコンサートがあり、私は妻と小学校低学年だった娘を連れて、東急東横線の妙蓮寺《みょうれんじ》駅（当時、私たち家族は妙蓮寺駅近くに居住していた。妙蓮寺駅は元住吉駅より東横線で五駅西にある）から電車に乗って出かけたが、折からの大雪で電車が元住吉駅で止まってしまった。東京中の交通機関が麻痺したほどの大雪で、電車が動き出す見込みはまったくなく、バスもストップしてしまい、雪が激しく降り続けるのに休む場所も見当たらなかった。

娘を連れて身動きがとれなくなり困惑した時、「ああ、そうだ。この駅の近くにY君の家があったな」と思い出した。千代丸氏や遠藤弁護士も一緒に、Y君の自宅で食事をいただきながらの打ち合わせをしたことがあったのだ。元住吉の駅から、降りしきる雪のなかをY君の家に向かった。

Y君は不在だったが、お母さんが出てきた。

「まあ先生、どうされたんですか?」

「すみません。大雪で立ち往生してしまって」

事情を話すと快く迎え入れてくださった。Y君のことなどを話題にしながら、しばらく休ませていただき、何時間かしてようやくバスが動き出したので辞去した。

結局、コンサートには間に合わず、〝天使の歌声〟は聴きそこねてしまったが、Y君が元気で働いていることを聞き、安堵して家路についたのだった。

時代の縮図

千代丸氏から持ち込まれたこの二つの事案は、昭和五〇年代前半の事件であった。

当時の日本は、学生運動などは下火になりつつあったが、高度成長期のまっただ中だった。昨今のような、新型コロナウイルスによる「巣ごもり時代」になってみると、高橋さんのように、退社後、深夜まで呑み歩くなどということは夢のような気がする。しかし、当時は、そんなことは当たり前だったし、私も、深夜まで呑み歩いて、都心から妙蓮寺までタクシーで帰り、途中眠ってしまって運転手に起こされる、などということはたびたびあった。

学生運動は下火になっても、若者のエネルギーはどこかに捌《は》け口《ぐち》を求める。暴走族と呼ばれた若者たちの行動も、そのような解釈ができるように思う。

その意味で、この二つの事件は時代の縮図という面があるが、それにしても、高橋さんの遺族やY君が千代丸氏に出会わなかったら、このような形での事件になることはなかったと思う。千代丸氏という触媒によって初めて開花した事件という側面が強い。もとより、我々の弁護活動も、千代丸氏の調査や問題提起に影響された面が多々あった。ネットで調べると、千代丸氏は二〇一一年に亡くなられたようである。

ところで、千代丸氏が所属した「革新自由連合」（一九七七〜八三年、略称「革自連」）は、「非自民・護憲」を標榜《ひょうぼう》する文化人やタレントらが結成した政治団体であった。作詞家・随筆家・ラジオパーソナリティーなどとして活躍した永六輔、八〇年に革自連から参院選に出馬し当選した歌手で女優の中山千夏、ジャーナリストの田原総一朗《たはらそういちろう》、ミニコミ誌の草分け的存在『話の特集』編集長の矢崎泰久《やざきやすひさ》、放送作家出身で後に東京都知事になった青島幸男《あおしまゆきお》、漫才の世界から政治家（参院議員、大阪府知事）に転身した横山《よこやま》ノックなど、多士済々のメンバーが名を連ねたが、メンバーの個性が強すぎて長続きはしなかった。

しかし、この素人集団ながらユニークなメンバーばかりの革自連ができた時には、私としても、政治に対する一つの希望が膨らんだのも事実である。個性や見識という面では、彼らとほど遠い現在の政治家たちを見ると、ああいう時代もあったな、と思いを巡らす次第である。

痴漢冤罪事件

K教授事件――二〇〇四年受任
H青年事件――二〇〇八年受任

誰もが巻き込まれ得る身近な冤罪

痴漢事件は他人事《ひとごと》ではない。とんでもない誤解が原因のこともある。

「出張で飛行機を利用した時のことです。飛行機が着陸して降りるために並んでいると、前にいた若い女性がいきなり振り向き、ものすごい顔で僕を睨《にら》みつけたんです。びっくりして突っ立っていると、横の席から『〇〇ちゃん、だめよ』と声がしました。ハッとして下を見ると三、四歳くらいの女の子がいて、眼の前の若い女性のお尻を両手で撫《な》でていたんです。

その声がなかったらまったく気づいていませんでした。若い女性はその子を見て、バツの悪そうな顔で前に向き直りました。女の子のお母さんが『だめよ』と言ってくれなかったら、痴漢と間違われてとんでもないことになっていたかもしれません。あとからそう思うと冷や汗が出ましたよ」

これは知人から聞いた話である。

彼を睨みつけた女性からすれば、お尻を触られたことは間違いないから、振り返った時すぐ後ろにいる男性が「犯人」だと思ってしまう。被害意識があるので、自分とその男性の間に誰か別の人がいるかもしれないということには、なかなか思いがおよばないのである。

実際の痴漢事件では、こうした被害者心理を悪用して痴漢行為におよんだあとすぐに手を離し、そばにいるまったく無関係の人に罪を着せる悪質な犯人もいるので、冤罪が起こりやすい。

痴漢冤罪事件は、人が密集している場所ならどこででも起こり得る。誰もが巻き込まれる可能性がある、きわめて身近でかつ深刻な問題である。

痴漢冤罪事件の現状

事実誤認はなぜ生まれるのか

痴漢事件は、以前は被害者が警察に訴え出ても、「証拠がない」などと言われ、犯罪として検挙されるまでに至らないことが多かった。被害者が非常に不愉快な思いをする時代が長く続いていたのである。

その後、「被害者を泣き寝入りさせていいのか」と社会的な声が高まったこともあり、一九九〇年代頃からいわゆる迷惑防止条例[*1]などで取り締まり、犯罪として検挙する方向へと舵《かじ》が切られたが、その結果、無実の人を誤認逮捕してしまうという問題も起こった。

痴漢事件は目撃者の確保が困難なため、警察は被害者の供述によって判断をすることが多い。たいていの場合、後ろから誰かに身体を触られた被害者が後ろに手を伸ばして相手の手を摑んだり、振り向きざまに捕らえたりして、「この人が痴漢です！」と宣言するので、無関係の人を犯人と誤認してしまうことも稀ではない。本稿で述べる事件もそのような事件である。また、痴漢事件は物的証拠に乏しいため、裁判になった場合、被害者の供述と被告人の供述を比較してどちらに信用性があるか、という形で裁判官が判断することが多い。

その結果として、被害者が痴漢被害に遭った時の状況をうまく話せば被告人が有罪になり、被告人のほうが、自分はやっていないということをうまく説明できれば無罪になる。話しぶりや、話の組み立て方の差によって、裁判の結果が違ってくるわけだ。これには、当事者の証言能力だけでなく、事件を担当する警察や、当事者が相談している弁護士の知恵も影響することになる。

裁判官によっては「被害者が嘘をついてまで痴漢事件をでっちあげるはずはない」という思い込みで、被害者の供述を信用して無実の人に有罪判決を下すこともあり得る。

こうした重大な事実誤認は徐々に問題視されるようになり、二〇〇〇年頃には秋山賢三《あきやまけんぞう》弁護士[*2]が「全国痴漢冤罪弁護団協議会」を発足させた。同会は、各地で起こった痴漢冤罪事件の報告や、痴漢冤罪事件の被疑者や被告人となった方々の経験発表や交流、痴漢冤罪の弁護に関する書籍の出版などの活動を展開した。私も、以下述べる事件の弁護活動をしていたことから、何回かこの会に出席した。

二〇〇七（平成一九）年には、痴漢冤罪事件をテーマにした周防正行《すおまさゆき》監督の映画『それでもボクはやってない』[*3]が公開され、痴漢冤罪に対する人々の関心が高まった。

さらに二〇〇九年四月一四日、最高裁第三小法廷は、電車内での痴漢事件について、一審・

二審の有罪判決（懲役一年一〇ヵ月）を破棄して無罪を言い渡した。この事件は、当時六〇歳の被告人（大学教授）が満員電車内で女子高生に対して痴漢行為（強制わいせつ行為）におよんだとされたもので、弁護人の一人は秋山賢三氏だった。

最高裁判決は、①被告人が一貫して犯行を否認していたこと、②客観的証拠がなく有罪を裏付けるのは被害女性の供述のみであること、③被害女性の供述には不自然な点があり信用性に疑いを入れる余地があること、などを挙げ、被告人の犯行とするには合理的な疑いが残るとして無罪としたのである。なお、この判決は五人の裁判官のうち三人が無罪の意見を述べ、二人が有罪（被告人の上告棄却）の意見を述べたものであり、判決理由からも、論点について鋭く意見が対立していたことが窺《うかが》える。

「合理的な疑い」とは、簡単に言えば「通常人なら誰でもが抱く疑問」のことだ。裁判所が公訴事実（犯罪事実）を認定するには、その事実について「合理的な疑いを超えた証明」が必要だとされている。つまり、「通常人が抱くような何らかの疑問点が残る場合は、有罪としてはいけない」というのが裁判の原則である。

ところで、この最高裁判決で注目すべき点は、多数意見（無罪）を述べた裁判官の一人である那須弘平《なすこうへい》氏[*4]が補足意見として次のように述べたことである。

「冤罪で国民を処罰するのは国家による人権侵害の最たるものであり、これを防止することは刑事裁判における最重要課題の一つである。刑事裁判の鉄則ともいわれる『疑わしきは被告人の利益に』の原則も、有罪判断に必要とされる『合理的な疑いを超えた証明』の基準の理論も、突き詰めれば冤罪防止のためのものであると考えられる」

「痴漢事件について冤罪が争われている場合に、被害者とされる女性の公判での供述内容について『詳細かつ具体的』、『迫真的』、『不自然・不合理な点がない』（中略）ようなものであっても、他にその供述を補強する証拠がない場合について有罪の判断をすることは、『合理的な疑いを超えた証明』に関する基準の理論との関係で、慎重な検討が必要であると考える」

那須氏がこのような補足意見を述べたのは、痴漢事件の裁判全般に、「疑わしきは罰せず」「合理的な疑いを超えた証明」という刑事裁判の原則を逸脱した判決が少なからずあったからだ。那須氏は、当然ながら、痴漢事件にもこれらの原則が当てはまることを裁判所は改めて認識すべきであると、警鐘を鳴らしたのである。

このように最高裁で裁判官が補足意見で慎重な審理を求めるほど、痴漢事件というのは事実誤認が問題になりやすい事案なのである。

＊1　迷惑防止条例：公衆に著しく迷惑をかける暴力的不良行為等を防止し、市民生活の平穏を保持することを目的とする条例の総称。各都道府県と一部の市町村に定められており、名称は地域によって異なる。

＊2　秋山賢三：元裁判官。冤罪事件の研究者として知られる。徳島地裁配属時に「徳島ラジオ商殺し事件」（一九五三年に徳島市内で起きた殺人冤罪事件。犯人とされ刑が確定した冨士茂子《ふじしげこ》氏は日本初の死後再審により無罪となり名誉回復した）の再審開始の決定に関与。九一年に依願退官し弁護士登録。

＊3　『それでもボクはやってない』：周防正行監督・脚本。満員電車の中で痴漢と誤解され逮捕・起訴された青年が裁判で冤罪を立証しようとするが、担当裁判官の交代や自室にあったアダルトビデオの存在などで不利な状況に追い込まれ、目撃者を探し出しての証人尋問、再現ビデオの制作などの努力もむなしく懲役三ヵ月の判決を受ける、というストーリー。

＊4　那須弘平：弁護士出身の元裁判官。一九六九年弁護士登録。第二東京弁護士会副会長、日弁連常務理事、東大法科大学院客員教授を経て二〇〇六年に最高裁判事に就任。二〇一二年に定年退官し、再び弁護士登録。

痴漢の罪とは

法律上、「痴漢罪」というものはない。痴漢行為に対して適用されるのは、主に地方公共団体ごとに定められた迷惑防止条例か、刑法第一七六条の「強制わいせつ」のいずれかだ。

このほかに痴漢行為の種類や程度によって、軽犯罪法第一条五号、わいせつ物頒布《はんぷ》罪（刑法第一七五条）、公然わいせつ罪（同第一七四条）、暴行罪（同第二〇八条）、鉄道事業者への威力業務妨害（同第二三四条）などにより処罰されるケースもあるが、ここでは迷惑防止条例と「強制わいせつ」について簡単に説明する。

【迷惑防止条例の適用[＊1]】

たとえば、東京都の迷惑防止条例（正式名称は「公衆に著しく迷惑をかける暴力的不良行為等の防止に関する条例」）では、第五条に「何人も、正当な理由なく、人を著しく羞恥させ、又は人に不安を覚えさせるような行為であって、次に掲げるものをしてはならない。（1）公共の場所又は公共の乗物において、衣服その他の身に着ける物の上から又は直接に人の身体に触れること。」と規定されており、この規定に違反した者は、六ヵ月以下の懲役または五〇万円以下の罰金に処される（第八条）。

他の地方公共団体でも同様の主旨の規定があり、それに対する刑事罰が適用される。

なお、迷惑防止条例では身体に触れる痴漢行為のほかに、盗撮、つきまとい行為（いわゆるストーカー行為全般。無言電話や性的羞恥心を害する文書・図画・電磁的記録の送りつけなどの嫌がらせも含む）など、刑法犯まではいかないがそれに類する〝人が嫌がるような行為〟も処罰の対象となっている。

【刑法第一七六条「強制わいせつ」の適用】

たとえば、人の下着の中に手を入れて身体に直接触るなどの行為には「強制わいせつ」が適用される。刑法第一七六条には、相手に対して暴行や脅迫を用いて猥褻《わいせつ》な行為をした者は六ヵ月以上一〇年（改正前は七年）以下の懲役に処す旨が規定されており、こうした行為は未遂であっても処罰される（刑法第一八〇条「未遂罪」）。

＊1　迷惑防止条例の適用：迷惑防止条例の施行当初は痴漢等の保護対象が女性のみに限られていたが、男性も被害に遭うことが考えられるとの認識が広がったため、現在では全都道府県の迷惑防止条例が保護対象となる性別を限定していない。

たとえ冤罪でも前科前歴は一生消えない

痴漢行為に限らず、何らかの罪に問われて逮捕されると「前歴」になる。逮捕されても起訴されなかった場合や、起訴されても有罪判決を受けなかった場合でも前歴が付く。

一方、起訴されて有罪判決を受ければ「前科」になる。逮捕された段階で前歴は付いているわけだから、有罪が確定すれば前歴も前科も付くことになる。

条例違反の事件で略式命令〈公判手続を経ないで、検察官提出の書類のみを審査して、一〇〇万円〈改正前は五〇万円〉以下の罰金または科料に処す場合〉で罰金刑を受けた場合も、有罪判決には変わりないので、前科となる。

執行猶予が付いてその期間を無事に終えれば、刑の言い渡しは効力を失う〈刑法第二七条〉。しかし、刑の言い渡しの事実そのものまでなくなるわけではないので、将来その人が同種の罪を再び犯した場合には情状が悪くなり、量刑に影響する可能性が高い。

前科が付くと仕事にも影響する。禁錮刑以上を受けた人は、刑の執行が終わるまで国家公務員・地方公務員にはなれない。裁判官・検察官・弁護士・学校の校長や教員などは、刑の言い渡しが効力を失うまで〈執行猶予期間を無事に満了するまで、もしくは刑の執行終了から一〇年経過するまで〉その職に就く資格がない〈つまり裁判官や弁護士になることができない〉ことになっている。

前科前歴は戸籍に載るわけではないが、痴漢で有罪になったことがあると結婚後にわかれば、それが本当は冤罪であったとしても、「そんな大事なことをなぜ黙っていたの?」と、パートナーから責められるかもしれない。

たとえ条例違反といえども、社会的な地位や立場、家族との関係などに問題が出てくるかもしれないし、何より自分自身の名誉が傷つくことになる。

しかし以前は、「痴漢などやっていない、冤罪だ」と主張して罪を認めないと、一ヵ月以上勾留されることもあった。長期間勾留されれば、仕事に支障をきたして解雇されてしまいかねないという恐怖感もあるし、家族にも大きな心労と負担をかけることになる。

それでも頑張って無罪を争うか。不本意でも罪を認めてしまうほうがラクだと考えるか。どちらにしても厳しい選択だが、仕事や家族のことを考えた被疑者は、「条例違反で罰金を払って済むのなら、面倒だから罪を認めて終わらせてしまおう」と、つい思いたくなる。まさに「人質司法」が大きな影響を与えていたのである。

現在では、海外からの「人質司法」批判もあり、裁判所は、捜査段階でのゆきすぎた拘束を見直す意味で、以前と比して、勾留請求を却下したり、早期に保釈を認めたりする傾向にある。そして、痴漢事件の場合には、一般的に、証拠隠滅や逃亡の可能性が低いこと、迷惑防止条例であれば法定刑も軽いことなどから、勾留請求が却下されることも少なくない状況である。

痴漢事件というのは、被害者といっさい連絡をしないということさえ確保されれば、証拠隠滅の問題はまず起こらない。また、ラッシュ時に電車で通勤している人に、住居不定などという人はまずいない。そもそも、痴漢事件については、相当悪質なものでない限り、勾留せず任意捜査をすればいいはずである。

実際には、痴漢事件では、勾留請求が却下されるか、あるいは勾留取り消しが決まると、立件されずそのままになってしまうことも多い。捜査当局にとって痴漢は重大事件ではないので、捜査官の熱が冷めてしまうのかもしれない。実際に被害に遭われた方からすれば許しがたいことだろうが、これが現実なのである。

*

これまでに私が担当した痴漢冤罪事件は二件ある。一件は、スカートの上から女性の臀部を撫でたとされて東京都迷惑防止条例違反に問われた事件。もう一件は、女性の下着の中に手を入れて猥褻行為におよんだとされて強制わいせつ罪に問われた事件だ。
被告人とその家族、弁護団が裁判をどう闘ったのかを、以下に述べる。

1 K教授事件

本件の被告人K氏は、某国立大学の教授で、事件当時四三歳であった。K氏の専門分野の業績は国内外で高く評価され、真面目で明るい性格から周囲の信望も厚かった。

事件の概要

「てめぇ、触ってんじゃねぇよ!」

二〇〇四(平成一六)年一〇月八日、K氏は東急田園都市線たまプラーザ駅から渋谷・押上《おしあげ》方面行き午前八時三七分発の急行電車に乗り、渋谷へ向かった。午後から二件の会合があり、それまでの空き時間に渋谷駅周辺の書店で冬から講義に使う文献を探すつもりだった。

K氏は、電車の進行方向右側の出入口付近に立っていた。周囲の状況は、左側に一人(性別不明)、右斜め前方に若い女性、その女性とK氏の間に少し身体を割り込ませるようにして男性、その男性の後ろに男性が立っていた。K氏と若い女性との距離は約一〇cmで、K氏は女性の頭を右に見ながら肩越しにドアのほうを向いて立っていた。

この日、K氏はパソコンなどを入れた重さ約六kgの古いアタッシュケースを手に提げていた。愛用していた鞄が壊れ、多忙で新品を購入できなかったため父親から借りたのだ。重くて片手で長時間持っていることができず、K氏は電車の中でアタッシュケースを右手から左手へ、また右手へ、あるいは両手で抱えて身体の前へと、周りの乗客に当たることがないよう注意しながら、たびたび持ち替えていた。また、そのアタッシュケースは蓋のしまり具合が悪く、何かの拍子に蓋が開いてしまうかもしれなかったため、持ち替える際には右手で蓋がきちんとしまっているかどうかを確認する動作もしていた。

こうした動作を半ば無意識に繰り返しながら、講義のことや新聞社から依頼された原稿の構想などについてあれこれと考えにふけるうち、電車は三軒茶屋《さんげんぢゃや》駅（急行の停車駅）を過ぎた。その時点では、K氏はアタッシュケースを左手に持ち、右手を下に垂らしていた。

その時、いきなり右斜め前にいた若い女性に右手首を強く摑まれたのである。

「てめぇ、触ってんじゃねぇよ！」

その女性は声を上げながら振り向くと、摑んだK氏の右手を上にあげた。眉が吊り上がり、夜叉《やしゃ》のような表情であった。

あまりの思いがけないことにK氏は気が動転して身がすくみ声も出せず、何秒かして、「ち、違いますよ」と言うことしかできなかった。その後は車内で押し問答が続いた。

「違いますよ。誤解です」

「あんただよ。あんた！」

「違います。何かの間違いです。話せばわかることですから、話をさせてください」

しかし、K氏が何か言うたびに、彼女は「あんただよ！」「あんたが触ったって言っただろう！」「痴漢は犯罪だ！」などと怒鳴り返すばかりであった。

K氏は、アタッシュケースが女性の身体に触れたのではないかと一瞬思ったが、頭のなかは真っ白で普段のように筋道立てて考えることができず、うまく言い返すことができなかった。

次の急行停車駅、渋谷に着くまでのことはよく憶えていない。いきなり公衆の面前で口汚く痴漢と決め付けられ、パニックになっていたからだ。憶えているのは、とにかく誤解を解こうとして、「僕じゃない、僕じゃない」と、壊れた機械のように繰り返し言っていたことだけだ。

捜査段階での〝飴と鞭〟

K氏を痴漢と決め付けた女性A（当時二二歳）は、東急田園都市線溝《みぞ》の口《くち》駅から本件電車に乗り、渋谷にある会社に出勤する途中であった。

渋谷駅に着くと、AはK氏に背を向けて何も言わずに電車を降りた。K氏に対して「降りろ」という声さえ掛けなかった。それまでの剣幕とのあまりの落差にK氏は呆気《あっけ》にとられるとともに、「このまま電車から降りなければ何事もなかったことになる」との思いが一瞬よぎった。しかし、K氏は誤解を解きたい一心でホームに降り、Aに話し掛けた。

ホームでも電車内と同様の押し問答が続いたが、しばらくするとAが言った。

「駅員さんやお巡りさんのいるところでないと話せない」

K氏は、駅員でも警官でもいいから冷静に事情を聞いてくれる人がいれば誤解を解くことができると思った。自ら先頭に立ってAと一緒に階段を上がっていくと、Aは改札の駅員に向

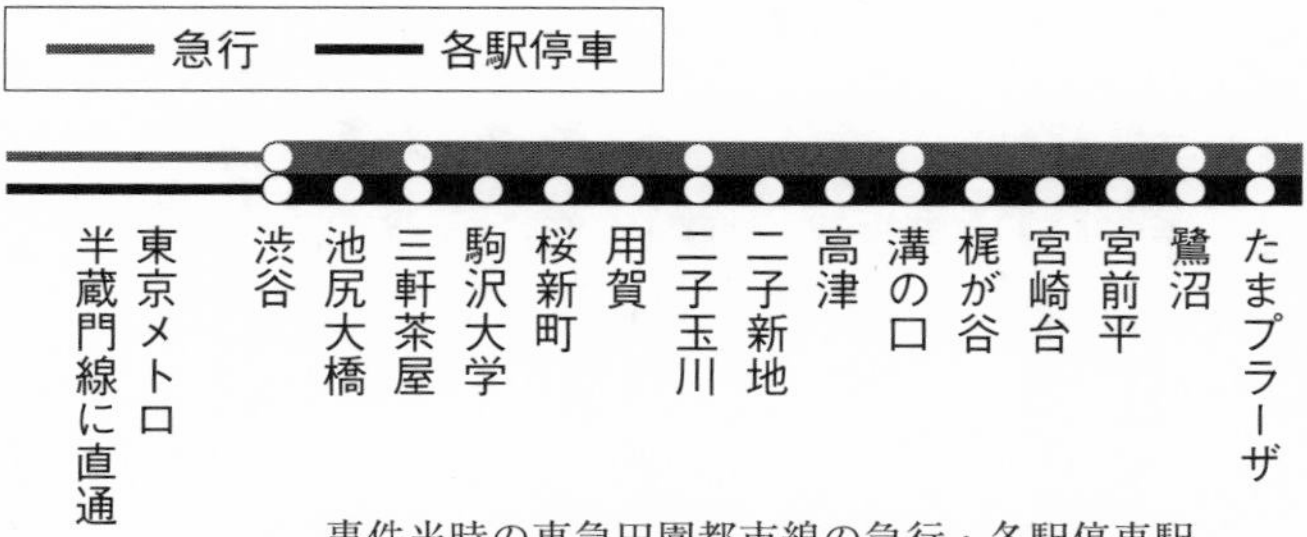

事件当時の東急田園都市線の急行・各駅停車駅
（たまプラーザ〜渋谷間）

かって「この人、痴漢です！」と言った。

「あんなことを言われて困っています。駅員さんがいるところでないと話せないとおっしゃっているので、よろしくお願いします」とK氏が駅員に訴えると、「お話は駅事務室で伺いましょう」ということになり、駅員の案内でK氏とAは駅事務室に入った。

「駅員に事情を聞いてもらえば、自分が痴漢などやっていないことをわかってもらえる」

と、K氏は少し安心した気分になった。

ところが、駅員は二人を別々の部屋に通し、K氏の話を聞くどころか氏名さえ尋ねず、いきなり警察官を呼んだのである。当時、これは痴漢事件についてのマニュアル通りの対応だったようだ。

K氏は、わけがわからないまま問答無用で警察官に身柄を引き渡され、私人《しじん》による現行犯逮捕[*1]が成立していたとされて、そのまま渋谷警察署に勾留された。

取り調べに当たった渋谷署の警察官たちは一様にK氏を痴漢犯人と決め付け、

「あんたみたいな人に世間に出てほしくないね」「社会的地

位を守るために言い訳するな」

「起訴は間違いない。裁判になれば生き恥をさらすことになる」「最高裁まで争うの？」

「否認を続ければ保釈も通らねぇぞ」

などと暴言を浴びせ、「あの女性は間違って私の手を摑んだんです」とK氏が言うたびに、

「そんなバカバカしいことがあるわけねぇよ」と否定した。

このような〝鞭《むち》〟をふるう一方で、彼らは〝飴《あめ》〟をちらつかせることも続けた。

「やったと認めさえすればすぐに出られる」「始末書ですむかもしれない」

「略式起訴で罰金なら誰にも知られずにすむ」「某大企業の部長もそうやってすませた」

それでもK氏は否認を貫いた。やってもいないことを、やったと言うわけにはいかない。

こうしてK氏は、事件から一七日後の二〇〇四年一〇月二五日、Aに対して「着衣の上から臀部を手で揉むように」触ったとして、東京都迷惑防止条例違反で起訴されたのである。

＊1　私人による現行犯逮捕：私人とは一般人のこと。刑事訴訟法第二一三条に「現行犯人は、何人《なんぴと》でも、逮捕状なくしてこれを逮捕することができる。」と規定されている。

受任の経緯

司法修習同期からの依頼

本件は、私と司法修習同期（二二期）の河合弘之《かわいひろゆき》弁護士が受任した事件である。河合弁護士から「一緒にやりたい。手伝ってくれないか」と応援を依頼された私は弁護団[*1]に入り、主任弁

弁護士であった。

護人となった。私以外の弁護人は、すべて河合弁護士が主宰するさくら共同法律事務所所属の弁護士であった。

河合弁護士とは一九六八（昭和四三）年四月から二年間、ともに司法研修所で過ごした仲であった。二二期の修習生は五一二人で、河合君と私は同じ四組であった。現在、司法研修所は埼玉県和光市《わこう》にあるが、当時は東京都千代田区紀尾井町《きおいちょう》にあった。研修所当時から、二人とも、「反戦法律家連合」（「事件ファイル①」247ページ参照）に所属し、取り調べ修習の拒否なども一緒にやっていた。二人で、研修所の教官の自宅を訪ねていって、取り調べ修習がいかに違法かを力説して回ったこともあった（同コラム1「私の修習生時代」参照）。麻雀をしたり、夏に伊豆七島に泊まりがけで海水浴に行ったりと、よく一緒に遊んでもいた。私の結婚式の司会も頼むなど、河合弁護士とはきわめて親しい関係にあった。

河合弁護士のその後の活躍ぶりは、東京新聞夕刊に二〇二〇年一一月から二一年三月まで一〇回にわたり連載されたコラム「この道」に詳しい。彼は、ダグラス・グラマン事件（一九七八年に発覚した日米間の軍用機売買に関する汚職事件）をはじめとする多くの大型経済事件を手掛ける一方で、反原発の立場から原発訴訟にも関わり、高浜《たかはま》・伊方《いかた》両原発の一年間運転停止などの成果を上げている。また、反原発運動の一環として、海渡雄一《かいどゆういち》弁護士（社会民主党党首・福島瑞穂氏のパートナー）とともに『日本と原発』という映画を製作し、自ら監督を務めた。

河合弁護士は、弁護士二年目に独立した。同期のなかで最も早かった。また、そのエネルギッシュな行動と、もともとの人脈もあって、瞬く間に大きな経済事件や倒産事件を取り扱うようになった。このため、私との仕事上の接点はあまりなかった。私のほうは、「ロス疑惑」と言われた「三浦和義事件」（「事件ファイル①」第四章）でたまたま無罪判決が取れたことから、刑事事件弁護人として、多少注目されるようになった。そんなことで、河合弁護士にこの痴漢冤罪事件が持ち込まれた時に、自分の事務所の若い弁護士だけではなく、刑事弁護について気軽に相談できる私を参加させてみようと思ったようである。

＊1　K教授事件弁護団：河合弘之・望月賢司《もちづきけんじ》・赤司修一《あかししゅういち》・安東恭一《あんどうきょういち》・町田弘香《まちだひろか》・弘中（主任弁護人）の計六名。

裁判の経緯

痴漢事件裁判の危うさ

本件が起きた二〇〇四年当時、警察や鉄道会社は痴漢撲滅キャンペーンを展開していた。列車内での痴漢行為をやめさせることは時代の要請であるとの判断の下に、「痴漢は犯罪です」といったポスターを駅構内や車内に貼り巡らし、刑事事件としても痴漢行為を積極的に検挙するようになっていった。

最高裁の那須弘平裁判官がこうした傾向の行き過ぎに警鐘を鳴らしたのは、前述したように二〇〇九年のことであり、本件当時は、「痴漢撲滅」の世論に押された裁判官が、「疑わしきは罰せず」という刑事裁判の原則に反するような判決を下すことも少なくなかった。

裁判官というのは、世論というか、〝流行〟に弱い面がある。たとえば、私が弁護士になった頃には、いわゆる交通戦争（交通事故の多発）が社会問題となっていて「交通事故撲滅」がしきりに叫ばれ、その雰囲気のなかで交通事故や交通違反が厳罰に処されるようになった。酒酔い運転はもとより、横断歩道での事故や信号無視での事故には容赦なく実刑が科せられ、被害がなくても繰り返しの無免許運転にも実刑判決が下されていた。裁判所は社会全体の雰囲気のなかで仕事をしている。もちろん、なかには、こうした〝流行〟に影響されない裁判官もいるが、影響されてしまう人が大多数であるのが現実である。

ただ、交通事故の場合には、裁判所は「量刑を厳しくする」ことで社会や時代の要請に応えたのであり、「犯罪事実の認定を甘くする」ことで対応したわけではなかった。たとえば、スピード違反を処罰する場合にも、走行状態を目撃した警察官の判断だけですませるのではなく、必要があれば現場検証も厭《いと》わないという姿勢であった。

ところが、痴漢事件の多くは客観的裏付けがないか、あってもきわめて乏しいため、「犯罪事実の認定を甘くする」ことがおこなわれがちになった。犯罪事実があったことは「被害者」の供述だけで「認定」するしかなく、その時点も、場所も、態様も、さらに誰が犯人かについても、「被害者」の供述のみに拠《よ》るケースがほとんどだ。

また、痴漢事件の多くは満員電車の中で起きているが、裁判官が通勤時に満員電車に乗ることはあまりない。午前中の開廷時刻は一〇時前後に設定されることが多いため通勤ラッシュのピークを避けられるし、そもそも自宅や官舎まで公用車が迎えに来てくれるからである。

世の男性の多くが通勤のたびに身動きできないほど混んだ電車に乗り、見ず知らずの女性と否応なく身体を密着せざるを得ないという状況を知らない裁判官は、容易に「被害女性」に同情することになる。〝流行〟に影響されやすい裁判官であれば、「痴漢撲滅」の世論に従う形で

「被害女性」の供述に理解を示すことに、いたく魅力を感じるかもしれない。

そこで、私たち弁護団は法廷で次のように論じた。

・痴漢事件の特殊性は、「犯罪の存在」「犯罪の態様」「誰が犯人か」のすべてにわたり「被害女性」の供述のみに依拠することにある。このような刑事事件は他にほとんど類を見ず、きわめて危ういものであることが銘記されるべきである。

・痴漢事件の裁判では、刑事裁判の原則である「疑わしきは罰せず」が厳守されるべきである。それをないがしろにすれば冤罪という重大な人権侵害を引き起こす。

・「被害女性」の記憶は、「とにかくこの男が犯人」という思い込みが先行して、それに合わせて変容することがある。

・裁判所においては、以上のようなことに十分に留意して、「被害女性」であるAの供述内容を慎重に吟味すべきである。

「被害女性」の証言

この裁判でも、最も重要なポイントは、「被害女性」Aの供述の信用性である。我々弁護団は、主に次の観点からAに対して証人尋問をおこなった（第三回・第四回公判）。

・供述内容が、客観的事実と矛盾する不自然、不合理なものではないか。

・供述に不合理な変遷はないか。

・捜査機関からの不当な誘導の下に供述がなされていないか。

以下はAの証言要旨だ。供述の信用性に関わる部分には傍線を付し、「弁護側の主張」の項で詳論する。※印は筆者註である。

(1)「痴漢行為」前の状況

・私(A)は溝の口駅から本件電車に乗った。当日の服装は、白のジャケットに黒のタイトスカートで、スカートは裏地の付いた厚手のウール製だった。①次の停車駅の二子玉川《ふたこたまがわ》駅を電車が発車した時から渋谷駅に着くまで、進行方向六両目最前部の右側ドアの中央部付近に、電車の外側を向いて立っていた。

・電車が用賀《ようが》駅を通過したあたりで、携帯電話のアンテナか指先のようなものが左脇腹やブラジャーの背中側に当たる感覚があった②ため、向かって左側のドアのガラスで後ろを確認すると、自分の左後ろに男性が電車の外側を向いて立っていることに気付いた。③その男は丸顔で、少し垂れ目で、スーツを着て特徴のある柄入りのネクタイをしていた。④目が合うと、男ははっとして戸惑うような顔をした。⑤男の姿はドアガラスの左端に映っており、顔面の左側は切れてしまって見えなかった。⑥

※東急田園都市線は二子玉川駅から先は電車が地下に入り、窓やドアのガラスに乗客の姿が映るため、Aはドアガラスで後ろを確認したのであろう。

なお、Aの証人尋問では法廷の証言台と被告人席の間に衝立《ついたて》が置かれ、Aは被告人から顔を見られないようにしていた。写真で確認したところ、この男性は顔の特徴などからK氏と同一人物であるとAは証言した。

（2）「痴漢行為」時の状況

・電車が桜新町《さくらしんまち》駅を通過した頃、右のお尻の丸みに沿って、手のひらが当たっているように感じた。自分の立ち位置は変わらないのに左後ろにいた男（K氏）の姿がドアガラスに映らなくなったので、男は自分の真後ろに移動したのだと思った。

・その後もお尻に当てられた手は離れず、電車が駒沢大学《こまざわだいがく》駅を通過したあたりで、その手が四、五回お尻を揉むように感じた。痴漢だと確信し、絶対に犯人を捕まえてやろうと思った。⑦荷物を全部左手に持ち、右手をゆっくりと自分のお尻の近くに持っていった。

・右手を下におろすと、痴漢の手を上から爪を立てて摑んだ。かなり頭にきていたので、ものの凄い力で摑んだと思う。摑んだ手を持ち上げて後ろを振り向くと同時に、その男（K氏）に向かって「てめぇ、触ってんじゃねぇよ！」と強い口調で言った。男は「誤解だよ、間違いだ」などと言っていた。

※K氏が連行された渋谷署の警察官が確認したところ、K氏の右手甲の薬指の付け根付近には、Aが爪を立てて摑んだ痕跡と見られる弧状のひっかき傷が認められた。

（3）三軒茶屋駅での状況

・電車が三軒茶屋駅に到着したので警察に連れていこうと思い、「降りろ」と言いながら男の左肩を突き飛ばすように押した。けれど、自分がいる場所と反対側のドアが開いたうえ、電車を降りる客より乗り込んでくる客のほうが多かったため、乗車客の流れに押されてホームに降りることができなかった。⑧三軒茶屋駅を電車が出てからは、自分の左肩をドアに付け、男を右側に置くような形で立っていた。

(4)渋谷駅での状況

・電車が渋谷駅に着くと男の手を摑んで電車を降りようとしたが、降車客の流れに押されて一人でホームに降り、そのまま立っていた。男はすぐには電車を降りてこなかったが、やはり降車客の流れに押されて降りてきた。そこで男のスーツの袖口を摑み、改札口まで連れていった。男は途中で「誤解だ」「二人で話し合おう」などと言っていたが、改札にいる駅員に「痴漢です」と私が叫ぶと、男のほうから駅員に近付いていった。

(5)証人尋問に際しての担当捜査官の行動

・証人尋問の前に、渋谷警察のS刑事から事件に関する書類が郵送されてきた。⑨私が警察や検察で話したことを時系列でまとめたワープロ打ちの書類で、計四枚ほどあった。

・S刑事は、もし裁判になったら法廷に来てくれると言っていた。前回（一回目）の証人尋問が終わってから「法廷に行っていました」と電話をもらった。⑩

※Aの言うS刑事とは、本件の担当捜査官である渋谷警察署のS警部補のことである。彼は二回目の証人尋問も傍聴席から傍聴していた。

難航した目撃者探し

Aに対して証人尋問をおこなう一方で、河合弁護士の事務所にいる弁護団のメンバーが中心となって事件の目撃者を探した。

「痴漢冤罪事件の目撃者を探しています。逮捕された男性は現在、無実の罪で裁判にかけられています」などと書いたプラカードをサンドイッチマンのように身体の前後に掛けて、本件電車と同じ時間帯の同じ車両に乗り込み、

「お忙しいところ申し訳ありません。痴漢冤罪事件の目撃者を探しています。この事件に居合わせた方はいらっしゃいませんか。目撃された方は声を掛けてください」

と、何度も乗客に呼び掛けたのである。

プラカードと同様の内容のチラシも作り、ラッシュのホームで配布して協力を呼び掛けた。K氏の妻も、人目にさらされることを厭わず、率先してチラシ配りをしてくれた。

目撃者探しは難航したが、ようやく一人の女性が名乗り出てくれた。大学講師のY氏（当時三〇歳）である。Y氏は通勤に鷺沼《さぎぬま》駅から地下鉄半蔵門線の表参道駅まで東急田園都市線を利用していた。Aと同じ時間帯の電車の、同じ車両の同じような位置に乗り合わせることが多く、事件以前からAの顔を知っていたが、話をしたことは一度もない。K氏とは違う大学に勤務しており、事件当日まで一面識もなかった。

電車内で目撃者探しの声を聞いた時、Y氏は名乗り出るべきかどうか、かなり迷ったというが、意を決して望月賢司弁護士に声を掛け、携帯電話の番号だけを告げて勤務先へ向かった。その後、望月弁護士から何度か携帯電話に連絡を入れたが、Y氏にはまだ迷いがあり、直接会うことができたのは数週間後だった。

その時もY氏には、証人になることに葛藤があった。自身も痴漢に遭った経験があり、冤罪であるとしても男性側の味方をすることに抵抗感があったためである。

「どちらの味方をするというのではなく、事実だけを話していただけませんか」

と望月弁護士がお願いしたが、Y氏は「この事件に関わりたくない」という気持ちが強くなり、その後二、三ヵ月の間は、望月弁護士からの電話に出なかった。

その後、望月弁護士は、改めて証言を依頼する手紙をY氏に出し、その中にK氏の妻からの手紙を同封した。Y氏はその手紙に一度は目を通したが、そのまま閉じた。刑事事件に巻き込まれることが怖くなったことと、ただでさえ忙しい日々を送っているのに、法廷で証人に立つことで時間を割かれるのは嫌だ、という気持ちになっていたのである。

誰でも刑事事件になど関わりたくはない。Y氏の反応はごく一般的なものであろう。

しかしY氏は、最終的に証人になることを承諾してくれた。K氏の妻の手紙に書かれていた、「事実を話していただくことが、私たち夫婦にとっては最大のボランティアなのです」という言葉に心を打たれたのである。

夫が痴漢に間違われるという事件は誰にでも起こり得る。自分の証言が人助けになるのであれば——それが誰を助けることになるのかはわからないにしろ——、事実だけを法廷でお話ししようと、非常に大きな決断をしてくれたのだ。

Y氏が電車の中で目撃者探しの声を聞いてから、この決断を下すまでには、大変な葛藤があった。刑事事件、特に痴漢冤罪のような事件の目撃証言を得ることは、ことほどさように難しいものなのである。

Y氏に対する証人尋問は二〇〇五年一一月三〇日の第一一回公判でおこなわれた。その証言要旨は以下のとおりである（※印は筆者註）。

・事件当日、車内でAのすぐ隣に立っていた。二子玉川駅から先は電車が地下に入るので、ドアガラスに映るAの顔を見るともなく見ていた。Aが誰かにお尻のあたりを触られた事実はまったく見ていない。万が一そういうことがあったとしても、私の後ろで起きた出来事なので気付かなかっただろう。Aが嫌がって振り払うような動作をしたのは見ていないし、ドアガラスに映っているAの顔に表情の変化があった記憶もない。

・「てめぇ、触ってんじゃねぇよ!」というAの声を聞いたのは、電車が三軒茶屋駅を出て渋谷に着くまでの間だった。㋐Aは見かけが派手で目立つ女性なので、外見の綺麗さと言葉の荒々しさとのギャップが大きく、「凄い言葉を使う人だな」と驚いた。周囲の人も皆ぎょっとしていた。K氏もかなり怯《おび》えた様子で、「僕じゃありません」と言い続けた。

・電車が渋谷駅に着くと二人はホームに降りた。私も降車客の流れに押されてホームに降りた。私の降車駅は次の表参道なので、電車が発車するまで三分間ほど、ホームで二人の様子を見ていた。Aが一方的に何か言い、K氏は「僕じゃありません」と言い続けていた。

・私が弁護側の証人になることが決まると、渋谷警察署のS警部補から大学に電話があった。職場に電話をしてくること自体が非常な驚きで腹が立ち、何度も抗議して「携帯電話に掛け直してください」と言ったが、S警部補は一方的に、「男(K氏のこと、以下同)はお尻を触りましたか?」「私は痴漢を訴え出たAさんの勇敢な信念を非常に認めています」「男が犯人だと思っています」などと話し続けた。私の学校では固定電話での会話をすべて交換台が聞けるシステムなので、こうした事件に私が関わっていることを校内に知られたくない気持ちもあり、「ああそうですか。私はそのへんのことはわかりません」とS警部補の話の途中で電話を切ったが、たいへんな迷惑を受けた。

※S警部補の行為は許されることではない。裁判で証人になる人を威迫《いはく》する行為（人を脅して従わせようとすること）は、刑法第一〇五条の二で犯罪とされている。S警部補の行為がY氏に圧力をかける趣旨であったとすれば「証人威迫」にあたる可能性が高い。また、警察官としての正当な職務行為とも考えられないので、Y氏が証人として行動することを妨害しようとしたものとして、公務員職権濫用罪（刑法第一九三条）にあたる可能性もある。そこまでいかないとしても、一般に、相手が嫌がることを承知で、合理的必要もないのに職場に連絡して、相手が困惑する情報を流布する行為は違法行為とされており、損害賠償や懲戒などの対象になり得る。

映画監督周防正行氏の協力

先述したAの証言によれば、彼女は「スカートの上から四、五回お尻を揉まれた」。そのスカートは、裏地の付いた厚手のウール製だった（A証言①）。また、K氏は、当時、手袋をしていたわけではない。

こうした状況からすれば、警察は事件直後にK氏の指に付着した繊維を鑑定してしかるべきである。満員電車など人込みの中では相手に触れていなくても手指に相手の衣服の繊維等が付着することもあるので、繊維鑑定だけでは断定できないにしろ、K氏が犯人か否かについての重要な証拠であることは明らかである。したがって、痴漢事件では、繊維鑑定あるいは微物《びぶつ》鑑定がおこなわれることが多い。しかし、警察は繊維鑑定等をしていなかった。十分な捜査がなされていなかったわけである。

また、満員電車の中では、女性に手の届くところに複数の男性がいることが普通である。密着している真後ろの男性が犯人とは限らない。我々は、K氏以外にいくらでも犯人が存在し得ることを立証するために、事件の再現ビデオを作ることにした。これも、河合弁護士の事務所にいる弁護団のメンバーが中心となっておこなった。

制作をお願いした相手は、映画監督の周防正行氏である。

まず、本件が起きた同じ金曜日の同じ時間帯の電車内の同じ場所で、車内の混雑状況や乗客の動き、ドアガラスに乗客の姿が映る様子、停車駅での乗降客の流れなどを撮影した。さらに、撮影スタジオに設置した電車内のセットで当日の状況を再現し、その様子を撮影した。

電車の床、壁、ドア、窓などはすべて事件当時の電車とまったく同じ寸法にした。座席や吊り革なども正確に再現した。そのうえで、A役の女優の後ろに真犯人役の俳優を立たせ、二人の間にK氏役の俳優を挟んで〝盾〟とし、真犯人役が手を伸ばして痴漢行為をし、パッと手を引く。すると、A役の女優が後ろ手で摑んだ「痴漢の手首」は真犯人のものではなく、〝盾〟として利用されたK氏役の俳優の手首になってしまう。何度繰り返しても、じつに簡単にそうなってしまうのである。

この実験は、瞬時に後方の男性の手を摑む動きの個人差を考えて、被害女性A役を複数にしたこと、K氏とAとの位置関係について二通りにしたこと、直前のK氏の手の位置を二通りにしたことで、合計八パターンの状況を設定して各五回おこない、再現回数は計四〇回に及んだ。A役には、本気で真犯人の手を摑むことを指示して実験を繰り返した。

ほかに、「電車のドアガラスに映ったK氏の顔を見た」というA証言③④に基づく状況の再現、K氏の主張する手首の摑まれ方で当日と同じひっかき傷がK氏の手の甲に付くかどうかの確認など、さまざまな再現実験を撮影し、実際の電車内の映像とともに証拠として裁判所に提出した。

K氏の妻は再現実験にも協力してくれた。夫が痴漢の濡れ衣を着せられた状況の再現など妻としては耐えがたかったであろうが、彼女は必死で涙をこらえながら、目撃者Y氏役として、A役の女優の横に立ってくれたのである。

K氏の叫び

検察官はK氏に対して「罰金四〇万円」を求刑した。最終陳述において、K氏は改めて冤罪を主張するとともに、次のように述べた。

「私は、公衆の面前で痴漢呼ばわりされたうえ、ろくに調べもせず女性の思い込みを鵜呑《うの》みにした警察・検察によって、不条理にも刑事被告人にされた被害者にほかなりません。生き甲斐にしてきた仕事を奪われ、マスコミに面白半分の実名報道までされて、家族の幸せを奪われてしまいました」

「この五〇〇日余り、心が休まることなど片時もありません。一日中、何をしていても、女性から突然口汚く罵られて手を摑まれた時のこと、刑事から暴言を浴び続けた留置場でのつらい体験などが、その時のショックや悔しさとともにフラッシュバックするのです。真面目に努力してきた私が、なぜこんなひどい目に遭わなければいけないのだろう、いったいこれからどうされてしまうのだろうと、妻と一緒に数えきれないほど泣きました」

「私はこれまで仕事に精一杯努力をしてきました。勤務先では、自分の名誉を重んじる信用される人間になれと学生に説き、私自身もそうなろうと努めてきました。こうした生き方を心掛けてきた私にとって、痴漢という破廉恥な罪の濡れ衣で有罪を求刑されたことは、まったく我慢ならないことです。罰金四〇万円という額は問題ではありません。たとえ一円でも、罰金などという汚名を故なくして着せられることに耐えられません」

「妻は私を全面的に信じ、時には涙ぐみながらも、さまざまな調書の隅々まで何度も読み、私と一緒に裁判準備をしてくれました。目撃者探しや事件の再現ビデオの制作にも協力してくれました。私の性格や考え方を知り尽くしている妻を誤魔化すことなど、できるものではありません。妻が私を信じる心に、もし一点でも曇りがあれば、ここまで私とつらさを分かち合い、真剣に協力し、支えてくれることはなかったと思います」

　痴漢冤罪は、無実の罪を着せられた男性だけでなく、その妻や恋人にも非常に大きな精神的苦痛と負担を与える。それが原因で家庭崩壊や離婚に至るケースも見られる。フェミニズムの立場から言っても、「痴漢被害」を訴える女性だけでなく、「痴漢冤罪被害」を受けている女性の存在を忘れてはならないであろう。

弁護側の主張

K氏とAの捜査段階での供述や法廷での証言、目撃者Y氏や駅員などの証言、事件再現ビデオをはじめとする種々の証拠等に基づいて、我々は次のように主張した。

❶Aの供述には客観的事実との矛盾が多々あり、不自然・不合理で信用に値しない。

・臀部は身体のなかでも刺激に対する認識・識別がきわめて鈍い箇所である。そのうえ本件当時、Aは下着とストッキングの上に、裏地付きで厚手のウールのスカートを穿《は》いていた（A証言①）ので、臀部の識別感覚は相当鈍かったと考えられる。臀部を触る手の位置や向き、その手が右手なのか左手なのかについて認識できなかったことは明らかである。

・痴漢に遭う前からドアガラスに映ったK氏の存在に気付いていたという証言（A証言③）は不自然である。また、K氏は眼鏡をかけており、垂れ目ではない。実際、Aは警察官調書や検察官調書では、K氏の特徴のうち眼鏡を第一に挙げ、垂れ目であるとはいっさい述べていない。しかるに公判における証言では眼鏡には言及せず、「丸顔で、少し垂れ目で、スーツを着て特徴のある柄入りのネクタイをした男性」と述べている（A証言④）。

・さらにAは、「目が合うとはっとして戸惑うような顔をした」（A証言⑤）と、K氏が何か悪いことをしていたかのように述べているが、これは明らかに自己の痴漢被害を誇張するために話を作り出していると言わざるを得ない。

・Aは、K氏の姿がドアガラスの左端に映り、顔面の左側は切れて見えなかったと述べた（A

証言⑥）が、我々が再現ビデオでも明らかにしたとおり、K氏とAの位置関係からして、そのような映り方をすることはあり得ない。

・Aは痴漢行為があった際の電車の走行場所について、一貫して「駒沢大学駅を通過したあたり」と主張している（A証言⑦）が、K氏は一貫して、「てめぇ、触ってんじゃねぇよ！」とAに罵られたのは「三軒茶屋駅を出たあと」と供述し、目撃者のY証人も同様の証言をしている（Y証言㋐）。仮にAの供述が真実ならば、なぜAは次の三軒茶屋駅で下車してK氏を駅員か警察官に引き渡さなかったのかが問題となる。

・これについてAは、三軒茶屋駅で警察に連れていこうとしたが、乗車客の流れに押されて反対側のドア付近からは下車できなかったと弁明している（A証言⑧）。しかし、通勤電車で反対側のドア付近にいると降りたい駅で降りられない、ということは通常あり得ない。それでは下車できずに遅刻する人が続出するはずだが、現実にそのようなことはない。また、Aが大声でK氏を罵った情況から考えて、「痴漢犯人を降ろすので通してください」などと声を出せたはずであり、他の客がそれに応じないということも考えられない。

・本件電車と同じ曜日の同じ時間帯の電車の同じ場所で撮影したビデオの映像で明らかなとおり、車内はAが言うほど混雑しておらず、この点からも三軒茶屋駅での下車は可能であった。

・事件再現ビデオによる再現結果からすると、Aが痴漢犯人の手と間違えてK氏の手首を摑んだ可能性が十分ある。

❷Aの供述には不合理な変遷がある。

・Aの供述は、事件直後の捜査段階に作成された被害届から公判での証人尋問に至るまでの間に、不自然に変遷しており、その変遷について合理的な説明がなされていない。

・たとえば、K氏の逮捕当日に作成された警察官調書では「押し当てられた手で私のお尻を撫でるように触っているのがわかり」とあったのに、九日後に作成された検察官調書では「私のお尻に押し当てられていた手というか指先が、お尻の下の部分を揉むような感じで動いた」とされ、当公判に至っては「お尻に当てられた手が四、五回揉むように感じた」(A証言⑦)と、「撫でる」から「揉む」へと不自然に変遷している。

・証人尋問でAは「用賀駅を過ぎてから電車が地下に入ると……」と繰り返し述べ、弁護人から「電車が地下に入るのは用賀駅の前の二子玉川からではないか」と尋問されると、「私の言い方が悪かったんだと思います」と、あっさり訂正した。また、証人尋問では「携帯電話のアンテナか指先のようなものが左脇腹や背中に当たった」(A証言②)と述べているが、検察官調書の段階では「左脇腹や背中に何か硬いものが当たり痛みを感じた」と明言していた。証人尋問でも「痛み」を前提とした質問に答えていたにもかかわらず、唐突に、「すみません、痛みは感じてないです」と、やはりあっさり前言を撤回した。

・Aは警察官調書では「見知らぬ若い男性にお尻の右付近を触られる痴漢行為に遭いました」などと述べていたが、証人尋問ではK氏を「若い男性とは言えない」と述べた。

・ほかにも、犯人の同定にきわめて重要な、事件前にドアガラスに映って見えたという男性の特徴や、その確認方法についても説明のつかない変遷が見られた。

❸ Aの供述は捜査機関による不当な影響を受けている。

・本件担当捜査官である渋谷警察署のS警部補は、証人尋問に先立って、Aの供述調書を捜査側でまとめた書面を彼女宛てに郵送し（A証言⑨）、一回目の証人尋問を傍聴席から傍聴した（A証言⑩）。さらにS警部補は、二回目の証人尋問も傍聴席から傍聴し、法廷においてAの証言を〝監視〟し続けた。

・以上のことから、法廷におけるAの証言は本人の記憶に依拠しているのではなく、S警部補のシナリオに強く影響されたものであることが推認される。我々は裁判所に上申して、S警部補がAに郵送した書面の提出を検察官に求めたが、検察官は理由もなく拒んだ。これにより、検察官の主張の裏付けとなるA供述の信用性は、なおのこと低下したと言うべきである。

判決の内容

理不尽な一審判決

目撃証言や事件再現ビデオの制作など、あらゆる手段を用いて我々はK氏の無実を立証したつもりだったが、東京地裁が下したのは、求刑どおりK氏に「罰金四〇万円」の支払いを命じる有罪判決（栃木《とちぎ》力《つとむ》裁判長）であった。裁判所は以下のような理由で弁護団の主張を斥けた。

・電車の揺れによって乗客の位置関係は変わるので、被告人（K氏）の顔がドアガラスに映る様子について、Aの供述が事実に反するとは断言できない。被告人の人相に関しても、Aは実際の特徴に反する供述はしていない。
・ビデオを観ても本件と同じ電車はかなり混雑しており、三軒茶屋駅到着前に被告人の手首を摑んだAが同駅で被告人を下車させられなかったとしても、何ら不自然ではない。
・事件再現ビデオでは、A役の女優が弁護人の主張を前提にして、つまり、Aの公判供述とは異なる態様で痴漢犯人役の手を摑んでいるのだから、Aの公判供述の信用性には何ら影響しない。
・被告人は「Aが間違って右手首を摑んだ」と主張しているが、右手首を摑まれる直前の自分の右手の位置や状態について具体的な説明はなく、「自然に垂らしていたので、あまり意識していない」などと曖昧な供述に終始しており、ただちに信用できない。

しかし、電車の中で考え事をしている時に、自分の手の位置や状態を意識している人がどれだけいるだろうか。この判決では、Aの供述の不合理な変遷や、捜査機関による不当な影響については、言及さえされなかった。

痴漢冤罪事件の裁判全般に言えることだが、裁判所は、「被害者は被告人に恨みがあったわけではない。あえて話をでっち上げるはずもなく、被害者の供述は合理的で信用性は非常に高い」という論法で、「被告人が犯人である」という判決を下しがちである。

この論法の前半は裁判所の言うとおりだ。「被害者」と被告人は互いに知らない同士だから、「被害者」が被告人に対して恨みがあるわけではないことは、そのとおりである。

しかし、論法の後半は裁判所の言うとおりとは限らない。

「被害者」が思い込みや錯覚で無実の人を「痴漢犯人」として捕まえてしまった場合、誤認逮捕をしたとなると自分に非があったことになるので、どのように言えば誤認ではないと裁判所に納得してもらえるか、自己保身から知恵を絞るということは当然である。

つまり、「どういう内容・筋書きにすれば裁判官を言いくるめることができるか」を考える可能性が否定できないわけである。頭のいい人ならうまい筋書きを考えるだろうし、友人知人に知恵を借りることもあるかもしれない。

つまり、裁判所の論法の前半と後半はおよそ繋がらないのである。

もともと恨みがあるかどうかということと、捕まえてしまった以上は「間違いない」と言い通すために話を作るということは、まったくの別問題だ。そこを一緒にされて痴漢犯人と決めつけられ、「罪を犯しておきながら反省の色がない。悪質だ」などと断罪されてしまったら、たまったものではない。

Aについても、嘘をついているかどうかはともかく、あまりにも話を作り過ぎているのではないか、という印象を我々弁護団は持っていた。判決を読み直してみても、Aは話の作り方がうまい。

たとえば、「前にも痴漢に遭ったことがあるので、絶対に人違いをしてはいけないと思い、隣にいた男性と密着していた肩をうまく外し、犯人に気付かれないようにそっと後ろに回して、お尻を触られている最中に犯人の手首を上から摑みました」などと言っていた。

確かにこの話にはリアリティがあるし、「お尻を触られている最中に」と言うことで、本当の犯人が手を引っ込めたあと別人の手首を摑んだのではない、という印象が強くなる。

だが、それが事実かどうかは、客観的な裏付けがないので誰にもわからない。このように話せば裁判官は「そこまで言うのなら間違いない」と思ってくれるだろうと、話を作った可能性を否定できないのである。

しかし裁判官は、Aの供述を「自己の経験を正確に表現すべく供述しており、その供述態度は真摯である」「信用性は非常に高い」と判断したのだ。

無視された再現映像

K氏は判決を不服としてただちに控訴した。我々は控訴審で主に次のように主張した。

・Aの証言について、あくまでも「事実であるか否か」を評価すべきである。
・K氏の供述には具体性、合理性、一貫性があり、信用できる。
・事件再現ビデオの信用性に裁判所が納得いかないのなら、ビデオ制作の経緯や方法についての証拠調べ、A役の女優への尋問などをおこなうべきである。原判決はこうした審理がいっさいないまま、「前提が違う」という意味不明の理由で再現ビデオの証拠価値を否定し、Aが人違いをした可能性について理由を示さずに否定したものであり、審理が尽くされていない（審理不尽）。

しかし、二〇〇七年一月に東京高裁（裁判長　高橋省吾《たかはししょうご》、裁判官　服部悟《はっとりさとる》、裁判官　中島真一郎《なかじましんいちろう》）が下した判断は「控訴棄却」であった。理由は一審とほぼ同じだったが、事件再現ビデオについて東京高裁は次のように言及した。

「再現実験は撮影スタジオのセット内でおこなわれたもので、電車の走行による揺れがなく、周囲の乗客役にも動きがあまりなく、痴漢役の男性はA役の女性の挙動を容易に察知できる。実際の事件は走行中の揺れる電車内の犯行で、Aは痴漢犯人に気付かれないよう注意して捕まえようとしていたので、痴漢犯人が自分の手を摑もうとするAの動きを察知するのは難しく、手を摑まれずに逃げる可能性は低かったはずである。再現ビデオは本件の状況を忠実に再現したものとは認定できず、証拠として採用することはできない」

サンドイッチマンのような格好をして駅や車内で目撃者を探したり、何度も実験を重ねて再現映像を作ったり、考えられる有効な手はすべて打ってきただけに、K氏夫妻も弁護団も、この判決には非常に失望した。

裁判所は、この再現実験について、不当に過小評価したと言える。痴漢事件では、「被害者」と被告人のいずれが信用できるかという形で、信用度の比較で判断されがちである。しかし、再現実験で明らかになったのは、「被害者」は「間違いなく後方の犯人の手を摑んだ」と思っているが、客観的には真犯人と「被害者」との間にいる別の人の手を摑んでしまっている、という確たる事実である。この場合、「被害者」は自身の記憶どおりに話をしているのであり、嘘を言っているわけではない。もちろん、手を摑まれた人も嘘を言っていない。つまり、いずれかが、故意に嘘を言っているはずという前提自体が誤りなのである。このような重要な証拠について、「電車が揺れているか否かで結果が変わるはず」などという、何の根拠もない、思いつきのようなことで排斥した控訴審判決は罪が深いと思う。

K氏は最高裁への上告を断念した。周防監督の全面的協力の下に、大変な費用とエネルギーをかけて実施した再現実験について、まともに検討しようとすらせず、客観的証拠をすべて無視して、「Aの証言は信用できるか」という愚鈍な尺度でしか考えようとしない裁判所に失望したことが大きかったと思う。

今になって考えると、我々は立証方法を広げ過ぎたのかもしれない、という気もする。目撃者Y氏の証言は、記憶が曖昧な点もあってあまり重視されず、やや空振り的な結果になってしまった。相当な苦労をして探し出した目撃者であったが、Y氏はAの臀部を触った真犯人を目撃したわけではない。そもそも、ラッシュアワーの電車の中で他人の行動の一部始終を見ている人はいない。証言内容にはおのずから限界があった。

事件再現ビデオの制作は、周防監督が非常に頑張ってくださったが、残念ながら裁判所にはあまり「受け」がよくなかったようで、証拠として重視されなかった。

しかし、本件のような事件では、再現実験の結果はきわめて重要なはずである。まったく同一の状況を再現して、真犯人および被害者の行動を画像で再現するのだし、検察がやっても同じ結果になるはずなのに、裁判所はまともに取り上げなかった。保守的な裁判官にとって、周防監督のおこなった再現実験は斬新すぎたのかもしれない。

裁判官には〝流行〟に左右されやすい一面もあるが、その一方で保守的な面も強く、「奇をてらった立証に惑わされないぞ」と身構えるところがある。再現映像については、電車の揺れがないとか、乗客の動きが少ないとか、根拠もない、思いつきでの難癖をつけることは容易である。

このあたりは、裁判官による事実認定ということの限界かもしれない。

結果の社会的影響

周囲が無罪を確信することの重要性

K氏の妻は欠かさずに傍聴を続けた。

K氏の友人や恩師らは、「信じているからくじけるな。一日も早く無実を証明して、もとどおりに活躍しろ」と温かい励ましを続けてくれた。

大学当局は、最初は半信半疑だったようだが、K氏にとって幸運なことに、裁判をきちんと傍聴して判断しようという姿勢を見せてくれた。K氏の同僚や職員の方々も、控訴審判決まで裁判を傍聴してくれた。

弁護人が依頼人を信じて懸命に弁護活動をすれば、周囲も安心すると思う。

K氏の職場の人たちは裁判を傍聴する過程で、「弁護団がここまで一生懸命やって、K氏の無実を裏付ける証拠もこんなにあるのだから、痴漢などやっていないに違いない」との思いを強くしていった。判決についても、「彼は本当は無実だ。ただ、裁判官がわかってくれなかっただけだ」と受け止めてくれた。

大学側もそのような心証を持ってくれたため、K氏は裁判後に大学に復帰し、職務をまっとうすることができたのである。

そうなれば、仲間内では無罪のようなものである。だからこそ、K氏はスムーズに職場復帰できたのだと思う。「仲間内無罪」というのは、かなり重要なことなのである。

映画『それでもボクはやってない』に取材協力

事件の再現ビデオを制作してくれた周防正行監督は、そのあと痴漢冤罪をテーマにした映画『それでもボクはやってない』を作った。痴漢冤罪を通して、日本の刑事裁判や司法制度のあり方に疑問を投げかけた作品である。

周防氏はこの映画を作るためにいくつかの痴漢冤罪事件を自ら取材していった。K氏の事件では、我々もその取材にできるだけの協力をした。周防氏の映画のなかには痴漢冤罪事件の実際のエピソードがちりばめられており、痴漢の濡れ衣を着せられた主人公の青年が、目撃者の女性を探し出して証人尋問をしたり、事件の再現ビデオを制作したりと、本件と同様のシチュエーションが出てくる。再現実験の場面では、本件の再現映像を使ったのかもしれないと思うほど、よく似た画像も登場する。

『それでもボクはやってない』は、K氏の控訴審判決が出た直後に公開された。同年五月にはスイス・ジュネーブで開かれた国連拷問禁止委員会の前夜に上映されて関係者から高く評価され、秋には第八〇回アカデミー賞・外国語映画部門に日本代表作品としてエントリーされた。

エピソード

被告人に寄り添い、共に闘う

「弁護人の助言と励まし、家族の支えがあったからこそ、一個人では絶望したくなるほど難しい客観的証拠の収集、再現ビデオでの実験・検証、目撃者探しなどを、すべておこなうことができました」

控訴審の最終陳述でK氏はこう述べた。

裁判の結果は残念なものであったが、K氏夫妻は弁護団に非常に感謝してくれた。

今でもK氏からは年賀状が毎年届き、「やることをすべてやっていただいたので、私は大丈夫です」と、力強いメッセージをいただいている。

弁護士の仕事は「有罪か無罪か」「勝つか負けるか」だけが大事なのではない。

依頼人が弁護士に求めているのは、自分の立場に立って話を聞いてくれること、自分では調べられないことを調べてくれること、自分や家族の思いを受け止めて一緒に闘ってくれることである。

私は「無罪請負人」などと言われるが、この言葉はあまり好きではない。依頼人の思いとは関係なく仕事をして無罪にすればそれでいい、というイメージがあるからだ。

「勝つか負けるか」よりも、依頼者に寄り添い、共に闘う姿勢が重要だと思う。

2 H青年事件

「K教授事件」は、女性の臀部を撫でたとされて東京都迷惑防止条例違反に問われたが、私が担当したもう一件のH青年の痴漢冤罪事件は、女性の下着の中に手を入れて猥褻行為におよんだとされて強制わいせつ罪に問われた。

事件の概要

痴漢で懲役一年四ヵ月の実刑判決

本件の被告人H君（当時二二歳）は、新宿区内にある衣料品店のアルバイト店員だった。

二〇〇七（平成一九）年二月五日朝、彼は出勤のために西武新宿線玉川上水《たまがわじょうすい》駅で午前七時六分発の西武新宿行き急行電車に乗った。

電車は田無《たなし》駅で満員になり、H君は進行方向左側のドア付近に立って右手で吊り革を持ち、左手は左肩から右脇に斜めにかけたショルダーバッグの紐を握っていた。H君の左斜め前には制服姿の女子高生が、その左後ろ（H君の左横）にサラリーマン風の男が立っていた。

午前八時少し前、電車がH君の下車駅である高田馬場《たかだのばば》駅に着く直前に、その女子高生がいきなり左手を後ろに回し、ショルダーバッグの紐を持っていたH君の左手の袖口を摑んだ。

ほぼ同時に女子高生は振り向き、「触ったろ」と言った。H君は「触ってない」と答えたが、女子高生は摑んだ手を離さず、さらに「触ってんじゃねぇよ」などと言った。

ドアが開くと、女子高生はH君をホームに降ろして駅員を呼んだ。H君は「僕じゃありません」と言い続けたが、駅員は、「ここじゃ処理できないから交番に行こう」と言った。

H君は私人による現行犯逮捕で戸塚《とつか》警察署（新宿区）に留置され、事件から一八日後、強制わいせつ罪で起訴された。起訴状によれば、彼が女子高生B（当時一七歳）に対しておこなったとされる「痴漢行為」は以下のとおりである。

「午前七時四四分頃、被告人は被害女性の後ろから左手を伸ばし、スカートの上から左手のひらで臀部を撫で回したり、指先に力を入れて揉んだりした。続いて、スカートの裾をめくり上げるようにして左手を差し入れ、被害女性が穿《は》いていた下着の右足裾の部分を中央付近にずらして臀部右側を露出させ、左手指でじかに臀部右側を撫で回した。

さらに、その左手の指を下着内に差し入れ、肛門や陰部を直接押すように触ったあと、下着内から手指を抜き出し、電車が高田馬場駅に到着する直前の午前七時五五分頃まで、下着の上から陰部付近や臀部を撫で回した」

H君は一貫して容疑を否認した。痴漢行為があったのだとすれば、自分の左横にいたサラリーマン風の男ではないか、とも主張したが、担当捜査官は聞く耳を持たず、戸塚警察署の留置場に八六日間勾留された。

そして二〇〇八年三月五日、H君は東京地裁において「懲役一年四ヵ月・執行猶予なし」という厳しい実刑判決を言い渡されたのである。

裁判の経緯

控訴審から受任

この事件は、控訴審から私の事務所が直接受任した。紹介者はH君のおじで、私の大学時代の友人であった。私どもが受任した時点では、H君は保釈を認められていた。H君に前科前歴はなく、立川市内の自宅で両親と同居し、ごく普通の生活を送っていた。母親は教員で、父親は家事を担当していた。ご両親はH君の無実を信じており、一審では父親が証人に立つなど非常に熱心に裁判に取り組んでいた。

弁護団のメンバーは、主任弁護人の私と、娘の弘中絵里《ひろなかえり》、当時私の事務所のイソ弁だった大木勇《おおきいさむ》、品川潤《しながわじゅん》の四人である。

本件は、被害女性の後ろにいた男性が犯人と誤認されたという点では、前述の「K教授事件」と同様であったが、裁判での争い方は若干違った。弁護団会議で話し合いを重ねたうえで、我々が法廷で主張・立証した主なポイントは、次項のとおりである。

主な論点と証拠

❶鑑定の問題

痴漢事件でおこなわれる鑑定には二種類のものがある。一つは、被疑者の手指に被害者の下着や衣服などの繊維と思われる微小物が付着しているか否かを調べる微物鑑定（繊維鑑定とも言う）。もう一つは、被疑者の手指に被害者の体液や細胞などが付着しているか否かを調べるDNA鑑定だ。

本件の捜査段階では、H君は逮捕直後に両手をビニール袋で覆われて、洗ったりぬぐったりできないようにされたうえで、左右の手指や手のひらから採取した付着物の試料について繊維鑑定がおこなわれていたが、事件当日に女子高生Bが着用していた下着（パンティと毛糸の短パン）のものと断定できる繊維は発見されていなかった。

一審で検討された鑑定書では、H君の手指から採取された付着物のなかには、Bが着用していたパンティの股の内側布部分の繊維と似た無色の綿繊維が存在したものの、「無色の綿繊維は生活環境下のどこにでもあり、Bのパンティのものと同一かどうかは不明である」と結論付けられていた。

また、起訴状にある犯行の態様が事実であるとすれば、H君の手指にはBの陰部や肛門の皮膚片や粘膜組織片、分泌物などが付着していた可能性が高い。つまり、「被疑者の手指の付着物から、被害者のDNAが検出されるか否か」が鑑定されなければならないはずである。

ところが本件では、Bのパンティから採取した付着物からH君のDNAが検出されるかどうかの鑑定しかおこなわれていなかった。

我々は、法医学者として著名な押田茂實《おしだしげみ》日本大学医学部教授に直接会って微物鑑定に関する指導を受け、本件の繊維鑑定をした警視庁科学捜査研究所の化学研究員Z氏を証人尋問した。

その結果、H君の手指から採取した試料については繊維鑑定しか実施されていなかったことが明確になった。また、H君の手指には綿繊維以外の繊維も付着していたこともわかった。

そこで我々は、事件当日にH君の手指から採取された試料について、DNA鑑定をするよう裁判所に申請した。

戸塚警察署には、Z氏が鑑定に用いた「鑑識テープ」（H君の手指から採取した繊維や皮膚組織片などを透明な粘着テープに貼り付けたもの）が、良好な状態で保管されていた。裁判所は、我々の鑑定申請を認めて、それらの試料に基づいて、主に以下の点を、警視庁科学捜査研究所に鑑定させることとなった。

・「鑑識テープ」には、人体の皮膚組織片、体液、排泄物などが含まれているか否か。
・含まれているとしたら、そのDNAに女子高生Bのそれと一致するものがあるか否か。
・H君の手指に付着していた綿繊維以外の繊維は、Bの下着のものであるか否か。

仮に、これらの試料からBと一致するDNAがまったく検出されなければ、H君が痴漢行為をしたことに合理的な疑いが残ることになる。

こうして実施された鑑定の結果、試料のうちDNA検査が可能だった五つすべてにおいて、「被害者のDNAが混在しても矛盾がないと判断することはできない」との結論が得られた。また、H君の手指に付着していた綿繊維以外の繊維は、Bの下着の繊維とは異なるものであることも判明したのである。

これらの鑑定結果に基づいて、我々は法廷で次のように主張した。

①客観的・科学的証拠は、H君が犯人ではないことを示したと言える。

・Z氏による当初の鑑定により、H君の手指に付着していた無色の綿繊維は、事件当日に女子高生Bが着用していたパンティのものだとは断定できないとされている。

・再鑑定の結果、H君の手指に付着していた綿繊維以外の繊維は、Bの下着の繊維と異なる。したがって、「鑑識テープ」からBの下着と一致する繊維はまったく発見されなかったということになる。
・再鑑定の結果、H君の手指から採取された試料中にBのDNAが混在する可能性が否定された。

②H君が再鑑定を積極的に求めたこと自体が、H君の無罪を示すものだと言える。
・なぜなら、仮にH君が真犯人であるとすれば、再鑑定を求めることは自分の首を絞める結果を招くはずだからである。しかも、この鑑定は警察が事件直後に採取し保存していた試料に基づき、警視庁科学捜査研究所が実施することになったものである。つまり、H君とすれば、鑑定結果に自分の影響力を行使できる余地はまったくなかったのである。それにもかかわらず、H君が強く再鑑定を求めたのは、自分が犯人ではないことを確信していたからにほかならない。

❷密告の信用性

一審において検察側の証人の一人になったのは、H君と同時期に戸塚警察署に留置されていた男性T（当時四一歳）であった。Tは「留置場内でHから犯行を打ち明けられた」と証言しており、東京地裁が有罪判決を下す大きな理由の一つとなっていた。

当時、Tは住居侵入と放火（現住建造物等放火未遂）の疑いで留置されており、H君とは別の留置室に入っていたが、「朝の運動時間や入浴の時にはHと話す機会が何度もあった」とし、戸塚警察署や東京地検において、次のような趣旨の供述をしていた。
「入浴を終えて着替える時、たまたまHと二人だけになったので、『ぶっちゃけ本当のところどうなの、やったの?』と私が訊くと、Hは少し口ごもったあと、『じつは、ペロッとやっちゃいました』と言いながら、右手でお尻を下から上に撫で上げるようなしぐさをした。『どこまでやったの』と訊くと、Hはにこにこ笑いながら、『スカートに手を入れて、パンツの中に手を入れた時に手首をガッと掴まれて、駅で降ろされて捕まっちゃったんですよ』などと答えた。ほかに次のような会話もあった。
T『痴漢した相手はどんな人?』
H『女子高生ですよ』
T『最近の女子高生の制服のスカートは膝上ギリギリでやばいよね』
H『そう、あれじゃあ触ってくれって言ってるようなもんじゃないですか』
T『でも、やったんなら正直に言ったほうがいいよ』
H『最初にやってないって言っちゃったから、今さら言えないですよ』」
留置施設の中には、同房者に関する話を捏造《ねつぞう》して警察官に告げ、点数稼ぎをしようとする輩《やから》もいる。それにしても、Tの供述は警察が作り過ぎているように我々は感じた。そこで、東京地検におけるTの供述調書、放火事件に関する警察官調書や控訴趣意書などを閲覧し、Tの言動が矛盾していることを以下のように立証した。
・警察官調書や検察官調書によると、Tは窃盗で逮捕・拘置されたことがあったが、出所後、「刑務所に帰りたい」と思い連続放火事件を起こしていた。また、本件一審では、「Hの犯行告白を警察官に伝えることで自分の罪を軽くするつもりはない」と述べていた。しかし、Tは、自身の放火事件について控訴を申し立てており、自分の罪を軽くしたいという気持ちがなかったとは、およそ言い難い。

・Tは本件以前にも、否認している被疑者に近付いて「本当はどうなの」と尋ね、犯行を告白されると警察官に話したことがある。「性犯罪事件は水掛け論になりやすく、言い逃れができる。自分は事件のことを正直に話しているので、否認している人にも自分の行為に責任を取ってほしいと思い警察官に話した」という。これによればTには、「性犯罪を否認している者は処罰を受けるべきである」という気持ちの強いことが窺《うかが》える。

・「『じつは、ペロッとやっちゃいました』と言いながら、Hは右手でお尻を撫で上げるしぐさをした」とTは言うが、これは女子高生Bが供述する本件の犯行態様と相当異なる。

・これらの事情を総合すると、Tの原審証言は信用性に疑問があり、この証言によってH君が犯人であると認定することはできない。

❸再現実験

女子高生BがH君の左袖口を摑んだ状況を再現し、両者の手の床面からの高さなどを計測し、それらの写真と説明書を裁判所に提出した。この実験には、当時保釈中のH君も参加した。

まず、弘中絵里弁護士が「仮想被害者」となり、靴を履いた状態でBの身長と同じ一六二cmになるようにした。次に、H君が事件当日と同じ服装、同じショルダーバッグの持ち方をして

「仮想被害者」の後ろに立ち、両者の位置関係を再現した。ショルダーバッグの紐を握ったH君の左手下辺は、床面から約九〇㎝の高さであった。

そのうえで、「仮想被害者」が左手で後ろにいるH君の左袖口を摑んだ状況を再現した。「仮想被害者」が腰の後ろに回した左手の位置は、床から約九〇㎝の高さになった。「仮想被害者」は、左手の肘《ひじ》を自然に折り曲げることにより、左腰の後ろで、ショルダーバッグの紐を握っているH君の左袖口を容易に摑むことができた。

これらの再現実験に基づいて、我々は法廷で次のように主張した。

・Bが後ろを目で確認することなく自分の左手を左腰のあたりに回し、付近の人の手を摑もうとすると、H君の袖口あたりを摑むことになる可能性が高い。

・一般的に、人は後ろに手を伸ばすよりも、前に出していた手を引くほうが容易で早い。つまり、Bの動きに注意していた真犯人は、Bが左腰の後ろに手を伸ばしたのを見て、手を摑まれる直前にスカートのあたりから手を引っ込めることが容易にできた。真犯人が素早く手を引っ込めれば、めくり上げられたスカートが元に戻るタイミングで、Bがその付近にあった動かない手、つまりH君の手を摑んでしまう可能性が高い。

・Bは、「スカートが元に戻ったのと同時に後ろにあるHの手を摑んだのだから、犯人の手に間違いない」と主張しているが、それはBの思い込みを述べているに過ぎない。

逆転無罪判決

二〇〇九年六月一一日、東京高裁（裁判長　阿部文洋《あべふみひろ》、裁判官　堀田眞哉《ほったまさや》、裁判官　野原俊郎《のはらとしろう》）は判決を下した。

「原判決を破棄する。被告人は無罪」

H君は逆転無罪を勝ち取ったのである。

・再鑑定の結果から、被告人が本件の犯人であると証明することはできず、原判決には明らかな事実誤認があった。

・被告人から犯行を告白されたというTの原審証言を、事実と認めることはできない。

・再現実験の結果から、被害者が被告人の手を誤って摑むことはあり得ない、とまでは言えない。被害者の原審証言には思い違いと考えられる点もあり、被告人以外の乗客が犯人である可能性を否定しきれるとは言えない。

東京高裁はこのように、我々の主張をおおむね認めてくれた。

一審で実施されなかったDNA鑑定を請求した段階で、私には判決を覆す自信があった。仮に「鑑識テープ」から女子高生BのDNAが検出されたらアウトである。それを弁護団や被告人自らが「徹底的に調べてください」と言うのだから、裁判所としては、「被告人は犯人ではない可能性が十分にある」という心証を持つはずである。

一方、検察側は、留置場でH君と一緒だったTの不自然な証言を一審から前面に押し出していた。裁判官にもよるだろうが、一般的に言って、こうした「言葉押さえ」を使うことは証拠として弱いと裁判所に思われてしまうので、あまり良い立証方法ではない。しかも、Tは刑務所に戻りたいがために連続放火事件を起こすような自己中心的な人物だったので、東京高裁の心証はかなり悪かったはずである。

本件における我々の立証活動は、前出の「K教授事件」に比べると、やや地味だった。

再現実験にしても、H君の弁明は必ずしもおかしいとは言えないということを、私の事務所の弁護士たちが役割分担して写真撮影だけで立証するという単純な手法であった。しかし、それでも、姿勢からして、「Bが後ろに手を回して、ショルダーバッグの紐を握っているH君の手を誤って摑むことは不自然すぎて考えられない」という一審裁判官の判断に疑問を持たせる効果は、十分あった。

この一審裁判官にしても、「K教授事件」控訴審で「揺れている電車では、間違ってK氏の手を摑むとは考えられない」と判断した裁判官にしても、裁判官は、自分の頭の中だけで決めつけすぎると思う。

また、H君の事件では、最終弁論の直前に、最高裁で痴漢事件について画期的な判決が出ていたことも、我々を後押しする形となった。317〜319ページ以下で述べた「二〇〇九年四月一四日最高裁第三小法廷判決」である。この事件は、電車内での痴漢事件の原審で有罪判決が出ていたという点で、本件と共通する。我々は最終弁論において、最高裁が原判決を破棄して無罪判決を下したことにも言及し、以下のように主張していた。

・最高裁判決は、痴漢事件においては被告人の防御権行使が困難であることを認めている。つまり、満員電車の中で、突然痴漢犯人と決めつけられた時に、「犯人は自分ではない」と反証する（防御権を行使する）ことは容易なことではないので、それを前提に証拠判断をすべきだ、ということである。これは痴漢事件一般に通用する議論なので、本件においても適用されるべきである。

・最高裁判決で那須弘平裁判官は、痴漢事件の「被害女性」が法廷で過度に断定、誇張せざるを得ない心理状態に置かれることを指摘した。Bが被告人を犯人と断定している本件においても、この点について十分に留意すべきである。

東京高裁はこれらの主張も考慮したうえで、H君を無罪としたのだと思われる。最高裁第三小法廷判決は、我々にとって一つの追い風となったと言えるだろう。

エピソード

刑事補償と費用補償

検察は上告せず、H君の無罪が確定した。

H君は我々弁護団を代理人として、東京高裁に刑事補償と費用補償の請求を申し立てた。

刑事裁判で無罪判決を受けた場合には、国に対して金銭補償を請求することができるのだ。

ここで、刑事補償請求と費用補償請求について簡単に説明しておこう。

①刑事補償請求

・概要：無罪判決を受けた者が、逮捕や勾留によって抑留または拘禁[*1]されていた場合、その身柄拘束に関して補償を求める手続のことである（刑事補償法第一条）。

・刑事補償金額[*2]：一日当たり一〇〇〇円以上一万二五〇〇円以下の範囲とされている（同第四条一項）。しかし、「一日一〇〇〇円では時代にそぐわない」という声もあり、一万二五〇〇円が認められるケースも多いようである。請求を受けた裁判所は、身柄拘束の種類や期間、それによって本人が受けた財産上の損失、拘束期間に得るはずだった利益の喪失、精神上の苦痛や身体上の損傷、警察・検察・裁判の各機関に落ち度がなかったかなど、あらゆる事情を考慮して金額を決める（同第四条二項）。

・請求期間：無罪判決が確定した日から三年以内（同第七条）。

②費用補償請求

・概要：無罪判決が確定した裁判に要した費用の補償を求める手続のことである（刑事訴訟法第一八八条の二）。

・補償の範囲：弁護人や被告人が裁判所への出頭に要した旅費・交通費や宿泊料、弁護人の日当や報酬など（同第一八八条の六）。

・請求期間：無罪判決が確定した日から六ヵ月以内（同第一八八条の三第二項）。

H君の場合、刑事補償請求では、逮捕から保釈までの八六日間にわたって抑留または拘禁されたことが東京高裁に認められ、一日当たり一万二五〇〇円、合計一〇七万五〇〇〇円の補償金が交付された。

また、費用補償としては計九三万六〇四〇円が交付された。これは、一審・二審のH君の旅費・日当と各弁護人の旅費・日当・報酬の合計である。弁護人の費用補償には国選弁護の規定が準用されるため、実際に支払われた弁護士費用を下回る場合も多いのが実情である。

＊1　抑留または拘禁：身体拘束のうち、一時的なものが抑留、より継続的なものが拘禁。日本国憲法第三四条は、「何人も、理由を直ちに告げられ、且つ、直ちに弁護人に依頼する権利を与えられなければ、抑留又は拘禁されない。又、何人も、正当な理由がなければ、拘禁されず、要求があれば、その理由は、直ちに本人及びその弁護人の出席する公開の法廷で示されなければならない」と規定している。

＊2　刑事補償金額：捜査機関に重大な落ち度があった場合や、身柄拘束期間に莫大な財産の損失があった場合でも、刑事補償金額の上限は一日当たり一万二五〇〇円である。それ以上の請求をするためには、国家賠償請求訴訟を提起する必要がある。

「この人、痴漢です」と言われたら

痴漢冤罪の被害から身を守るには、事件発生時の対応が重要である。

よく言われるのは、「絶対に駅員や警察官に付いて行ってはいけない」ということだ。私も基本的にはそう思う。駅員や警察官に「当事者双方から話をよく聞いて誤解を解かせよう」という気があるのなら別だが、本節で取り上げた二つの事件からもわかるように、それはほとんど期待できない。本当に痴漢行為をしていないのであれば、「逃げるが勝ち」と考えるより他にない。「違います」と言いながら現場から立ち去る（たとえば、次の停車駅で電車を降りてしまうなど）のが良策だろう。

「K教授事件」で言うならば、Aが一人で電車を降りた渋谷駅で自分は下車せず、そのままどこかまで乗っていけばよかったと思う。

勤務先の名刺を渡し、身分を明らかにして現場から立ち去るという方法もあると思うが、「被害者」のなかには勤務先を巻き込みたがる人もいるようだ。たとえば、いきなり会社の人事部などに電話をして「被害」を訴える可能性も、皆無とは言えない。

ただし、「逃げるが勝ち」と言っても、駅のホームから線路に飛び降りるようなことをしてはいけない。最近はこのようなケースが増えているが、過去には線路を逃走した男性が電車に撥ねられたり、線路の下を流れる川に転落したりして死亡する事故も起きている。線路に立ち入る行為は鉄道営業法違反に当たる。電車の運行を遅延させれば、鉄道会社から莫大な額の損害賠償を請求される可能性もある。

また、今は監視カメラがいたるところに設置されているので、線路を逃げてもどこへ行ったのかわかってしまうかもしれない。周囲の人がスマートホンなどで「痴漢犯人」が逃げる様子を撮影し、その映像がテレビのワイドショーで流されたりすることもある。線路に飛び降りるようなリスキーなことはせず、落ち着いて立ち去るのがいい。なお、焦って逃げようとして、周りの人を突き飛ばして怪我をさせて、問題を大きくしたケースもあるので、慎重に。

過去に痴漢被害に遭った女性のなかには、非常にナーバスになっている人もいる。周囲の男性が皆痴漢のように見えてくる気持ちも理解できるが、何もしていない男性が「犯人」として断罪されるのは正義に反する。その意味でも、女性専用車の設置はよかったと思う。もっと早く実施してもらえれば痴漢冤罪は大きく減ったのではないかと思う。

なお、女性専用車は電車の最前部か最後部に設置されていることが多いので、電車に乗り遅れそうな時に女性専用車だと気付かずに乗ってしまう男性もいる。私自身、地下鉄千代田線の代々木公園駅で階段を駆け下り、最後部の車両に飛び込んで、「なんとか間に合った」と思ったら周りは女性ばかりだと気が付き、慌てて車両を移動した経験がある。駅によって、改札口から一番近いのが、電車の最後部だったり、中央部だったりするので、どこを女性専用車にすべきかは難しいかもしれないが、なるべく問題の少ないところに女性専用車を設けてほしいと願う次第である。

女性専用車だけでなく男性専用車も作って、男女それぞれが車両を選択できるようにすればいいと思うのだが、こうした専用車両が増えると重量的にバランスが悪くなり、特にラッシュ時には車両の配分が難しいようである。

＊

痴漢冤罪は、事件が起きてしまってからでは完全な解決法がない。男性の自衛策としては、とにかく満員電車の中で女性のすぐ後ろに立たないことである。これも実際には難しいが、やむを得ず後ろに立ってしまった時は、女性に背を向ける形にするとか、両手で吊り革を持つとかなどして自衛するしかないだろう。

同種事件・関連事件

地下鉄御堂筋線痴漢でっちあげ事件　二〇〇八年

この事件は、大阪市営地下鉄御堂筋《みどうすじ》線の電車が天王寺《てんのうじ》駅に停車する直前に起きた。女性D（当時三一歳）が車内で泣き崩れる演技をし、すぐそばに偶然居合わせた会社員E氏（当時五八歳）に痴漢をされたと騒いだのだ。Dの交際相手である学生F（当時二四歳）が目撃者を装い、「尻を触ったな」などと言ってE氏を現行犯逮捕し、駅員に引き渡した。

阿倍《あべ》野《の》警察署に連行されたE氏は容疑を否認したが、「痴漢しているところを見た」と言う新たな目撃者Gも現れたため、担当捜査官はE氏の言い分を聞かず、「被害者と赤の他人が『見た』と言うんだから白状したらどうや」などと自白を迫った。

ところが事件翌日の夕方、阿倍野署は「被害女性」と二人の「目撃者」の供述がそれぞれ食い違っていることを理由に、E氏を釈放した。その後、事件当日に穿《は》いていたスカートの任意提出を求められたDは観念して自首し、痴漢被害が嘘だったことを認めた。首謀者は目撃者とされたGで、「痴漢をでっちあげて示談金をせしめよう」と、DとFを誘ったという。

当初、阿倍野署はE氏の身柄を拘束したことについて、「手続上は民間人による逮捕で、警察の誤認逮捕には当たらない」などと強弁していたが、その後、E氏に謝罪した。痴漢をでっちあげた三人は逮捕され、大阪地裁でそれぞれ有罪判決を受けた。

世の中には、「痴漢をされたと芝居をすれば小遣い稼ぎになる」と考える不埒《ふらち》な輩がいる。つまり、痴漢という行為には冤罪が生まれる余地がかなりあるわけである。

たいした証拠がなくても、「間違いなく触られた」と「被害者」が言えば警察官は信じてしまいやすいし、裁判所でさえ事実誤認で無実の人を有罪にすることがある。痴漢冤罪事件は、身の潔白を証明することが最も難しい事案の一つだと言えるかもしれない。

第五章

日本の刑事司法の現実

金融商品取引法違反と会社法違反で逮捕されたカルロス・ゴーン日産自動車前会長（右）は、2度目の保釈後、検察の妨害により、妻のキャロル・ナハス氏（左）と直接会えない状態が約8ヵ月間続いた。露骨な裁判の遅延策と「人質司法」と呼ばれる国際的に批判された捜査手法に絶望したゴーン氏は、国外へと「逃亡」した

（写真提供：ロイター＝共同）

カルロス・ゴーン事件——二〇一九年受任

ゴーン逃亡

保釈中のカルロス・ゴーン日産自動車（以下、日産）前会長（当時）が海外に〝逃亡〟したことを私が知ったのは、二〇一九（令和元）年一二月三〇日の早朝であった。

午前六時半頃、自宅で就寝中だった私は電話の着信音で起こされた。相手は、日本外国特派員協会（以下、外国特派員協会）の事務局長・神保哲生《じんぼうてつお》氏であった。

「先生！　ゴーンさんが日本から逃げました。知ってますか？」

何を言われているのかわからず、咄嗟《とっさ》に言葉が出てこなかった。

「知らないよ、そんなこと……」

と答えるのがやっとだった。

ゴーン氏がレバノンに入国したという情報が地元で流れているらしい。日本のマスコミは情報集めに動き始めたという。

「これから大騒ぎになりますよ」

神保氏はそう言って電話を切った。

いったい何が起こったのか、私にはまったく理解できなかった。

ゴーン氏は、保釈条件として、いくつもの制約を受けていた。

海外渡航はもちろん禁じられている。東京・港区内の制限住居[*1]の玄関には、監視カメラが設置され、人の出入りが録画されている。使用できる携帯電話は、弁護団が提供した一台のみ。パソコンは、私の事務所が貸与した一台のみを、私の事務所でしか使えない。監視カメラの映像や、携帯電話の通話記録、パソコンのログ（記録）、昼夜を問わず面会したすべての人の名簿は、定期的に裁判所に提出してチェックを受けていた。このような制約下で〝海外逃亡〟するなど想像もできず、そんな疑いを持ったことさえ一度もなかった。

そもそも、ゴーン氏の顔は世界中に知られている。空港あるいは港で出国審査をする入管職員が、彼に気付かずに日本から出すはずがない。

のちに、彼が音響機器を入れる大きな箱の中に隠れてプライベートジェット機で出国するという奇想天外な方法をとったと報じられたが、この時はそんなことを知る由《よし》もなく、〝海外逃亡〟は何かの間違いだとしか思えなかった。

その後、弁護団で連絡を取り合い、どうやら事実のようだということがわかってきた。それでもまだ私たちは、いったいどうして、どうやってと、半信半疑の状態だったが、翌三一日、ゴーン氏が自身の広報を担当するフランスの企業を通じて公表した「私は今、レバノンにいる。もはや、有罪が予想される日本の偏った司法制度の下での、囚《とら》われの身ではなくなった」との声明によって、彼の国外脱出を確信せざるを得なくなった。

三一日の午後、私は事務所前で多数の記者に取り囲まれた。

「報道以上のことはわかりません。弁護団がゴーン氏に最後に会ったのは一二月二五日で、以後、ゴーン氏からの連絡はまったくない。こちらも寝耳に水の状況で、非常にびっくりしているし、当惑しています」と答えるしかなかった。

弁護団が一丸となってゴーン氏の無罪を勝ち取ろうとしている時に、彼は私たちを裏切る形で日本を出て行ったことになる。だが、私には「裏切られた」という感覚はなく、「せっかくここまで一生懸命やってきたのに……」という残念な気持ちが強かった。

私たち弁護団は、年明け早々に熱海で合宿をして、ゴーン事件について改めて徹底的に議論し、弁護団としての主張を固めようと計画していた。合宿に使う宿も予約し、準備も急ピッチで進めていた。その矢先の〝逃亡〟だったのである。

同時に、彼に同情する気持ちもあった。

というのも、検察は露骨にゴーン氏の裁判を遅らせようとし、それに加えて、彼が妻のキャロルさんと接触することを徹底的に妨害していたからである。詳細は後述するが、当時、夫妻は直接会えない状態が約八ヵ月間も続いており、いつ会えるかの見通しもまったく立たない状況で、非常に苦しんでいた。

裁判の見通しは立たず、最愛の妻にはいつ会えるかわからない——。このことがゴーン氏を絶望的な気持ちにさせ、〝逃亡〟を決意するに至らしめた大きな要因となったと思う。

彼がキャロルさんに会えず苦悩していることは私にもよくわかっていたし、裁判所が適切な対応をしてくれないことへの不満もあった。「それほどまでに彼はつらかったのか」と、改めてゴーン氏への同情を禁じ得なかったのである。

＊1 制限住居：保釈中の被疑者・被告人が生活する場所として指定される住居。保釈中の制限として、制限住居での生活、共犯者や被害者など事件関係者との接触禁止のほか、さまざまな条件が付される場合もある。保釈中の制限を破ると保釈金は没収され、保釈取り消しにより再び勾留が始まる。

「証拠探しは今からやります」と検察は言った

明けて二〇二〇年一月八日、ゴーン氏はレバノンの首都ベイルートで記者会見を開いた。私は自宅で会見のテレビ中継を見た。

記者たちの最大の関心事は、「どうやって日本を脱出したか」であったが、ゴーン氏はそのことにはいっさい触れず、会見は、自身が逮捕・起訴された事件の問題点や、「なぜ脱出しなければならなかったのか」の説明に終始した。

「一連の事件は、私を日産から排除するために計画された陰謀だ」

「迅速な裁判を受けることは、最も大切な基本的人権の一つだ。しかし、検察は裁判を長引かせようとした。それは、私が公正な裁判（a fair trial）を受けられないことを示していた。そこから導かれる結論は明快だ。『日本で死ぬか、脱出するか』。これしかなかった」

「私は、自分が一七年間尽くしてきた日本という国に、人質に取られていると感じた」

これらは、記者会見におけるゴーン氏の発言のごく一部であるが、本件の重要な問題点と関わるので、のちに詳しく論じる。

テレビ東京は、レバノン・ベイルートで開かれたカルロス・ゴーン氏の記者会見を生中継した（2020年1月8日）

テレビなどで明らかなとおり、ゴーン氏は、喋る時にはたいへん表情豊かであり、また、身振り手振りを交えて熱弁を振るうので、絵になる。この会見でもそうだった。それまで私は週に何回も弁護団会議でそうした彼の姿に接してきたので、いつもと変わらない印象を受けたが、この会見を見た人の多くは、久々に目にする自信に満ち溢れた彼の姿に、「カルロス・ゴーン復活」を強く印象付けられたようである。

もし〝日本脱出〟が未遂に終わっていたら、ゴーン氏は、保釈を取り消されて東京拘置所に逆戻りとなり、保釈は二度と認められなかっただろう。彼は、「一か八か」の賭けに出て、母国の一つであるレバノンに舞い戻った（ゴーン氏はレバノン、ブラジル、フランスの多重国籍を有する）。そして、平素と変わらぬ態度で自ら会見を取り仕切り、わずかな休憩を挟んで二時間半近くも、日本の司法批判や日産の内情説明などに熱弁を振るったのである。「あっぱれ」という声さえ、あちこちで聞かれた。

ただ、弁護団はゴーン氏の〝逃亡〟によって多大な影響を受けた。私自身、二〇年正月には、記者たちがマンションの入口に殺到し、ひっきりなしにピンポンとチャイムを鳴らすので、自宅から出られない状態となった。事務所の弁護士たちもしばらくは仕事にならなかった。また、私の事務所は東京地検特捜部に家宅捜索された。この「ガサ入れ」の顚末《てんまつ》は後述するが、こうした点でも大変な影響を受けたのである。

しかし、私はそんなことよりも、検察幹部が口を揃えて東京地裁を批判したことに憤りを感じていた。

「ゴーンが海外に逃亡することは最初からわかっていた。だからあれほど強く保釈に反対したのに、地裁の裁判官が保釈を認めたりするから、こういうことになったのだ」

新聞等では、検察幹部がこのような言葉でゴーン氏の保釈を認めた裁判官の判断を批判していると報じられた。だが、〝逃亡〟という結果を招いたのは、他ならぬ彼ら自身なのである。

検察は、「裁判の開始を遅らせる、証拠はできるだけ開示しない、妻には絶対に会わせない」というアンフェアなやり方を続けてゴーン氏を精神的に追い詰める一方で、「証拠探しは今からやります」と平気な顔で言っていたのだ。

それを全部棚に上げて、「裁判官が保釈を認めたせいでゴーンに逃げられた」などと言うのは、責任転嫁も甚だしい。まったくもって、図々しい話だと思ったのである。

事件の概要

「カリスマ経営者」の華麗な経歴

私がゴーン氏の事件を受任したのは二〇一九（平成三一）年二月半ばであり、その時には、すでにゴーン氏は三つの事件で起訴されていた。事件の概要について述べる前に、ゴーン氏の経歴について簡単に触れておく。

カルロス・ゴーン氏は、一九五四年にブラジルで生まれた。祖父の母国レバノンで中等教育を受けたのち、パリで高等教育を受けて工学博士を取得。七八年に欧州最大のタイヤメーカー・ミシュランに入社し、三十代半ばで北米ミシュランの会長・社長兼CEO（最高経営責任者）に就任。その後、フランスのルノー社に上席副社長として迎えられた。

一九九九年、ルノーと日産は資本提携した。これを機に、ゴーン氏は日本に派遣され、ルノー上席副社長と日産のCOO（最高執行責任者）を兼務して、当時七〇〇〇億円近い巨額赤字を計上していた日産の経営立て直しに乗り出すこととなった。

倒産寸前の日本の自動車会社を外国人が本当に立て直せるのだろうか、と見るむきが多かったが、ゴーン氏はわずか一年ほどで日産を黒字に転換させた。ゴーン氏の経営手腕は世界中で高く評価され、マスコミは「カリスマ経営者」と彼をもてはやした。

その後、日産は二〇一六年に三菱自動車とアライアンス（提携）を締結。ゴーン氏は、ルノーの会長兼CEO、日産の代表取締役会長、三菱自動車の取締役会長を兼務した。

しかし、日本で計四度にわたり逮捕・起訴されたことにより、彼はすべての役職を失い、

「会社を私物化した」として激しいバッシングにさらされることとなったのである。

同じ容疑で二度の逮捕

ゴーン氏が最初に逮捕されたのは、二〇一八年一一月一九日の夕刻であった。日本のテレビ各局は一斉にニュース速報を流した。海外の主要メディアも、こぞって「ゴーン逮捕」を報じ、世界に衝撃が走った。

私がゴーン氏の逮捕を知ったのは、テレビのニュースだったと記憶している。プライベートジェット機で羽田空港に到着した直後、金融商品取引法（以下、金商法）違反（有価証券報告書の虚偽記載）[*1]容疑で、東京地検特捜部に逮捕されたという。

有価証券報告書は、証券市場で株式等を発行する上場企業が、市場の公正化や投資家の保護などを目的として、事業年度ごとに経営状況等を記載・開示する資料で、内閣総理大臣に提出することが義務付けられている（金商法第二四条一項）。

その当時は、どういうことなのか、私にはよくわからなかった。また検察が何かとんでもないことをやっているのではないか、国際的経営者をいきなり逮捕して、日本の司法が恥をかくことになるのではないか――と、少し気になった程度であった。

ゴーン氏の逮捕とほぼ同時に、彼の側近の一人である日産代表取締役（当時）のグレッグ・ケリー氏[*2]も、同じ容疑で逮捕された。検察の発表によれば、二人の容疑は、「二〇一〇～一四年度の、ゴーン氏の役員報酬についての虚偽記載」であり、「この五年間のゴーン氏の役員報酬は計九八億五五〇〇万円だったのに、有価証券報告書に計四九億八七〇〇万円と虚偽の記載をして、未記載分の約五〇億円は退任後に未払い報酬として受領するつもりだった」ということであった。

一八年一二月一〇日、検察はゴーン氏とケリー氏を起訴するとともに、二〇一五〜一七年度の役員報酬についても、同様の虚偽記載容疑で二人を再逮捕した。この二つの事案は、「金商法事件」と呼ばれる。

再逮捕の時には、「同じ事案を二つに分けて逮捕するのはおかしい」という批判の声が、国内外のメディアから沸き上がった。検察幹部は「事業年度によって個性がある」などと強弁したが、欧米メディアは、再逮捕に疑問を呈しただけでなく、ゴーン氏らの取り調べに弁護士が立ち会えないことも問題視した。先進諸国のなかで、刑事事件の取り調べに弁護士の立ち会いが認められていないのは、日本くらいのものだからである。

日本の司法制度に対する海外からの批判が強まるなか、ゴーン氏とケリー氏の再逮捕から一〇日の勾留期限となる一二月二〇日を迎え、検察は一〇日間の勾留延長を東京地裁に請求した。検察は、「二人が容疑を否認している以上、当然、勾留延長は認められる。それがいつもの流れだ」と考えていた。

しかし、東京地裁は、めったにないことであるが、勾留延長請求を却下した。検察は決定を不服として準抗告したが、東京地裁はこれも棄却。このニュースが報じられた時、検察は相当無理なことをやっているのだろう、と私は思った。

きわめて異例なことに、東京地裁は、準抗告の棄却理由を記した文書をマスコミに配布した。その文書には、「二つの金商法事件は、事業年度が連続する一連の事案と判断した」旨が書かれていた。こうした東京地裁の対応は、海外メディアからの批判、いわば一種の外圧を意識したものであったと考えられる。

検察は外圧など気にしないが、裁判官は検察官より冷静だから、「日本の司法が国際的な水準以下だと思われては困る」という気持ちがはたらき、外圧に敏感に反応する。それが、勾留延長請求の却下という判断につながったのだと思う。

この時点では、誰もが、「二人は間もなく保釈される」と考えたはずだ。

ところが、保釈されたのはケリー氏だけであった。勾留延長請求却下に対する準抗告が棄却されると、検察はその翌日、ゴーン氏を会社法違反（特別背任）[*3]容疑で三度《みたび》逮捕したのである。

*1　有価証券報告書の虚偽記載：金商法第一九七条一項一号で、有価証券報告書やその訂正報告書の重要な事項に虚偽の記載のあるものを提出した者は、一〇年以下の懲役もしくは一〇〇〇万円以下の罰金に処すか、またはこれらを併科する旨を規定している。

*2　グレッグ・ケリー：米国人。法律事務所の弁護士を経て、一九八八年に北米日産入社、二〇〇五年同副社長。〇八年に日本へ異動し、ゴーン氏を支えるCEOオフィスのヘッドに就任、〇九年に人事担当役員を兼務。

*3　特別背任：会社法第九六〇条一項「取締役等の特別背任罪」で、自己もしくは第三者の利益を図るか株式会社に損害を加える目的で、その任務に背く行為をして当該株式会社に財産上の損害を加えた時は、一〇年以下の懲役もしくは一〇〇〇万円以下の罰金に処すか、またはこれらを併科する旨を規定している。

勾留を延ばすための三度目の逮捕容疑

ゴーン氏の特別背任容疑について、検察は次のように説明した。

①私的な投資で生じた損失の付け替え

ゴーン氏は、自身の資産管理会社と新生銀行との間で、為替スワップ契約を結んでいた。一定の期日に一定のレートで円をドルに交換するという取引で、円安の時にはゴーン氏に利益が生じ、円高の時には逆に損失が生じる契約内容だった。

〇八年秋、リーマン・ショックによる急激な円高で、ゴーン氏が担保として差し入れていた債券の評価損で最高で約一〇億円の担保不足が生じた。新生銀行から担保の追加を求められたゴーン氏は、契約の名義を日産に移して損失を付け替え、日産に損害を与えた。

②サウジアラビアでの不正支出（いわゆる「サウジアラビア・ルート」）

〇九年から一二年にかけて、ゴーン氏は日産の完全子会社「中東日産」から、サウジアラビア在住の実業家ハリド・ジュファリ氏が経営する会社に、一四七〇万ドル（当時のレートで約一二億八〇〇〇万円）を送金させた。

これは、ゴーン氏がスワップ契約の名義を日産から自身の資産管理会社に戻す際、担保不足を補うためにジュファリ氏が信用保証に協力したことに対する見返りである。ゴーン氏は、自己の利益のために、不正にジュファリ氏の会社に送金して、日産に損害を与えた。

これらの事案は、後述するオマーンでの不正支出容疑（いわゆる「オマーン・ルート」）ととも

カルロス・ゴーン事件年表（①と②はケリー氏も逮捕・起訴）

2018.11.19	役員報酬の虚偽記載容疑（2010 ～ 14 年度分）で逮捕①
12.10	①で起訴　役員報酬の虚偽記載容疑（2015 ～ 17 年度分）で再逮捕②
12.20	東京地裁、検察の勾留延長請求を却下
12.21	特別背任容疑（スワップ取引の損失の付け替え、サウジアラビア・ルート）で 3 度目の逮捕③
2019. 1.11	②③で追起訴
2.13	受任
3. 5	保釈決定（保釈金 10 億円）→ 3 月 6 日　保釈
4. 3	記者会見を 4 月 11 日におこなうことを発表
4. 4	特別背任容疑（オマーン・ルート）で 4 度目の逮捕④
4.22	④で追起訴
4.25	再保釈（保釈金 5 億円）
5.23	公判前整理手続開始
9. 5	東京地裁、20 年 4 月に金商法事件の初公判を開きたいと提案
11.22	東京地裁、金商法事件と会社法事件の並行審理を提案→検察が拒否
12.25	東京地裁、並行審理案を撤回　公判スケジュールが白紙に戻る
12.29	関西空港から密出国、レバノンへ
2020. 1. 8	ベイルートで記者会見 東京地検特捜部、法律事務所ヒロナカの家宅捜索を試みるも失敗
1.16	弘中・高野両弁護人らが辞任（河津主任弁護人は継続）
1.29	東京地検特捜部、法律事務所ヒロナカの家宅捜索を強行、面会簿の原本を押収
9.15	ケリー氏初公判（東京地裁）、無罪主張
12.23	弘中ら、事務所の家宅捜索について国家賠償請求訴訟を提起
2021. 3. 2	東京地検特捜部、ゴーン氏の密出国を手助けしたとされる米国人父子を犯人隠避容疑で逮捕
7.19	密出国を支援した米国人父子に実刑判決→確定

に、「会社法事件」と言われる。いわゆる特別背任罪である。

ゴーン氏は、これらの容疑についてもすべて否認したが、今度は勾留延長が認められたため、東京拘置所の中で年を越すこととなった。

そして、勾留期限を迎えた二〇一九年一月一一日、前述した「一五〜一七年度の有価証券報告書の虚偽記載」とともに、「会社法違反（特別背任）」で追起訴された。

受任の経緯

東京拘置所での接見

私がゴーン氏の弁護を受任したのは、追起訴から約一ヵ月後の一九年二月一三日である。

ゴーン氏には逮捕直後から弁護団がついていたが、自由人権協会の活動などで旧知の弁護士から、「彼は新しい弁護士に替えたがっている。通訳を用意するので、ともかく一度、妻のキャロルさんと話をしてほしい」という話が持ち込まれた。

非常に複雑そうな事件なので、私にできるだろうかと思ったが、とにかく話を聞いてみることにし、二月一二日に当時レバノンにいた彼女とオンラインで面談した。

お互いにどこまでうまく話が通じたかわからないが、夫が身に覚えのない罪で三度も逮捕されたことでキャロルさんが途方に暮れており、精神的に追い詰められた状況にあることはよくわかった。少なくともゴーン氏に会いに行ってあげなければいけないという気持ちになり、「とにかく、明日お会いするだけはお会いしましょう」と約束した。

翌二月一三日の朝、私は、娘の弘中絵里弁護士と二人で東京拘置所へ出向いた。その時点では断るつもりだった。「この事件は、私にとっては荷が重すぎるかもしれない。ゴーンさんと話をしたうえで、無理だと思ったらお断りしよう」という話を娘にはしていた。

荷が重いと思った一番の理由は、年齢的・体力的な不安だった。当時、私は七三歳。ゴーン氏の事件を担当すれば、裁判がすべて終わるまでに少なくとも五年はかかるだろうから、八〇歳近くになっている。その歳まで体力的にもつかどうか自信がなかった。

また、ゴーン氏の弁護には英会話が不可欠だが、私は英会話があまり得意ではないので、どれぐらい意思疎通できるかも心配だった。

拘置所で初めてお会いしたゴーン氏は、テレビや写真などで目にしてきたとおりの印象だった。拘置所生活で体重がかなり落ちたと報じられていたが、私が見る限り、特に疲れているような様子ではなかった。そうかといって、こちらが気圧《けお》されて話もできないほどカリスマ的なオーラが強いわけでもなく、通訳を介してではあったが、ごく普通に、自然に会話をすることができた。

ゴーン氏の話の中心を占めたのは、弁護団との関係がうまくいっていない、ということだった。彼の言い方によれば「検察と闘う積極的な方針が何も示されない」ことへの不安、保釈がぜんぜん取れないことへの不満が、かなりあるようだと感じた。

弁護団長の大鶴基成《おおつるもとなり》弁護士は、元東京地検特捜部長・最高検察庁公判部長。つまり「ヤメ検」であった。大鶴氏は、特捜部長時代に、私が上告審から弁護を担当した「ライブドア事件」や、これに関連した「村上ファンド事件」[*1]などを手掛けていた。最高検検事時代には、

「小澤一郎事件」で小澤氏の立件に積極姿勢を見せ、特捜部の捜査に大きな影響を与えたとされている。

これまでにも述べてきたように、「ヤメ検」には、「検察官の仕事に理解を示してしまう」ところがある。端的に言えば、検察の捜査に協力的な姿勢になりがちだ。

検察官的発想がどこかに残っているので、被疑者に黙秘を勧めることはめったにない。検察にも被告人にも「いい顔」をする中間的な立ち位置で仕事をするため、検察と徹底的に争う姿勢も弱い。検察と一定の協力関係を維持することによって依頼者を獲得している「ヤメ検」も多いので、弁護人がついているのか、検察官がついているのか、わからない状態になってしまうことがよくある。

「裁判で検察と徹底的に争ってほしい」と希望する被告人は少なくないので、そうした「ヤメ検」の姿勢にだんだん納得がいかなくなり、溝ができてしまうことがしばしばある。「ヤメ検」と喧嘩別れした方や、「ヤメ検」の弁護方針に耐えられなくなった方から、泣きつかれるような形で弁護を引き受けた事件が、私には何件もある。

ゴーン氏の場合、逮捕・起訴された事件はどれもまったく身に覚えのないことなので、検察と徹底的かつ激しく闘いたいという気持ちしかなかった。その点で、大鶴弁護士とはミスマッチだったのかもしれない。

ゴーン氏は、今の弁護団の方針のどういう点が納得できないのか、そのことでどれほど自分が不安になり悩んでいるかを、具体的に話してくれた。理路整然としたその内容と率直な話しぶりから、「信用できる人だ」と私は感じた。

断るつもりで出向いたのだが、ゴーン氏と話をするうちに、「なんとかしてあげたい」と心が動いた。「ヤメ検」の弁護のやり方に疑問を抱いた人たちが非常に苦しむ姿を、幾度となく目の当たりにしてきたからだ。

これは弁護を引き受けなければいけない――。

私は、ゴーン氏の新たな弁護人となることを決めた。

＊1 村上ファンド事件：二〇〇六年、村上ファンド代表の投資家・村上世彰《むらかみよしあき》氏が、ライブドアの堀江貴文《ほりえたかふみ》氏から得た情報によりニッポン放送株でインサイダー取引をしたとされ、逮捕・起訴された事件。村上氏は起訴事実を全面否定し上告審まで争ったが、一一年に最高裁は上告を棄却。懲役二年・執行猶予三年、罰金三〇〇万円・追徴金約一一億五〇〇〇万円の有罪判決が確定した。

「ヤメ検」の天下り

ところで、ゴーン氏が大鶴弁護士を選任したのは、ルノーの推薦があったからである。

金商法事件で最初に逮捕された時、彼は何がなんだかわけがわからず、頭の中が真っ白になった。とにかく会社に助けてもらおうと思い、検察官を通して日産に連絡し、「誰か弁護士をつけてくれ」と、同社の法務部に依頼した。

しかし、そのあと東京拘置所に接見に訪れた駐日フランス大使から、衝撃的な事実を知らされた。逮捕当日の夜、日産の西川廣人《さいかわひろと》社長（当時）が記者会見を開き、「社内調査を進めてきた結果、ゴーン氏が主導した重大な不正行為を確認した」と述べたというのだ。「重大な不正行為」として列挙されたのは、ゴーン氏が逮捕・起訴された事案だった。

西川氏は、これらの事案を検察に報告し、日産として捜査当局に全面協力して調査を進めてきたこと、ゴーン氏とケリー氏を解任する予定であることなどを明らかにしたうえ、ゴーン氏の「不正」に対する個人的見解として、「『残念』という言葉をはるかに超えて、強い憤りと落胆を覚えている」と、激しい言葉でゴーン氏を非難していた。

ゴーン氏は、まさか日産が裏で検察と組んで自分を陥れたとは夢にも思わず、当初は日産に弁護士を探させたのである。日産の裏切りを知った彼は、当然、同社が選んだ弁護士を断ったが、日本に知り合いの弁護士がいないため、ルノーから推薦があった大鶴氏に弁護を依頼したのだった。

社会のいわゆる上流階級で、「誰か優秀な刑事弁護人を教えてほしい」と声掛けをすれば、紹介されるのは、たいてい「ヤメ検」だ。

ここから先は推測であるが、東京では「四大」とか「五大」と言われる大手の法律事務所が上場会社の顧問の大半を引き受けている。検察官を退職したあとには、弁護士登録後にそのような事務所が受け入れてくれる。他方で、「ヤメ検」のネットワークは非常に強固である。したがって、優秀な刑事弁護人を探そうとして大手の法律事務所に連絡すると、その事務所に所属している「ヤメ検」のところに話が行き、その「ヤメ検」が直接引き受けるか、ネットワークを通じて、他の大手事務所以外の「ヤメ検」に事件を回す。そのため、政治家や大企業のトップが関わる有名刑事事件には、最初はたいてい「ヤメ検」がつく。「ヤメ検」に事件が行くような仕組みが、この国の上のほうでは、できているのである。

「ヤメ検」にもいろいろな人がいるが、少なくとも検事を退官してから何年間かは刑事事件を担当してはいけない、といった決まりを作るべきだと私は思っている。

そもそも、官僚の天下りを禁止するのなら、それを検察官にも適用すべきだと思う。

なぜなら、検察官たちは、現役時代に、「検察に目をつけられた経済人や企業は、とことんやられる」という事例をたくさん作っておく一方で、自分たちが退官すると、顧問弁護士や監査役として企業に入り込んでくるからである。

警察のOBが、パチンコ店や風俗店に入り込むのと同じだ。現役時代に厳しく取り締まれば取り締まるほど、退官後に天下りがしやすくなるという、癒着の構造ができているのである。

昨日まで企業や業者を取り締まっていた側の人間が、「今日から私は、あなた方の味方です」「検察庁には私の後輩がいるから心配要らない」などとして、取り締まりの対象としていた側に入り込むのは、いかがなものか。

官公庁からの天下りを「けしからん」と言うなら、警察・検察についてもそう言うべきだろう。だが、そういうことを言う人は少ない。新聞等がもっと問題提起をすればいいと思うのだが、こうした議論をあまり見かけないのは残念なことである。

弁護団の構成

ゴーン氏の事件を受任した私は、自分が主任弁護人となるのは年齢的・体力的に難しいと思った。主任弁護人は、裁判所に対するさまざまな事務手続などを含めて、すべてやらなければならないからだ。

「若い弁護士を主任にする形でもいいですか」とゴーン氏に訊くと、「それで構わない」ということだったので、河津博史《かわつひろし》弁護士に主任弁護人をやってもらうことにした。

「村木厚子事件」（「事件ファイル①」第一章）でも述べたように、河津さんは、かつて私が東大時代の仲間とともに立ち上げ、五〇歳頃まで所属していた霞ヶ関総合法律事務所（現・霞ヶ関法律事務所）所属の弁護士である。河津さんとは、村木さんの事件で一緒に弁護活動をして気心が知れていたし、彼は、ゴーン氏の事件がそのうち私のところに行くのではないかと思っていたようで、その時にはぜひ自分もやりたい、と言っていた。二度目の接見の時に、河津さんと一緒に東京拘置所に行き、ゴーン氏との顔合わせをした。

河津さんと親しい高野隆《たかのたかし》弁護士にも声を掛け、合流してもらった。高野さんは刑事事件が専門で、「本庄《ほんじょう》事件」[*1]、「オウム真理教事件」のうち高橋克也《たかはしかつや》被告人が関与した五つの事件[*2]、「東名高速夫婦死亡事故」[*3]などを手掛けている。若い頃にアメリカに留学しており、英語も堪能である。

高野・河津両弁護士と私、さらにそれぞれの事務所の弁護士を含めて、弁護団[*4]は計一三人になった。

＊1　本庄事件：埼玉県本庄市内で金融業を営む八木茂《やぎしげる》氏が、自身の経営するスナックのホステスらを常連客三人と偽装結婚させ、薬物による保険金殺人を実行させたとされる事件（常連客三人のうち二人は死亡）。物証がなく、ホステスらの証言によって八木氏とホステス三人が偽装結婚による公正証書原本不実記載容疑で逮捕された後、殺人罪や詐欺罪等でも逮捕・起訴された。ホステス三人は有罪判決が確

定。八木氏の弁護団は、ホステスらの証言は警察の誘導によるものと主張したが、二〇〇八年の最高裁判決で八木氏の死刑が確定。八木氏は東京拘置所の中から冤罪を主張して再審請求したが、さいたま地裁、東京高裁、最高裁のいずれでも請求は棄却され、二〇二一年一〇月現在、第二次再審請求中。

＊2　オウム真理教事件：麻原彰晃《あさはらしょうこう》（二〇一八年死刑執行）を教祖とするオウム真理教団が起こした一連の事件の総称。高橋克也被告人は、一九九四〜九五年に、会社員VX（猛毒の神経剤）殺害事件（殺人罪）、「被害者の会」会長VX襲撃事件（殺人未遂罪）、公証人役場事務長逮捕監禁致死事件（逮捕監禁致死罪・死体損壊罪）、地下鉄サリン事件（猛毒の神経ガス「サリン」を複数の地下鉄内で使用した無差別テロ事件。殺人罪・殺人未遂罪）、東京都庁小包爆弾事件（殺人未遂罪・爆発物取締罰則違反）の五事件に関与。一七年間逃亡を続けた末に逮捕・起訴され、二〇一五年、全事件で有罪、無期懲役の判決を受けた。最高裁まで争ったが、一八年に上告棄却、異議申し立ても斥けられ、無期懲役が確定した。

＊3　東名高速夫婦死亡事故：二〇一七年、神奈川県内の東名高速道路下り車線で、男性Iの車が、あおり運転をして夫婦と娘二人の乗ったワゴン車の前に停車、ワゴン車も停車したところへ後続の大型トラックが追突し、夫婦が死亡、娘二人とI、トラックの運転手が重軽傷を負った。Iは自動車死傷法違反（危険運転致死傷）等で逮捕・起訴され、裁判では、運転行為に対する処罰を定める危険運転致死傷罪を、停車後の事故に適用できるかが最大の焦点となった。横浜地裁は、適用には法解釈上無理があるとするも、妨害運転と停車行為には因果関係があるとして同罪の成立を認め、Iに懲役一八年の有罪判決を下した。控訴審（二〇一九年、東京高裁）でも同様の判断が示されたが、判決では一転して同罪の成立を否定する見解を述べながら、一審の裁判官が公判前整理手続で同罪の成立を認めたことは訴訟手続上違反として原判決を破棄、審理を横浜地裁に差し戻した。

＊4　カルロス・ゴーン弁護団：法律事務所ヒロナカの弘中惇一郎、弘中絵里、大木勇、品川潤、白井徹《しらいてつ》、小《こ》佐々奨《ささしょう》、竹崎裕《たけざきゆう》、水野遼太《みずのりょうた》、霞ヶ関総合法律事務所の河津博史、植木亮《うえきりょう》、石村信雄《いしむらのぶお》、高野隆法律事務所の高野隆、和田恵《わだめぐみ》の計一三名。

検察官のストーリー

私たちがまず弁護活動の中心に据えたのは、取り調べに対して完全黙秘すること、一刻も早く保釈を取ること、の二つであった。日本の司法制度の問題点とも関わることなので、以下に説明する。

①刑事事件の取り調べは「原則黙秘」

私たちは、ゴーン氏に対するこれまでの取り調べ状況を把握したうえで、黙秘をしたほうがいいと判断し、「基本的に、今後の取り調べでは黙秘権を行使してください」と、彼にアドバイスした。

村木厚子さんの事件と同様、検察官は、自分たちの作ったストーリーに合致するような供述をゴーン氏から取ろうとした。そうとは知らないゴーン氏は、前弁護団から「保釈を望むなら検察官に協力し、話すべきことはちゃんと話したほうがいい」などとアドバイスされたため、取り調べでいろいろなことを喋り、かなり多くの調書を取られていた。

もちろん、罪を認めた調書は一つもない。だが、検察官にとっては、自分たちの作った筋書きに必要なことを十のうち六つか七つでも喋ってくれたら、ゴーン氏が罪を認めていなくても、自白をしている意識がなくても、その調書は役に立つのである。

あとから裁判で有利に使えるように、供述を利用して調書を作ることは、彼らにとってはお手の物だ。たとえば、「私がそういうことをしたのは、このような理由があったからです」と被疑者が供述したとすると、検察は「理由」の部分を捨て、「私がそういうことをした」という部分だけを調書に書く。

こうした〝からくり〟を知らないゴーン氏は、自分に不利になるとは夢にも思わず、いくつもの調書に合意し、サインしていた。これには、言語の問題もあったと思う。

被疑者が外国人であっても、調書は日本語で作られる。ゴーン氏の調書を作る時には、通訳が日本語の調書を英語に訳し、その内容を英語で読み上げてゴーン氏に伝え、彼が喋ったことと違っていないかどうかを確認していた。しかし、フランス語や英語に翻訳された調書があったわけではないので、日本語の調書が彼の想定したものと同じだったかどうかは甚だ疑問である。

被疑者が日本人であれ、外国人であれ、検察官が一つのストーリーを描き、そのストーリーと合致する供述を取ることを目的にしている場合、取り調べで被疑者が喋って得をすることは、まずないと思ったほうがいい。

もちろん、事件によっては、さっさと喋って検察官に事情を理解してもらい、被害者と示談するなどして終わらせてしまうほうがよいケースもあるので、すべての刑事事件がそうだとは言わない。

しかし、争わなければいけない事件では、検察官相手に議論をしても、相手が「そうですか、わかりました」などと言うはずがない。むしろ、理由を挙げて否定すると、検察側はそのまた裏を取りに動くので、喋っていいことなど一つもないのだ。

したがって、ほとんどの刑事事件では、取り調べで黙秘をするのが正しい対応である。

私たちは、こうしたことをゴーン氏に説明し、理解してもらった。それ以後、彼は取り調べで完全に黙秘し、一本の調書も取られることはなかった。

②日本の保釈率はなぜ低いのか

日本の司法制度の問題点の一つは、保釈率が非常に低いことである。

司法統計年報によると、一九八九年の保釈率は二三・七二％、二〇一九年には三二・八四％で、三〇年間で一割程度は高くなっている。しかし、それは「以前より少しはよくなった」というレベルであり、保釈をめぐる状況が大きく改善されたわけではない。ことに、争っている事件の場合は、それだけでも証拠隠滅の恐れがあるとみなされて勾留が続き、なかなか保釈を取ることができない。

最高裁が報道機関に開示した内部資料では、一九年の一審公判終了までに被告人が起訴内容を認めた事件（自白事件）の保釈率が三三・一％だったのに対し、争った事件（否認事件）では、それより約五ポイント低い二八・二％だった。

罪を認めない限りは勾留を続ける「人質司法」の問題については、村木厚子さんや鈴木宗男氏の事件で詳述した。近年の例を挙げれば、河井克行《かわいかつゆき》元衆院議員・元法相の事件や、元衆院議員の秋元司《あきもとつかさ》氏の事件もそうである。

河井氏は、一九年夏の参院選で妻の案里《あんり》氏を当選させるために事前運動や買収をしたとして、公職選挙法違反容疑で東京地検特捜部に逮捕・起訴された。容疑を否認した河井氏は、約八ヵ月間勾留された末、五回目の請求でようやく保釈された（その後、買収の意図を一部認めて議員辞職。二一年六月一八日、東京地裁で懲役三年・追徴金一三〇万円の実刑判決を下され即日収監。弁護側は即日控訴するとともに再保釈を請求したが、地裁は保釈請求を棄却。一〇月二一日、控訴取り下げ、地裁判決確定)。

一方、「IR(カジノを含む統合型リゾート)汚職事件」[*1]で三度にわたり逮捕・起訴された秋元氏は、二〇年八月の三度目の逮捕以降、被告人質問の主尋問終了時点まで、約九ヵ月半の間、保釈されなかった。国会議員ですら争っているとなかなか保釈されないほどだから、一般人の事件では、争っている限り保釈はきわめて厳しいのが実情である。

ここで、保釈のシステムについて簡単に説明しておこう。

起訴後、第一回公判が始まるまでの間は、保釈を含む勾留に関して処分をおこなうのは、裁判所(その事件を担当する係属部)ではなく、裁判官(勾留処分の専門部の裁判官)だ。

第一回公判前に保釈請求があった場合、専門部の裁判官は、検察官と弁護人それぞれと面接し、双方の意見を聞く。しかし、専門部は当該事件の裁判を担当していないので、その事件の詳細については知らない。そのため、検察官が強く保釈に反対した場合、検察官の意向に従って、保釈を認めない判断を下すケースが非常に多い。

第一回公判後は、保釈の当否を判断する権限が係属部に移るので、保釈請求は裁判所(係属部)に対しておこなうが、請求後すぐに保釈が認められるケースは稀である。重要証人の尋問が済むなりして、裁判所が事件の内容をある程度把握し、保釈に対する検察官の反対も弱くなった時点で、ようやく初めて保釈が認められるのが、この国の常だ。前述の河井氏も、保釈が認められたのは、四〇回余り開かれた審理で証人尋問の大半が終わってからであった。

なぜ、検察官は保釈に反対するのか。自白をさせたいからだ。

検察官は、取り調べで自白の強要や誘導など不当なことをやりたい放題やっておきながら、弁護人が保釈請求をすると、「罪証（証拠）隠滅や逃亡[*2]を防ぐために」と言って猛反対する。

身柄拘束を利用して被告人に圧力をかけて自白させる「人質司法」について、国際的な基準に照らしてまずいのではないか、という意見が国内でも上がるようになり、裁判所も少しずつ気にしはじめている。それが前述した保釈率の多少のアップにつながったわけだが、それでも、起訴された時点で保釈が認められることは、ほとんどないのが現実である。

＊1　ＩＲ汚職事件：二〇一九年末、東京地検特捜部は、ＩＲ担当の内閣府副大臣だった秋元氏を収賄容疑で逮捕（ＩＲ事業に便宜を図る見返りに、中国企業から約七六〇万円相当の賄賂を受領したとする容疑）。秋元氏は翌二〇年一月に起訴され、二月に保釈された。だが、同年八月、「贈賄側の被告に偽証を求め、その報酬として現金を提供しようとした（組織犯罪処罰法違反・証人等買収）」容疑により、支援者らとともに再逮捕、九月に同罪で起訴され、収賄事件での保釈を取り消された。二一年九月七日、四年の実刑判決を受け、即日控訴。翌一〇月末に実施された総選挙には、立候補しなかった。

＊2　罪証隠滅や逃亡：刑事訴訟法第八九条「必要的保釈」では、被告人が罪証を隠滅すると疑うに足る相当な理由がある場合などを除いて、保釈請求を許さなければならない旨が規定されている。また、同法第九〇条「職権保釈」では、裁判所は、保釈された場合に被告人が逃亡または罪証を隠滅するおそれの程度、身体拘束の継続により被告人が受ける健康上・経済上・社会生活上・防御の準備上の不利益の程度、その他の事情を考慮し、適当と認めるときは職権で保釈を許すことができる旨が規定されている。

異例の保釈条件

ゴーン氏の前弁護団は、保釈請求を二度おこなっていたが、いずれも検察の強い反対により認められなかった。

我々弁護団のなかで、保釈について中心的に動いたのは、高野隆弁護士である。高野さんは、自身の経験をもとに工夫をして、かなり思い切った条件を裁判官に提示した。その結果、裁判官は一九年三月五日に保釈決定を出してくれた。主な保釈条件は以下のとおりだ。

・都内のマンションを制限住居とし、玄関に監視カメラを設置して二十四時間録画し、その映像を定期的に裁判所へ提出する。

・パソコンでの作業は、弁護人の事務所が貸与するパソコン一台のみを使用して、弁護人の事務所のみでおこない（平日午前九時〜午後五時）、インターネットのログを定期的に裁判所へ提出する（筆者の事務所がパソコンを貸与し、作業場所を提供した）。

・携帯電話（いわゆるガラケーだった）は弁護人から提供する一台に限り、ネット接続は禁じ、通話履歴の明細（ドコモから毎月発行される通話記録）を定期的に裁判所へ提出する。

・昼夜を問わず、会った人についてはすべて氏名を記録して、その面会簿を定期的に裁判所に提出する。

・海外渡航は禁止し、パスポートは弁護人が管理する。三日以上の国内旅行をする場合は、事前に裁判所の許可を受ける。

なお、「裁判所に提出する」ということは、検察官もその資料にアクセスして確認できるということである。

高野弁護士は、それまでにも保釈が非常に難しい事件について、条件を工夫して保釈を取ったことが何度もある。最初は一九九六年で、夫婦喧嘩での暴行容疑を否認する依頼人が保釈されないため、高野さんは「自分が依頼人と一緒にアパートに住み、平日は自分の事務所で事務員として働いてもらう」という条件を提示した。「四六時中、自分が被告人のそばに張り付いているので、罪証隠滅や逃亡の恐れはない。だから保釈を認めてください」という形で、保釈を勝ち取ったのである。

同様の発想でいくつもの保釈請求を成功させていた高野さんは、「このスタイルを本件にも利用しよう」と発案した。ただ、ゴーン氏を事務員として雇うわけにはいかないので、それに代わる条件について弁護団で議論を重ねたうえで、右の条件となった。

いろいろと自由が制限されることに、ゴーン氏は不満そうだったが、拘置所の中にいるよりは、はるかにいい。一般的に、保釈条件は順次変更できるので、「とりあえずこの条件で拘置所を出たら、時間をおいて少しずつ条件を緩和してもらいましょう」と、ゴーン氏を説得した。

この時も検察は保釈に猛反対した。だが、裁判官には、海外の要人であるゴーン氏の勾留が長引くことについて、「国際的に見て、みっともないことはしたくない」という気持ちがあったはずである。そこへ、私たちがゴー

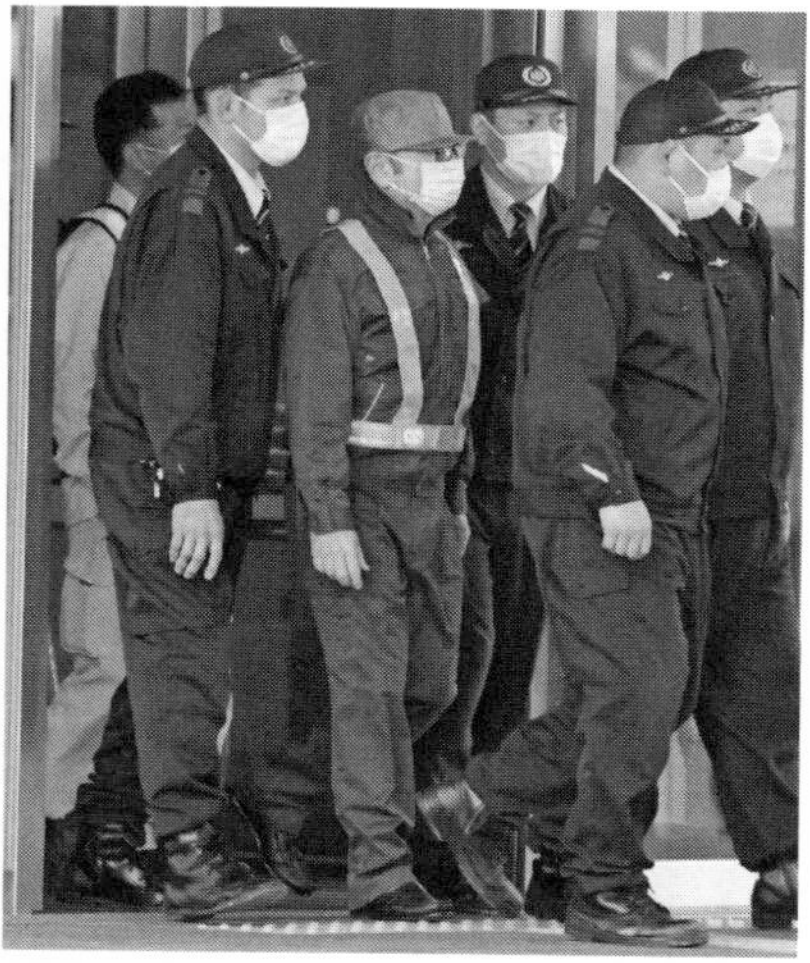

2019年3月6日に保釈され、作業服姿で東京拘置所を出るカルロス・ゴーン氏（中央）、（写真提供：共同通信社）

ン氏の自由をかなり制限する条件を出してきたため、「魅力的な提案だ」と思い、保釈を認めたのだろう。逆に言えば、そこまでのことをしないと保釈を認めてもらえないわけである。

ゴーン氏は、保釈保証金一〇億円を払い、三月六日に保釈された。東京拘置所の周辺には、前日から内外の記者やカメラマンが多数集まり、六日には二〇〇人を超えた。

ゴーン氏には高野弁護士が付き添い、私はテレビで拘置所を出る様子を観ていた。この時、ゴーン氏が作業員風の格好に変装したことが、マスコミに面白おかしく取り上げられた。私は変装の話を事前にまったく聞いていなかったので、びっくりしてしまった。

変装の発案者は高野さんだった。ゴーン氏は面白半分で話に乗ったのかもしれない。現場で取材していた記者たちのなかには、「ゴーン氏に騙《だま》された」と受け取った人も少なからずいたようだが、高野さんには高野さんなりの考えがあった。

世間に注目されている事件の被告人が保釈されると、メディアが集団で追いかけてきて制限住居が発覚し、さらに多くの報道陣や野次馬に制限住居を取り巻かれてしまう。高野さんは、そうした事態をなんとか防ぎたかったようである。

記者会見予告直後に四度目の逮捕

保釈後のゴーン氏は、保釈条件をきちんと守りながら、制限住居で妻のキャロルさんと一緒に暮らしていた。

平日はほとんど毎日私の事務所にやってきて、彼のために用意した部屋で、裁判の資料に目を通したり、「ＰＲチーム」との打ち合わせをしたり、パソコンで作業をしたり、フランスのテレビ局のインタビューに応じたりしていた。彼は、自身の無実と検察の横暴を世に訴えるために、外国特派員協会で記者会見を開くことを予定していた。だが、それは検察にとってはきわめて不都合なことなので、会見を阻止されるかもしれないと考え、記者会見の準備と並行して、同様の内容の動画も念のために作っていた。

動画を作成したのは、従前からゴーン氏と契約している情報発信のエキスパートたちで、彼は「ＰＲチーム」と呼んでいた。もともと彼は、自らの考えを積極的に発信する人であり、そのためには専門家の力が必要である、という考えだった。

事件の当事者が主体的に情報発信をすることには、私たち弁護団も基本的に賛成していた。ただ、へたなことを言うと、ゴーン氏にとって不利な証拠にされてしまいかねない。刑事事件の被疑者・被告人が喋ったことは、どんなことでも証拠に使えるからだ。彼は、「ＰＲチーム」と相談しながら、どのように喋れば自分にとって最も少ないリスクで多くの人に理解してもらえるかを研究し、また、もしもの時のための動画を作り上げた。そのうえで、四月三日にツイッターで、「四月一一日に記者会見をおこなう」と発表した。

ところが、その発表の翌四日、彼は会社法違反（特別背任）容疑で、またしても特捜部に逮捕されたのである。

容疑の内容は、一七年七月から一八年七月までの間に、ゴーン氏が日産の子会社「中東日産」から、オマーンの販売代理店に計一〇〇〇万ドルを送金させ、そのうち計五〇〇万ドル（当時のレートで約五億五五〇〇万円）を、自身が実質的に保有するレバノンの投資会社の預金口座に還流させ、自身の利益を図った、とするものであった。これが会社法事件の一つ、「オマーン・ルート」と言われる事案である。

じつは、四回目の逮捕は弁護団の想定範囲内にあった。公判前整理手続《こうはんぜん》に入る前の進行協議で、「もうこれ以上追起訴はないんですか」と検察官に訊いたところ、相手が、答えをぼかして、「ない」と明言しなかったので、「どうやらもう一つの追起訴を考えているらしい」と感じていたのだ。ゴーン氏にそのことを伝えると、「あるとすればオマーンのことだろう」と言っていた。ただ、逮捕のタイミングがいつなのかはわからなかったし、本当にそれだけの証拠があるのだろうか、と疑問に思っていた。

結果的に特捜部は、ゴーン氏が記者会見を予告した直後に、証拠不十分だったにもかかわらず、「オマーン・ルート」というカードを切り、口封じをした。ゴーン氏が世界中の人々に向けて自身の事件について語ることを、なんとしても阻止したかったのであろう。

記者会見ができなくなったため、私たちは、弁護団のみで会見して、彼が作っておいた動画を公開した。

あってはならない暴挙

四回目の逮捕は想定範囲内にあったとはいえ、その一報を受けた時は、やはり驚いた。

四月四日早朝、キャロルさんから弁護団の一人に連絡が入り、何人かの弁護士がただちに現場の制限住居へ向かった。私は事務所に残り、何かあったらすぐに対応できるようにした。

キャロルさんは検察官らに任意同行を求められたが、私たちの助言で拒否した。しかし、彼女のパスポートやパソコン、携帯電話などは、本人の承諾なしに、ほとんどすべて押収された。しかも特捜部は、キャロルさんの所持品を「ゴーン氏の所持品である」として、押収目録に虚偽の記載をして持っていったのである。

「ここまで強引にやるか」と、私たちは憤った。

ゴーン氏に対する逮捕令状による捜索押収なのだから、本来はゴーン氏の所持品しか押収することはできない。特捜部は、キャロルさんの所持品をゴーン氏のものと偽り、押収したのだ。妻の写真が貼ってあるパスポートを、夫のパスポートだと言い張るなど、あり得ないことである。

私たちは検察に対して、キャロルさんの所持品の還付請求をしたが、検察は返してくれなかった。ゴーン氏逮捕の翌日、キャロルさんは押収を免れた米国のパスポートで出国し、フランスへ向かった。

私は外国特派員協会で記者会見をおこない、「文明国としてあってはならない暴挙だ」と、検察のやり方を強く批判した。この会見は、どの新聞でもかなり大きく報じられた。

世界が非難した検察のやり方

ゴーン氏の二度目の保釈は、前回に比べるとそれほど難しくなかった。

裁判官は、我々が保釈条件をきちんと守ってきたことを理解してくれていたし、四回目の逮捕は検察がかなり無理をしたのではないか、という印象を持っていたようである。裁判官との保釈面接に出向いた私は、最初からかなり手ごたえを感じ、こちらがきちんとした資料を出して説明すれば、保釈はうまくいくのではないかとの印象を持った。

保釈というのは起訴後にしかできないので、勾留期間が過ぎてゴーン氏が四月二二日に追起訴されるとすぐに保釈申請をおこない、同月二五日には保釈が認められた。検察側はこれを不服として準抗告したが棄却され、ゴーン氏は同日夜に東京拘置所を出た（保釈保証金五億円）。ただ、今回の保釈条件では、前回と同様の条件に加えて、キャロルさんとの接触も禁じられてしまい、ゴーン氏を非常に苦しめることとなった。これについては後述する。

結果的に、ゴーン氏の勾留期間は通算一三〇日におよんだ。海外からは、「日本の司法制度には人権意識が欠けている」という趣旨の、さまざまな批判の声が上がった。

アメリカの「ウォールストリート・ジャーナル」は、「ゴーン氏は古い日本の犠牲者」との見出しを掲げて長期勾留を非難した。ゴーン氏の家族の弁護士であるフランソワ・ジムレ氏は、ＮＨＫの報道番組「クローズアップ現代」のインタビューで、こう述べていた。

「推定無罪と言いながら、一〇〇日以上も拘置所に入れることは許されない。なぜ勾留する必要があるのか。日本の司法制度の実態を知り、非常にショックだ」

のちには、国連人権理事会の「恣意的拘禁に関する作業部会」が、ゴーン氏の長期勾留について意見書を公表（二〇年一一月）。一連の勾留によってゴーン氏は、自由を取り戻すことや、公正な裁判を受ける権利を享受することなどができなかったと指摘し、「四度にわたる逮捕と勾留は根本的に不当」「一連の勾留は、国際法の下では法的根拠がなく、手続の濫用だった」

と結論付けた。

日本では大きく報じられなかったが、この意見書には、「適切な救済策として、日本政府はゴーン氏に賠償すべきである」とまで書かれていたのである。

謎の尾行チーム

「誰かが私につきまとっている。気味が悪くてしかたない。なんとかしてほしい」

二度目の保釈のあと、ゴーン氏から弁護団会議でこんな要請があった。

彼がどこかに外出すると、見知らぬ男がついてくる。車に乗っていると、すぐ後ろにぴたりとくっついてくる。レストランで食事をしていると、隣の席に座ってくる……。

何をしていても、嫌になるくらい、執拗にそばにくっついてくる。しかも、こっそり尾行するのではなく、堂々とつきまとってくる輩《やから》がいるというのだ。

もちろん相手は名乗りもしない。ゴーン氏に危害を加えようとする人物なのか、警察や検察の関係者が見張っているのか、あるいは日産が雇った尾行チームなのか。嫌がらせなのか、威嚇されているのか。誰が、何の意図でつきまとってくるのか、ゴーン氏にも私たちにも、まったくわからなかった。

むやみに他人につきまとう行為は、軽犯罪法違反[*1]に当たる。私たちは警察に被害届を出すことも考えたが、被害状況を明らかにする必要があると考えて、ある写真週刊誌のカメラマンに、つきまといの状況を撮影してほしいと依頼した。

写真週刊誌のカメラマンが動き出すと、つきまといは、ぱったり収まった。しかし、それは一時的なもので、しばらくすると再び始まった。

ついに私たちは警察に被害届を出し、「非常に気味が悪くて困っている。何か犯罪性があるようなので調べてほしい」と頼んだ。

このつきまとい行為には、カメラマンが動くと急に収まり、少しすると再開され、警察に被害届を出すとまた収まるというように、波があった。

そして、警察に被害届を出してつきまといが収まったタイミングで、ゴーン氏は海外に出ていった。これも結果論であり、そのタイミングでゴーン氏が〝逃亡〟するとは、弁護団の誰もが考えてもいなかったのである。

＊1　軽犯罪法：軽微な秩序違反行為を犯罪として罰する法律。第一条に、拘留（一日以上三〇日未満の期間、刑事施設に拘置される刑罰＝刑法第一六条）または科料（一〇〇〇円以上一万円未満の金銭納付を命じられる刑罰＝刑法第一七条）に処される三三の行為を挙げ、つきまといについては、「二八　他人の進路に立ちふさがって、若しくはその身辺に群がって立ち退こうとせず、又は不安若しくは迷惑を覚えさせるような仕方で他人につきまとった者」と定めている。軽犯罪法第一条に列挙した行為を教唆または幇助した者（たとえば、つきまといを指示・実行させた者など）も、正犯に準じて処罰の対象になる（同法第三条）。

ゴーン事件の特徴と問題点

実体のない事件

本件の何よりの特徴は、刑事事件では欠かせないはずの具体的な被害の存在あるいは事件性が、およそ見当たらないことである。

第一章「安部英《たけし》医師薬害エイズ事件」は、ＨＩＶに感染して死亡した患者がいた。「事件ファイル①」で扱った「三浦和義事件」では、銃撃により妻の一美さんが殺害されたという厳然たる事実があった。「村木厚子事件」では、内容虚偽の公的証明書があった。検察が不起訴を決めた「小澤一郎事件」でさえ、借入額や不動産購入時期と政治資金収支報告書との乖離《かいり》が指摘された。

しかるに、本件の金商法事件では、ゴーン氏が自身の報酬額をカットしたところ、そのカット分の報酬もじつはもらうことになっていたのではないか、それが有価証券報告書に記載されていない、というきわめて曖昧な形で問題にされたのである。

東京地検の久木元伸《くきもとしん》次席検事（当時）は、ゴーン氏の逮捕後、有価証券報告書の虚偽記載について、「金商法のなかでも最も重い犯罪類型だ」と断言した。

しかし、カットされた分の報酬は、結果としてゴーン氏に支払われることのないまま長い時間が経過しており、日産には損害が何も発生していなかった。また、問題にされた有価証券報告書で最も古いのは八年前（当時）のものである。

八年も前の、受け取ってもいない役員報酬について、有価証券報告書に記載していなかったことが、誰にどんな実害を与えたというのだろうか。いまさらそれを刑事事件にして、大問題にする合理的理由が見いだせない。「最も重い犯罪類型」などと言うのは自由だが、それを裏付ける実体は何もない。

もう一つの会社法事件（特別背任）も、サウジアラビアやオマーンの企業に支払ったお金は、そもそも払う必要のないものだったのではないか、と推測の形で問題にされた。しかし、サウジアラビアやオマーンへの送金は、現場担当者から上層部へ通常どおりの稟議《りんぎ》決裁がなされ、それに基づいて、長年にわたりおこなわれていたことである。

したがって、仮にこれらに不適当な処理があったと考えれば、日産内部で検討して是正することが容易にできたはずである。

架空会議でおびきよせ逮捕

二〇一八年一一月のゴーン氏とケリー氏の逮捕は、日産が検察と示し合わせて、二人を日本へおびき寄せておこなわれたものだった。いわば、「騙し討ち」だったのである。

日産は、会議など開く必要もないのに架空の取締役会議を設定し、「緊急取締役会があるから、どうしても日本に来てくれ」と嘘をついて、二人を日本に呼び寄せた。

一一月一九日午後四時頃、プライベートジェット機で羽田空港に到着したゴーン氏は、飛行機を降りると、空港スタッフとともにターミナルに入り、入国審査を受けた。

パスポートを見た係官は、何か問題があるようなそぶりをすると、ゴーン氏のパスポートを持ったまま事務室に入り、少しすると戻ってきて、「パスポートに異常があるので、オフィスに入ってください」と言った。ゴーン氏は近くの部屋に連れて行かれた。

部屋に入ると、テーブルの向こうに座っていた男性が近付いてきて言った。

「検察です。質問があるので同行してください」

あとからわかったことだが、この男性は、東京地検特捜部の関善貴《せきよしたか》検事であった。

驚いたゴーン氏は、「娘が出口で待っているので電話をかけたい」と言ったが、関検事は「もう電話は使えません」と撥《は》ねつけた。そこへ、大勢の検察官が集まってきた。

ゴーン氏は建物の外に出され、そのまま検察の車で東京地検に連行された。

一方、ゴーン氏より一足早く成田空港に到着していたケリー氏は、空港から日産が用意した車に乗り、東京へ向けて高速道路を走行中、パーキングエリアで特捜部の検察官に停車を命じられ、そのまま身柄を拘束された。

二人は、東京地検に着くと逮捕され、東京拘置所へ移送された。

当時、ケリー氏は脊柱管狭窄症《せきちゅうかんきょうさくしょう》を患っており、脊椎を固定する手術を受ける予定だった。そのため当初は、「取締役会を欠席する」と日産に伝えたのだが、「会議は三日で終わるので、手術までには十分に間に合います」と言われたため、手術の予定を少し先延ばしにして来日したところ、逮捕された。三日で終わるどころか、年末まで勾留され、手術を受けることができなくなってしまったのだから、ひどい話である。

脊柱管狭窄症は、脊柱管が圧迫されて手足に痛みや痺《しび》れが生じる疾患で、悪化すると手足の感覚が麻痺する。結局、ケリー氏はその後、日本で手術を受けた。手術は成功したが、手足の痺れは残ってしまったという。

「事件ファイル①」の「鈴木宗男事件」でも述べたが、検察は、相手が病気の治療中だろうが、手術前だろうが、お構いなしである。人命軽視も甚だしい。

日産と検察が結託

そもそも本件は、日産がゴーン氏の「社内における不正」を探そうとしたことから始まった（その理由や背景については後述する）。

日産は、二〇一八年春頃から、社内の一部だけで、ゴーン氏の「不正」を探すための調査を密かに始めた。その時点で、すでに検察と手を携えており、ゴーン氏の「不正」を刑事事件として立件してもらう目的で、資料を集めるべく、調査を開始したのである。

日産の依頼を受けて調査と資料収集をおこなったのは、日産の顧問弁護士事務所であるアメリカ系大手法律事務所「レイサム&ワトキンス」[*1]だった。

同年六月、日産は、ゴーン氏の「不正」を詳細に記した調査報告書を、東京地検特捜部に届けた。その「不正」の一つが、「未払い役員報酬の有価証券報告書への不記載」だ。

ここで、ゴーン氏の役員報酬が減額されたいきさつについて説明しておこう。

日産では、株主総会で取締役全員の報酬の総合計の枠を決め、具体的にどの取締役にいくら払うかについては、取締役会に一任していた。取締役会では、各取締役にいくら払うかを代表取締役のゴーン氏に一任していた。この仕組みはほとんどの企業がおこなっていることである。ところが、二〇一〇年二月に取締役報酬の個別開示制度が導入されたことから、ゴーン氏個人の報酬額を明示することが必要になった。

ゴーン氏は、大沼敏明《おおぬまとしあき》秘書室長と相談したうえで、自身の役員報酬を約半分に減額した。当時の日本では、国際的な企業経営者の役割や報酬水準についての理解不足から、実績や責任を無視した「取締役報酬が高すぎる」との偏見や誤解に基づく混乱が発生し、大きな問題となっていた。そうした混乱を避けるために、ゴーン氏は報酬を大幅に減額したのである。

ただ、ゴーン氏の周辺では、報酬があまりにも少ないとゴーン氏を他社に引き抜かれてしまう心配もあったため、減額分を法律にかなった形で支払う方法はないかを模索し、レイサム＆ワトキンスに相談した。レイサム＆ワトキンスでは、その依頼を受けて、減額分の合法的な支払い方法について調べたり、意見を述べたりしていた。しかし、結局そのような方法は見つからなかった。

ところで、ここで問題になるのは、レイサム＆ワトキンスのとった行動である。

同事務所は、未払い役員報酬の件について、ゴーン氏の立場に立って相談に乗り、アイデアも出していた。にもかかわらず、あとになって、その未払い報酬の件がすべて犯罪であるとの前提に立つ日産の依頼を受けて社内調査に乗り出し、同じ事案を別の角度から「不正である」とする報告書を提出した。これは、利益相反《りえきそうはん》に当たる可能性がある。

弁護士の基本的倫理として、利害が対立する複数の依頼者の代理人となること（双方代理）は、原則として禁じられている。弁護士というのは依頼者の利益になるように仕事をするわけだから、依頼人Ａ（この場合はゴーン氏）の利益になるよう関与した事柄について、同じ弁護士

日産と検察の動き（朝日新聞等の報道による）

2018年春頃	日産、ゴーン氏の「不正」について社内調査開始
6月	日本版司法取引制度スタート 日産、社内調査報告書を検察に提出
8月	日産、ハリ・ナダ氏と大沼氏に司法取引に応じるよう説得開始
10.13	ハリ・ナダ氏と検察、司法取引について協議開始
10.27	大沼氏と検察、司法取引について協議開始
10.31	ハリ・ナダ氏と検察、司法取引に合意
11. 1	大沼氏と検察、司法取引に合意
11.19	ゴーン氏とケリー氏、金商法事件で逮捕

が、Aと利害を異にするB（この場合は日産）の依頼を受けて、Bの利益になる（つまり、Aの利益に反する＝利益相反）形で関与することは、普通はあり得ない。

未払いの役員報酬について別の角度から調査するのであれば、レイサム&ワトキンス所属の弁護士ではなく、他の弁護士がやるべきだったと思われる。

ところで、日産による「不正」調査には大きな問題があった。ゴーン氏の逮捕と同時に、日産の調査チームがレバノンやブラジルで暗躍し、窃盗と言うしかない方法で関係者のパソコンなどを持ち去ったり、関係者から供述を取ったり、さらには関係者に対して、日本の検察の取り調べを受けるよう誘導したりしていたのである。

日本の検察が海外で捜査権を行使することはできないが、日産は海外の子会社や支店を使って、関係者から資料を提出させたり、取り上げたりすることができる。海外で捜査権限のない検察に代わって、日産が「捜査」を代行したものと思われる。

さほどに、本件は、日産と検察が一体となって「不正」の証拠を作り上げた事件だったのである。

＊1　レイサム&ワトキンス：世界三〇ヵ所以上に二〇〇〇人超の弁護士を抱える法律事務所。日産とルノーの提携に関する経緯に明るく、パリ事務所はルノーやフランス政府の動きに迅速に対応できたとされている。

司法取引の濫用

さらに日産は、司法取引と称して、本件のキーパーソンを積極的に検察に囲い込んでいた。とうてい「被害者」がおこなう行動ではない。これについて述べる前に、日本版司法取引について説明しておこう。

(1)日本版司法取引とは

村木厚子さんの事件で発覚した「大阪地検特捜部証拠改竄《かいざん》事件」を契機に、検察改革が始まり、刑事訴訟法が改正されたことは、「事件ファイル①」第一章ですでに述べた。

この改革では、一部の刑事事件で取り調べの可視化（録音・録画）が導入されたが、一方で、自白に頼らず証拠を収集する手段として、司法取引が実現したという経緯がある。検察の自白偏重主義は何も変わっておらず、かえって検察は不祥事をきっかけとして新たな〝武器〟を手に入れたとして、「焼け太り」と批判する声も多い。

日本版司法取引の主な特徴は、以下のとおりである。

①「他人」の刑事事件が対象

ある刑事事件で処罰の対象となっている被疑者または被告人は、「他人」の刑事事件について検察官の捜査や公判に協力する場合に限って、自身の犯罪について不起訴処分や求刑の軽減等をしてもらうことができる（刑訴法第三五〇条の二）。これが日本版司法取引だ。この方式は、「捜査・公判協力型」あるいは「他者負罪型」と呼ばれている。

なお、欧米諸国の司法取引では、この方式のほかに、自らの犯罪を認める代わりにその量刑を軽くしてもらう「自己負罪型」の司法取引もおこなわれている。

②適用対象は特定の犯罪に限定される

司法取引の適用対象となる犯罪は、企業の関わる経済犯罪（談合・脱税・贈収賄等）、薬物・武器（銃刀等）による犯罪、詐欺や恐喝など、同法第三五〇条の二第二項に列挙されている犯罪（これを「特定犯罪」という）に限られる。

③司法取引の協議・合意には弁護人の関与が必要

司法取引の協議には、被疑者・被告人と検察官だけでなく、弁護人の関与も必要である（同法第三五〇条の四）。司法取引に合意するには弁護人の同意が必要で、合意内容（何の事件・何の犯罪について、どのような供述をしたのか）について、被疑者・被告人、検察官、弁護人が連署して、書面で明らかにしなければならない（同法第三五〇条の三）。

この書面は「合意内容書面」という。司法取引に応じた人については、一人ひとり合意内容書面や資料を裁判所に提出しなければならない。検察官は、被疑者との間で司法取引に合意し、その事件の公訴を提起した時には、合意内容書面について、証拠として取り調べを請求しなければならない（同法第三五〇条の七第一項）。

④虚偽の供述等をした者は懲役刑に処される

同法第三五〇条の二第一項の合意に反して、司法取引で虚偽の供述をした者や、偽造もしくは変造した証拠を提出した者は、五年以下の懲役に処される（同法第三五〇条の一五）。

司法取引の協議・合意には弁護人も関与するが、最終的に司法取引に合意するかどうかは、被疑者・被告人が自らの意思に基づいて決定し、検察官に対して自発的に事実を話す。司法取引の理念に照らせば、それは言うまでもないことである。

ところが、ゴーン事件において、検察は、本来の司法取引の理念や趣旨とはまったく異なる、きわめて不当なやり方で、司法取引制度を運用したのである。

(2)ゴーン事件における司法取引の問題点

①日産の指示命令でおこなわれた司法取引

本件では、金商法事件で司法取引がおこなわれた。取引に応じたのは、日産のハリ・ナダ専務執行役員と大沼敏明秘書室長である（いずれも当時）。

ハリ・ナダ氏はアジア系イギリス人で、英国弁護士の資格を持っており、ゴーン氏の未払い報酬について、法務担当役員としていくつかの事実を知っていた。彼は会長室担当も兼務し、ゴーン氏の間近にいた。

大沼氏は、秘書室長でありゴーン氏の最側近であり、前述したように、ゴーン氏が自身の役員報酬を減額する際の相談相手だった。その後の事務処理もしており、ゴーン氏が本来受け取ることができた報酬額、最終的に決定した報酬額、その差額（減額した金額）等を記録していた。それらの数字は、将来、ゴーン氏が新たな企業と契約する場合や、退任後に日産と何らかの契約をする場合の資料となるからである。

検察と日産は、この二人が司法取引に応じれば有利になると考えた。しかし、当のハリ・ナダ氏と大沼氏には、罪を犯した事実も、その認識もなく、当然ながら、司法取引によって処罰を軽減してもらおうという意識も皆無だった。先に説明したように、司法取引に応じるのは、罪を犯して処罰の対象とされている人だ。それがこの制度の大前提なのだから、二人が司法取引に応じるなど、本来ならあり得ないことである。

では、なぜ、二人は司法取引に応じたのか。日産が説得したからである。

この二人を自分たちの意のままにしないと立件できないと考えた日産と検察は、もともと司法取引に応ずる根拠が何もない二人に、会社の指示命令によって無理やり司法取引をさせたのである。これは、司法取引制度の濫用にほかならない。

②司法取引による囲い込み

仮に、二人が「共犯者」ならば、日産からすれば「会社に対して犯罪を行った人間」になるわけだから、解雇されてしかるべきである。ところが、二人はクビになることもなく、何の処分も受けずに、その後も日産から高給をもらい続けた。普通ではあり得ないことである。「なぜ日産は二人を解雇・告発しないのだ」という批判は、当時、かなり多かった。こうしたことからも、日産と検察がゴーン氏の事件を作り上げた構造が色濃く浮かび上がる。

日産と検察は、司法取引に応じたことで、ハリ・ナダ氏と大沼氏をがんじがらめに囲い込み、自分たちの意のままに利用したのである。
③「闇司法取引」による囲い込みも
司法取引における八リ・ナダ氏と大沼氏の供述は、日産と検察が作り上げた筋書きどおりのことを喋ったという意味で、「シナリオ尋問」と似ている。

私たちは、大沼氏とハリ・ナダ氏の司法取引が、筋書きが全部作られたうえで業務命令により強制的になされたものであること、このような司法取引制度の利用は法の趣旨に反し違法であることを、公訴棄却（裁判の打ち切り。詳細は「事件ファイル①」第一章「小澤一郎事件」103ページ＊1参照）を求める理由の一つとしていた。

検察が正式に司法取引をしたのは、最重要証人とみなしていた大沼氏とハリ・ナダ氏だけで、それ以外の日産幹部とは法で定められた司法取引はしていない。

しかし、検察は、司法取引をおこなわなかった日産幹部らを、「お前のことは起訴しない。だから捜査に協力しろ」という形で囲い込んでいた。これは一種の「闇司法取引」であり、もちろん違法である。

たとえば、西川廣人《さいかわひろと》氏は、有価証券報告書に虚偽記載があったとすれば、社長として第一に責任を負う立場にあったはずなのに、刑事立件されなかった。検察との間に「闇司法取引」があったとしか思えない。

日本版司法取引の問題点と課題

日本に司法取引制度が導入されたのは二〇一八年六月一日だった。適用第一号事件は「三菱日立パワーシステムズ贈賄事件」[*1]で、ゴーン事件は適用第二号事件とされている。司法取引が実際におこなわれるようになって早々に、特捜部がゴーン事件でそれを濫用したことは、非常に大きな問題である。

今後、検察がどういう場合に司法取引を使うのかはわからないが、本来の趣旨に則《のっと》った適正な使い方はしないのではないか、という懸念がある。なぜなら、日本の検察は「有罪率九九・九%」のしがらみの中にあり、少々無理をしようが、乱暴なことをしようが、無罪は出させないという前提で強引な捜査をする検察の体質は、今も変わっていないからだ。

むしろ、取り調べの可視化によって手荒いことができなくなったぶん、他の方法で被疑者にプレッシャーをかけて自白を取ろうと思っているだろう。検察が、一つの大きな武器として司法取引制度を濫用する危険性は、かなり高いと言わざるを得ない。

他方で、日本版司法取引には構造的な問題があることが指摘されている。

前述のように、欧米の司法取引では「自己負罪型」もおこなわれている。たとえば、ある人が強盗容疑で逮捕された場合、「窃盗と傷害にしてくれるなら罪を認めます。強盗では刑が重くなるから否認します」と言う被疑者に、捜査機関が「窃盗および傷害で勘弁してやるから自白しろ」と応じる形だ。罪を犯した人に一定の制裁は与えるが、「これなら捜査機関としても自白を取れるから納得できるし、罪を犯した本人も過剰な制裁を受けないで済む」というところで双方が折り合うのが、「自己負罪型」である。

一方、日本版司法取引は、「自己負罪型」のように「本人」の刑事責任の範囲内で取引をするのではなく、「他人」の刑事事件で検察に協力したら自分の罪が軽くなる「他者負罪型」、つまり、誰かを巻き込まないと司法取引が成立しないわけである。

このような「巻き込み型」の構造は、冤罪を生む危険性をはらんでいる。日本版司法取引は、構造上、かなり大きな問題があると言わざるを得ない。

＊1 三菱日立パワーシステムズ贈賄事件：二〇一八年、大手発電機メーカーの三菱日立パワーシステムズ（現・三菱パワー）の幹部三人が、タイで受注した発電所建設事業に関連して、現地公務員に日本円換算で約三九〇〇万円の賄賂を渡したとされ、不正競争防止法違反（外国公務員への賄賂）で東京地検特捜部に在宅起訴された。法人としての同社は特捜部との司法取引に合意して不起訴、幹部三人は執行猶予付きの懲役刑となり、「トカゲの尻尾切り」と批判の声も上がった。一人が控訴し、東京高裁は原判決を破棄して罰金二五〇万円の判決を下したが、検察・被告人双方が上告。二一年一〇月現在係争中。

検察リークによるイメージ破壊

先に述べたとおり、ゴーン事件は被害性や事件性がきわめて希薄だった。それを補うために、検察はマスコミに対して手持ちの情報を小出しにリークし、「会社を私物化した強欲なゴーン」というイメージを流布させ、世論を味方につけて捜査の追い風とし、裁判で優位に立とうとした。「三浦和義事件」、「安部英医師薬害エイズ事件」、「村木厚子事件」、「小澤一郎事件」、「鈴木宗男事件」などでもおこなわれてきた検察の常套手段である。

たとえば、検察は、ゴーン氏が日産の子会社からオマーンの企業に送金させた支払いの一部を自身に還流させ、そのお金でヨットを購入したというストーリーを作って、その情報をリークし、ゴーン氏の「強欲」を喧伝させた。テレビや新聞・雑誌は、ゴーン氏の所有する豪華なヨットの写真を大きく放映・掲載し、「ゴーン氏は日産の金を流用して贅沢三昧《ぜいたくざんまい》している」と決めつけた。

ゴーン氏が所有するヨットは確かにある。だが、日産のオマーンへの送金とヨット購入との繋がりを示す証拠は、何一つなかった。

ゴーン氏を「強欲」とする実体は何もない。しかし、彼に対する批判的な記事が豪華なヨットの写真付きでテレビに流れ、新聞や雑誌に載ると、世の中の人は皆、「日産を助けたようなふりをして、じつは食い物にしていたのか。ゴーンは本当に悪い奴だ」と思ってしまう。それが検察の狙いなのである。

検察リークによる情報以外にマスコミが取り上げるものがないと、市民の見方はどんどん歪《ゆが》んでいき、ますます検察の意図する方向に事件が報道されていく。少しでも、そうした悪循環を断ち、ニュートラルに報じてもらうためには、弁護団がきちんと説明をする必要がある。私は弁護団でマスコミ対応も担当していたので、頻繁に事務所の前で囲み取材の場を設けて、事件の状況や見通しについて説明した。

また、海外のさまざまなメディアも私に接触してきたため、会場が広くて通訳の設備がある外国特派員協会で、何度か記者会見をした。日本の記者は会見場の端のほうにいて、あまり質問してこなかったが、海外の記者たちには非常に熱気があり、多くの記者が活発に質問を繰り出してきた。

マスコミ対応にはかなり努力した。結果としては、かなりニュートラルな姿勢で報じてくれるところもあれば、非常に悪意を持って報道したところもあり、各社各様であった。

結果はどうであれ、マスコミに対してきちんと説明することは重要だ。特に本件は、これまで述べてきたようにかなり問題のある事件だと思っていたし、海外からの注目度も非常に高かったので、発信すべき情報はきちんと発信したい、という思いがあった。

「企業依頼型国策捜査」

日産はなぜ、ゴーン氏の「不正」調査を始めたのか。

それは、ルノーとの経営統合を阻止するためであった。

ルノーの筆頭株主であるフランス政府は、二〇一五年頃から、ルノー主導の経営統合を日産に対して強く求めていた。当時、ルノーの会長兼CEO、日産の会長・社長兼CEOだったゴーン氏はこれに反対し、日産の経営の独自性を尊重してきた。

しかし、一七年四月にゴーン氏が会長・社長兼CEOから会長のみへと退いて以降、日産の営業成績は下降した。それにともない、最大株主であるルノー（フランス政府）の発言も目立ってきて、後任の社長兼CEOの西川氏や日産の日本人役員は、経営統合への危機感を強めた。

一八年一月、フランス政府は日本政府に対して、日産とルノーを経営統合させる意向であると伝えた。これに対して、経産省は反対の立場の手紙をフランス経済・財務省に送り、両者の間で話し合いが持たれたが、進展はなかった。

日仏間の綱引きがおこなわれるなか、同年二月、ルノーの取締役会は、ゴーン氏が二二年まで同社の会長兼CEOを〝続投〟することを決議。この再任と引き換えに、ゴーン氏はフランス政府からの経営統合の要求を受け入れたのではないか、との憶測が広がった。日産の日本人役員は、いよいよ経営統合が現実的な段階に入ったと考えた。

同年春頃、日産内部に、ゴーン氏の「不正」を調査するグループが、極秘で結成された。ゴーン氏の「不正」を見つけて、彼を日産から追放することにより、日産とルノーとの経営統合を阻もうとしたのである。

このグループの中心メンバーは、川口均《かわぐちひとし》専務執行役員、今津英敏《いまづひでとし》監査役（いずれも当時）、元経産省審議官の豊田正和《とよだまさかず》氏らであった。

彼らは、ゴーン氏の「不正」調査について、東京地検特捜部の検事らに、密かに相談した。仲介役となったのは、元東京地検特捜部検事の弁護士・熊田彰英《くまだあきひで》氏だ。「ヤメ検」を媒介すれば、大企業と検察は容易に繋がれる構造になっているのである。

なお、熊田氏は、ハリ・ナダ氏の弁護人として司法取引に同意し、合意内容書面にサインしている。大沼氏の弁護人として司法取引に同意したのも、同じく「ヤメ検」の名取俊也《なとりとしや》氏であった。ゴーン事件では、多くの「ヤメ検」が〝活躍〟していたわけである。

日産の「不正」調査グループは、特捜部検事らの指示を受けながら、ゴーン氏に対する刑事事件として立件できそうな「不正」を探索する極秘調査を続けた。

そして同年六月、その調査報告書を検察に提出した。

以上の経緯から、ゴーン事件は、どう考えても国策捜査だとしか思えない。

鈴木宗男氏や小澤一郎氏の事件も国策捜査だったが、本件がこれらの事件と違うのは、検察が単独で動いたのではなく、日産と検察が一体となって動いた点である。日産が検察に「事件」を持ち込み、企業の利益が先行しているので、「企業依頼型国策捜査」と言える。

さらに言えば、この国策捜査には経産省も関与していた節《ふし》がある。

日産の日本人幹部たちは、日産がルノーに統合・吸収されて「フランスの自動車会社」になってしまうのではないかと、非常に大きな不安を持っていた。

政府・経産省としても、自動車産業は日本にとってきわめて重要な産業だから、日産と三菱をフランスに取られてしまっては大変だ、と思っていたはずである。

検察にとっては、経産省を後ろ盾として、とてつもなく大きなヤマを挙げられるのだから、非常に魅力的である。

こうして三者の利害は一致した。

ゴーン氏は、「この事件の黒幕は経産省だ」と言っていた。私たち弁護団も、「経産省がらみの事件」と考えていた。大企業と役所の結びつきは非常に強く、その可能性は否定できない。

現に、「不正」調査グループの中心メンバーの一人は元経産官僚の豊田正和氏であり、豊田氏は、検察への「不正」調査報告書の提出とほぼ時を同じくして、日産の社外取締役に天下りしている。

*

大企業が元検事や元官僚と結びつき、彼らを媒介として検察を動かすような事例は、ほかにもたくさんあるはずだ。こうした癒着の構造について、マスコミはもっと踏み込んで報じればいいと思うのだが、残念なことに、そうした報道はきわめて少ない。

なお、本件が起きた当初、ルノーはゴーン氏を擁護しようとしていたが、しだいにゴーン氏を切り捨てるようなコメントが目立つようになった。長い目で見たら個人よりも日産のほうが大事だと、考え直したのだろう。フランス政府も、ゴーン氏より日本政府と仲良くするほうが得策だと思ったのであろう。

結果として、日産はゴーン氏の追い落としに成功し、対ルノーでの有利な地歩を築くことに成功した。日産はそれを目論んでいたのだろうから、目的は達したわけである。

「小澤一郎事件」も、小澤氏を首相の座に就かせないために検察が起こした。結果的に小澤氏は無罪になったが、「小澤氏を首相にしない」という目的は達成された。

その意味で、ゴーン事件は、小澤氏の事件とよく似ている。

公判前整理手続

通訳のレベルと脆弱な検察側証拠

二〇一九年五月二三日、会社法事件（特別背任）の公判前整理手続が東京地裁で始まった。裁判所・検察側・弁護側が公判前に争点を明確にし、証拠を絞り込んで審理計画を立てる手続である。

六月二四日からは、金商法事件（有価証券報告書の虚偽記載）の公判前整理手続も始まった。この段階では、ゴーン氏については弁護人七人、ケリー氏については弁護人三人、ほかに日産の弁護人三人が出廷し、検察官は四人程度が出廷した。もちろんゴーン氏、ケリー氏も出廷した。

しかし、裁判所の選任した英語の通訳人は能力がかなり低かった。裁判長も、それを前提としてか、法廷でのやりとりを直接通訳させることはなく、一部分を裁判長が簡単にまとめて、それだけを訳させた。だが、その訳すらも、たどたどしいブロークンイングリッシュで、ゴーン氏にはどういうやりとりがあったのかまったくわからないため、彼の横にいた和田恵《わだめぐみ》弁護士が囁《ささや》いて通訳をするしかなかった。

これでは証人尋問になってからあまりに問題だということで、ケリー氏の主任弁護人である喜田村洋一《きたむらよういち》弁護士と一緒に通訳人を替えるように申し入れたが、裁判所は応じてくれなかった。

「下館《しもだて》タイ女性殺人事件」（第二章）でも述べたように、外国人が関わる裁判では通訳人の能力がしばしば問題になる。通訳の世界では、フィーの低い法廷通訳には優秀な人は応募しないと言われている。「三浦和義事件」の時には、裁判所が特別に、質の高い通訳で知られるサイマル・インターナショナルに依頼してくれたが、ゴーン氏の場合にはそれが実現しなかった。

三浦氏の事件は日米合同捜査となり、アメリカから何十人も証人を呼んだため、英語の証言を厳密に訳す必要があったが、本件の裁判は主に日本人の証人と日本人の弁護士・検察官とのやりとりになるので、優秀な通訳人がいなくても判決を書くには困らない。裁判長は、被告人の理解については、おおよそのことがわかれば十分、という考えだったのであろう。

公判前整理手続では、検察側の証拠・証人が著しく偏っていることが明らかになった。

当時の日産幹部にはルノーから派遣されている人も多数いたが、それらについては調書もなく、事情聴取をしたのかさえ不明だった。わずかに存在する調書も、事件性を否定していた。サウジアラビア・ルートとオマーン・ルート関係では、最も肝心な金銭を受領した企業人からの調書はほとんどなかった。一部、起訴後に事情聴取をしたものもあったが、事件性を認めたものは一通もなかった。検察は、自分たちの見立てに沿う供述を何一つ得られなかったため、これらの調書の証拠申請も、証人申請もしなかった。

結局、検察側の証拠は、金商法事件としては、大沼氏が作成したメモと、それについての大沼調書がほとんどだった。「大沼メモ」には、ゴーン氏がカットした報酬の金額や、それを将来支払えるかどうかの検討があり、一部にはゴーン氏のサインもあった。しかし、大沼氏はゴーン氏の秘書にすぎず、会社を代表して取り決めをする権限はない。日産の帳簿、議事録、契約書などに、そのような未払い報酬についての記載はまったくなかった。もちろん被告人の自白は、ケリー氏も含めていっさいなかった。

サウジアラビア、オマーン関係では、日産の資金が販売奨励費として所定の手続を経て送金されたこと、一部の下部社員が「怪しい金ではないか」と疑っていたとの調書があるくらいだった。私たちが対応に苦慮するような具体的な証拠は皆無だった。

検察による露骨な裁判引き延ばし

決定的な証拠を何一つ持っていなかったことに加えて、検察は、証拠開示にもきわめて非協力的だった。あからさまな「裁判引き延ばし作戦」に出たのである。以下はその詳細だ。

①証拠文書のコピーに一年がかり

ゴーン事件の証拠はきわめて膨大で、私たちが検察に対して証拠開示請求した文書類は、段ボール箱一六箱分にもなった。検察にそれらのコピー申請をしたところ、最初の一箱分のコピーが来るまでに一ヵ月かかった。あまりの遅さに抗議すると、「証拠の複写は検察の指定した数少ない業者のみにさせている。その業者が忙しいので、すべての文書をコピーするにはおそらく一年かかる」という、常識では考えられない答えが返ってきた。

②大量の電磁的証拠を削除

検察側の証拠のなかには、日産から押収したパソコン、USB、携帯電話等に残っていたメールや契約書等の膨大な電磁的データがあった。私たちは、それらの開示も請求した。検察はかなり渋ったが、裁判所が認めたため開示に応じ、検察のほうから閲覧の日時を指定してきた。ところが、約束の日に出向こうとしたら、直前になって検察事務官から、「今日は見せられない」と言ってきたのである。理由を訊くと、彼はこう言った。

「日産から、これだけは削除してくれというリストが出されて、今、削除作業の真っ最中です。六〇〇〇件もあって間に合わないから、もう一回出直してください」

事務官としては、自分のほうから日時を指定して約束していた以上、理由を説明しなければならない。それでつい、正直に喋ってしまったのだろう。彼が口を滑らせなかったら、こちらは六〇〇〇件もの証拠が削除されるとは知らず、見せてもらったものがすべてだと思ってしまうところだった。

この六〇〇〇件について、ただちに証拠保全の請求をしたが、検察側は、「オリジナルの情報には手を付けていない。弁護人に見せるためのコピーを作り、そのコピー上で削除作業をしているのだから問題はない」と言って拒否した。

村木厚子さんの事件で大阪地検特捜部の前田恒彦検事（当時）が証拠改竄で逮捕されて以来、検察は改竄防止のために電磁的証拠のコピーを必ず作り、証拠開示ではコピーのほうしか見せなくなったのである。

しかし、こちらにはオリジナルとコピーの区別がつかないのだから、どういう情報が削除されたのか、知る術《すべ》がない。削除の痕跡もないコピーを渡されて、「元の情報には手を付けていません」と言われても、その言葉自体が本当かどうか、検証のしようもない。検察官というのは、平然とそういうことを言う体質なのである。「せめて削除リストを見せてくれ」と検察に頼んだが、これも拒否された。

裁判所が「オリジナルのほうを開示しろ」と命じれば、検察も出さざるを得ないのだが、裁判所は検察官の言葉を信用して、「出せ」とは言わなかった。

こうした妨害行為に対抗するのは困難である。検察は、建前としては証拠開示に応じたが、このようにあからさまに妨害されると、証拠開示する意味は相当薄れてくる。

結局、削除された六〇〇〇件の内容はわからなかった。日産側は「プライバシー保護のため」と言っていたようだが、そんな言い訳はとうてい信じられない。検察は自分たちに不利になる証拠を見せたくなくて、日産を引き合いに出して削除したのかもしれない。いずれにせよ、検察の削除行為は明らかに不当だ。

検察は、公の代表として被疑者を起訴するのだから、中立公平な立場であるべきだ。自分たちに不利な証拠は開示しないという姿勢は、本来、あってはならないものである。

欧米では、検察官は公益のために法律を使って証拠を集めたのだから、検察官の手元にある証拠を見る権利は弁護人にもあるという発想の、全面証拠開示である。かたや、日本の検察は、証拠を独占的に押さえ、弁護人には最小限しか開示しないという発想だ。それを認めているのが日本の司法の現実であり、公正な裁判の実現をきわめて難しくしているのである。

③二つの事件の並行審理を拒否

一九年九月五日の第三回公判前整理手続で、東京地裁（裁判長　下津《しもつ》健司《けんじ》、裁判官　秋田志保《あきたしほ》、裁判官　松下健治《まつしたけんじ》）は、金商法事件の公判を二〇年四月から始めたいとの意向を検察側・弁護側双方に示した。検察は特に反対しなかった。しかし、検察は、会社法事件については、審理に入る時期を大幅に遅らせようとした。

裁判所としては、いつまでも審理を始めないわけにいかないので、同年一一月二二日の第七回公判前整理手続で、金商法事件と並行して、遅くとも二〇年九月には会社法事件の審理に入りたいと提案してきた。これは、検察にかなり遠慮した提案である。

ところが検察は、この案にさえ猛反対し、「まだ証拠集めの段階なので、それは絶対にできない。会社法事件の裁判は、金商法事件の裁判が終わってからにすべきだ」と、並行審理そのものを拒否した。人を起訴しておいて、「まだ証拠がないから裁判を始められません」とは、とんでもない話である。

しかし結局、下津裁判長は一二月二五日の第八回公判前整理になって「令和二（二〇二〇）年九月から公判期日を入れることは現実的には難しいのではないか」として、前月の提案を撤回した。その間に検察が裏で交渉したのだろう。裁判所は、検察の強硬姿勢に屈したのである。

会社法事件の裁判はいつになったら始まるのか、見通しがまったく立たなくなってしまった。私が知る限り、これほど露骨な裁判の引き延ばしは過去にない。

裁判引き延ばしの裏事情

なぜ、検察は会社法事件の裁判を露骨に遅らせようとしたのか。

じつは、日産がゴーン氏の「不正」として目をつけたのは、もともとは住居の問題だった。レバノンやブラジルのゴーン氏の住居は、アムステルダムにある日産の子会社が購入・改修していた。これについて日産が、「多額の資金をかけて立派な建物をゴーン氏に使わせるのは、やりすぎではないか」「そもそも住居の取得はアムステルダムの子会社の本来の目的ではない」と違和感を持ったことが、「不正」調査の始まりだったのだ。

そのため、大沼氏とハリ・ナダ氏の司法取引の内容も、当初は、住居問題と有価証券報告書虚偽記載問題の〝二本立て〟になっていた。検察官が裁判所に提出した合意内容書面から、それは明らかである。

ところが検察は、住居について調べてみるとまったく犯罪性が見つからなかったので、あとから外してしまった。したがって、大沼氏の供述調書には、住居問題はほとんど出てこない。

一方の有価証券報告書の問題は、いくら次席検事が「最も重い犯罪類型だ」と吠えたところで、誰が見ても形式犯だし、実害も発生していない。

勝ち目がないと悟った検察は、日産と相談し、窮余の一策として特別背任でゴーン氏を逮捕することにした、と思われる。だが、いかんせん、急遽ストーリーをでっちあげたので証拠がない。

検察は、ゴーン氏を特別背任で逮捕・起訴してから、後付けの証拠集めに奔走した。しかし、公判を維持できるような証拠は何も得られなかった。少なくとも、私や高野さんがゴーン氏の弁護人を辞任した二〇年一月一六日の時点では、皆無だった。

それだからこそ、検察は、会社法事件の裁判を後回しにするよう、強硬に主張していたのである。ところで、検察はゴーン氏の妻キャロルさんを会社法事件の関係者と位置づけていた。そして、会社法事件の審理がある程度進まない限り、キャロルさんとの面会を認めないという立場だった。したがって、ゴーン氏は、検察の訴訟遅延策により、いつになったら妻と会えるのかまったくわからないという状況に置かれたのである。

「考えられない人権侵害だ」と、ゴーン氏は烈火のごとく憤っていた。

こうした特捜部の強引な姿勢や、証拠開示にきわめて非協力的な姿勢は、本件の捜査を指揮した森本宏《もりもとひろし》*1東京地検特捜部長（当時）の性格も影響していたのではないかと思う。

森本氏は、東京地検特捜部検事時代の〇六年に、「福島県知事汚職事件」[*2]を担当した。佐藤《さとう》栄佐久《えいさく》福島県知事（当時）とともに逮捕された佐藤氏の実弟に対して、取り調べの際、「知事は日本にとってよろしくない。いずれは抹殺する」と言い放ったとされる。

佐藤栄佐久氏は、東京電力による原発の事故隠しを厳しく批判した知事で、プルサーマル計画にも一貫して反対していた。この事件は、「原子力ムラ」擁護のための国策捜査だったとも言われる。佐藤氏は上告審まで争ったが、有罪判決が確定。森本氏の言葉どおり、事実上、政界から「抹殺」された。

こうしたことから、森本氏には、無理を承知で強引に捜査を進めるところがあったと思われる。検察は強大な権力を有する。だからこそ、人権に十分に配慮し、刑事訴訟法の理念を前提として捜査をおこなわなければならない。一つの意気込みやストーリーに基づいて、証拠がなかろうと強引に突っ走ってしまうという姿勢は、きわめて大きな問題だ。

ところで、本件では検察が弁護団に対して非常に敵対的であり、公判前整理で弁護側がいろいろと質問しても、回答を拒否されることが何度かあった。

たとえば、「西川社長とは司法取引したのですか」と訊いても、何も答えない。

一九年九月、株価に連動する日産の役員報酬制度について、西川氏が社内規定に違反して同制度の権利行使日をずらし、四七〇〇万円を不当に上乗せして受け取っていたことが発覚し、西川氏は辞任に追い込まれた。その後、新聞に西川氏が不起訴になったと出ていたので、「西川さんは本当に不起訴になったんですか」と法廷で検事に確認すると、「答える必要はございません」と、ぴしゃりと撥ねつけられてしまった。西川氏は本件の関係者だ。新聞報道もされているのだから、不起訴にしたならしたと言えばいいのに、それすら答えないのである。

特捜部長は公判前整理や公判に出てはこないが、弁護側になるべく情報を与えないという一貫した検察官らの姿勢には、森本氏の気質が反映されていたのかもしれない。

＊1　森本宏：一九九二年検察官任官。東京地検特捜部検事、同副部長を経て、二〇一七年九月に同部長。内閣官房副長官秘書官、法務省刑事課長など行政畑の役職も歴任。二一年七月、東京地検次席検事に就任。特捜部長時代には、ゴーン事件のほか、リニア中央新幹線談合事件、文科省汚職事件（文科省科学技術・学術政策局の局長だった佐野《さの》太《ふとし》氏らが受託収賄容疑で逮捕・起訴された事件）、ＩＲ汚職事件（398ページ＊1参照）などを指揮。

＊2　福島県知事汚職事件：木戸ダム工事の受注調整をめぐる贈収賄容疑、阿武隈川《あぶくまがわ》流域下水道整備工事をめぐる談合容疑、二〇〇四年県知事選での選挙違反容疑により、現職知事だった佐藤栄佐久氏や実弟らが〇六年に逮捕・起訴された事件。佐藤氏は木戸ダム建設工事に絡む収賄罪により東京地裁で執行猶予付き有罪判決を受け、上告審まで争ったが、一二年に上告が棄却され有罪判決が確定。〇九年に『知事抹殺』（平凡社）と題した著書を出版した。

「完全無罪」の自信

弁護団が公判における主張として大きな柱に据えたのは、次の三点だった。
①公訴棄却を求める
本件は、ゴーン氏を日産から追放するために、日産が中心となって検察と「共謀」し、捏造《ねつぞう》したものである。違法な司法取引に応じさせられたハリ・ナダ氏と大沼氏は、日産や検察の意向に沿うように事実に反する供述をとられた。これに加えて、日産が海外でおこなった違法な

資料収集に基づいてゴーン氏は逮捕・起訴された。捜査手続に重大な違法があり、公訴棄却とすべきである。

この主張は、ゴーン事件の本質を裁判官にわかってもらうためにも必要であり、非常に重要だと我々は考えていた。

②金商法事件には、検察が主張する「未払い報酬」は存在しない

結果的にもらってもいない報酬について、「もらえるはずだったのだから有価証券報告書に記載すべきだった」という検察の主張は、常識的に考えておかしい。

私たちは、東京大学社会科学研究所の田中亘《たなかわたる》教授（専門は商法・会社法など）に助言を求め、「日本の検察がこれを理由にゴーンさんを逮捕・起訴したのは恥ずかしいことだ。とんでもない起訴で、有罪になるはずがない」という意見ももらっていた。金商法事件については、議論だけでも勝てると思っていた。

③会社法事件で、日産に損害は生じていない

・スワップ契約の損失付け替え：リーマン・ショックでスワップ契約に巨額の評価損が生じた時、ゴーン氏は、日産を辞めて退職金で債務を弁済するか、誰かに保証人になってもらうしかない状況にあった。彼は、世界的金融危機のさなかに自分が日産を退職すれば会社に回復不可能な損害を与えると判断し、「契約の損益はゴーン氏に帰属し、日産には負担が生じない」前提で、一時的に日産に債務を代わってもらう方法を選んだ。スワップ契約の名義がゴーン氏の資産管理会社に戻るまでの間、実際に日産に損害は生じていない。

・サウジアラビアとオマーンの事案：日産本社から海外子会社への奨励金の支払いは、各地で

定期的におこなわれていたことであり、奨励金を支払うようになって以降、日産の利益は増えていた。それを、日産と検察が示し合わせて、ゴーン氏が私腹を肥やすために必要のない送金をしたとの筋書きに仕立て上げた。検察は、これらの事案についてほとんど調査をしておらず、まともな証拠も提出していない。

とにかく早く公判を開始してもらい、特別背任の証拠は何もないと裁判所にわかってもらうことが、私たちの方針だった。

いずれの事件でも、完全に無罪が取れる自信が弁護団にはあった。受任当初の私は、裁判がすべて終わるまでに五年はかかるのではないかと思っていたが、この時点では、なんとか三年で決着をつけたい、それでいけるのではないか、という感触を得ていた。

妻と会うことさえ禁じられて

二度目の保釈条件の一つとして、ゴーン氏が妻キャロルさんとの接触を禁じられたことはすでに述べた。ゴーン氏も弁護団も非人道的だと憤り、何度も接触禁止の解除を裁判所に求めた。しかし、そのたびに検察は猛反対し、それに気圧《けお》された裁判所は接触を禁止し続けた。

検察が猛反対した理由は二つある。一つは、ゴーン氏の四度目の逮捕の時、キャロルさんを事件の関係者に仕立て上げたことだ。検察は、オマーン・ルートでゴーン氏が自身の会社に還流させた日産の資金の一部がキャロルさんの関係する会社に流れ、その会社がヨットの購入に使われたというストーリーを作り上げ、キャロルさんも事件の関係者であるとの位置づけをしたのである。

　もう一つは、キャロルさんを「罪証隠滅をしかねない人物」とみなしたことだ。ゴーン氏が最初に逮捕された直後、キャロルさんは駐日フランス大使館職員と一緒に面会した。その時、レバノンの弁護士にメッセージを伝えるために、ゴーン氏が書いた手紙をスマートフォンで撮影して送った。検察はそれをとらえて、「夫妻を接触させると関係者に働きかけて罪証隠滅を図る恐れがある」と決めつけたのである。

　しかし、検察はキャロルさんをオマーン・ルートの関係者に仕立て上げておきながら、彼女を証人リストにも掲げず、「証明予定事実」（立証予定の詳細な検察官ストーリー）でも、具体的関連性を何も示さなかった。出頭を要請したキャロルさんが、ゴーン氏の四回目の逮捕後にフランスに出国したことを「出頭拒否」と解釈し、彼女を日本に呼び戻して、捜査段階で法廷での証人尋問[*1]をおこなったが、その尋問調書の証拠申請すらもしなかった。

　したがって、二人を接触させない理由としては、キャロルさんを証人として調べることへの支障ということではなく、「ゴーン氏がキャロルさんを介して関係者に働きかける」ことしか考えられない。だが、仮にゴーン氏がそのようなことをするのであれば、他の人物を介してでもできることであり、キャロルさんに限定する理由は何もない。検察の主張は論理的に破綻していた。

　いつまで経っても妻と会えないことにゴーン氏は不満と苛立ちを募らせ、とてもつらそうで悲しそうだった。弁護団が裁判所に頼みに頼んで、接触が禁じられてから約七ヵ月後の一九年一一月、ようやく夫妻の面会が許可された。だが、それは直接的な面会ではなく、オンライン上での、しかもわずか一時間だけの「面会」だった。

それでも私たちとすれば、やっとここまで来たかという感があり、「この面会で何も不都合なことが生じなければ、裁判所もどんどん条件を緩めてくれるでしょう。すぐに次の申請をします。きっと今度は一時間が二時間になりますよ。次には半日話せるようになり、その次には直接会えるようになるから、今はこういう方法で我慢してください」と、ゴーン氏を慰め、励ました。

結果として不都合な問題は何も起こらなかったので、一週間ほど経って、私たちは再度オンライン面会の許可を裁判所に申請した。ところが、裁判所が出した結論は、「先日面会したばかりだから、当分は会えなくても構わないでしょう」というものであった。裁判官は、「なぜ妻に会いたいのですか」「何を話したいのですか」と、逆に質問してきた。

私たちは言葉を失った。

海外ではとうてい考えられないことである。のちにゴーン氏は、〝逃亡〟直後のベイルートでの記者会見で、この時の気持ちを述べている。

「もはや自分は人間扱いされていないと感じた」と。

結局、裁判所が次にゴーン夫妻の「面会」を許可したのは、その年のクリスマス・イブだった。それもオンラインである。再保釈後の八ヵ月間で、二人が言葉を交わしたのは、この二回のオンライン通話だけである。

二度目の「面会」に立ち会った高野隆弁護士によれば、制限時間の一時間が経とうとする時、ゴーン氏はパソコン画面の中のキャロルさんに向かって、こう言ったそうである。

「君との関係は、子供や友人では置き換えることはできない。君はかけがえのない存在だ。愛してるよ、Habibi《ハビビ》(アラビア語で「最愛の人」)」

ゴーン夫妻は深く愛し合っており、お互いに人前でもその気持ちを隠さなかった。

特捜部は、そこに付け込み、「会社法事件の裁判が終わらない限り、キャロルとの直接的な接触は絶対に認めない。そうすればゴーンは音《ね》をあげて罪を認める」と、きわめて残酷かつ卑劣なやり方でゴーン氏を精神的に追い込み、戦闘意欲を失わせようとしたのだ。

被告人の争う意欲を喪失させるためなら何でもやるのが、検察というものなのである。

*1 捜査段階での証人尋問:刑事訴訟法第二二六条「証人尋問の請求」で、犯罪捜査に不可欠の知識を有することが明らかな者が、出頭または供述を拒んだ場合、公判開始前に限って、検察官が証人尋問を請求できる旨が規定されている。

ゴーン氏の「保釈生活」

保釈された被告人は、保釈条件に抵触しない範囲内で自由に生活し、行動できる。保釈条件さえ守っていれば、普段どおりの生活をしていい、というのが保釈の制度である。

ゴーン氏の場合、保釈条件として、監視カメラの映像や、パソコンのログ、携帯電話の通話記録、面会簿等を裁判所に提出するという事後的な報告義務はあったが、保釈条件に違反しない限りは自由な立場であり、どこに行ってはいけないとか、誰と会ってはいけないとか、こういう内容の話をしてはいけないといった制約は、まったくなかった。彼は、制限住居近くの飲食店などにもよく出入りしていたようである。

ゴーン氏の家族は、現夫人のキャロルさんのほか前の妻との子供が四人（娘三人・息子一人）で、子供四人はすでに成人しており、息子のアンソニー氏は海外で会社を経営していた。ゴーン氏は家族に対してたいへん優しく、家族もゴーン氏を慕っていた。しかし、アンソニー氏はキャロルさんと同様、検察から「事件関係者」との烙印を押されていたため、二回目の保釈条件として、ゴーン氏は妻だけでなく息子との接触も禁止された。

娘さんたちは、制限住居（二回目の保釈では港区内の住居）で一人暮らしをしているゴーン氏を気遣って代わる代わる来日し、寄り添うようにしていた。時々、娘さんのほかゴーン氏の姉さんが事務所に付き添ってきたり、会いに来たりすることもあった。

ゴーン氏は娘さんと京都旅行をするなど、よく日本国内を旅していた。保釈条件で三日以上の国内旅行には裁判所の許可が必要とされたため、その場合は弁護団が申請して許可を取っていたが、日帰りや一泊の旅行については、彼のほうから弁護団に報告する義務はなかった。こちらも彼を監視しているわけではないので、訊く権限もなかった。

パソコン作業は私の事務所のみでおこなうという保釈条件だったため、ゴーン氏は平日の日中の多くを私の事務所で過ごした。むろん、私の事務所に来る、来ないも彼の自由だ。

私の事務所には会議室が全部で五つあり（大会議室のほか小さい会議室が四つ。「春・夏・秋・冬」と名付けていた）、そのうちいちばん奥の会議室（秋の部屋）をゴーン氏専用の部屋として提供し、彼に使ってもらうパソコンとキャビネットを置き、キャビネットの中に裁判の記録などを入れていた。

ゴーン氏は、基本的にほぼ毎日、午前一〇時頃にその部屋にやって来て、夕方五時頃まで部屋にこもり、パソコンを使っていろいろな文書を作ったり、打ち合わせやオンライン会議などをしたりしていた。たいていは一人で来ていたが、秘書的なことをする方を連れてきていた時期もあった。

ゴーン氏の部屋は弁護士執務室とは少し離れていたこともあり、私は、特に用がなければその部屋には行かなかった。たまたま事務所の入口や廊下などで顔を合わせれば挨拶ぐらいはしていたが、ゴーン氏とは高い言語の壁があったうえに、生活習慣も異なり、また、彼は性格的に打ち解けて雑談をするという感じでもなかった。

保釈条件の一つとして来訪者の氏名と来訪日時を記載した報告書を裁判所に提出していたが、会ってどんなことを話したかまでは報告の義務がなかったから、していない。前述したように、接触を禁じられている人以外は誰と会おうと、何を話そうと自由なのだから、本来、チェックする必要もないのである。

外部の人が事務所に来てゴーン氏の部屋に行く時に、私が顔を合わせるチャンスはいっさいなかった。面会簿には、のちにゴーン氏の本を出版した郷原信郎《ごうはらのぶお》弁護士や、「PRチーム」のメンバー、娘さんや姉さんなど、さまざまな人の名前が記されていたが、そうした人たちとの面談に弁護人が立ち会う必要も、もちろんなかった。

のちに、ゴーン氏の〝逃亡〟を手助けしたとされる米国人親子のうちの一人が来訪していたと検察から指摘された。ゴーン氏の面会簿には、その人物の氏名が記されていたので、来たのは事実だとは思うが、その人物は正直に自分の名前を書き、こちらはそれを正しく記録して裁判所に提出したままでである。その人物が〝逃亡〟を手助けした可能性があるということは、結果として知ったことで、来訪時には何もわからなかった。

〝幻〟に終わった弁護団合宿

私がゴーン氏と顔を合わせるのは、週に何回かおこなう弁護団会議の時ぐらいだった。

ゴーン氏は非常に意志が強く、自信に満ち、言うべきことをはっきりと言う。弁護団会議でも、無実の主張や裁判に対する考え方を明確に述べていた。会議には、ゴーン氏の希望で、アメリカやレバノンの弁護士にも「ZOOM」で参加してもらい、さまざまな角度からのディスカッションをおこなわせるなど、非常に精力的であった。その意味で、彼のやり方は際立っていた。

こうした会議を続けるかたわら、弁護団は、二〇年一月一〇〜一一日に熱海での合宿を計画した。それまでにも私は「三浦和義事件」や「安部英医師薬害エイズ事件」で弁護団合宿をしていたが、最近はこうした泊まり込みの合宿はあまりおこなわれなくなったので、弁護団の若い弁護士たちにとっては初めてのことだったと思う。

金商法事件の裁判における最大のテーマは、司法取引に応じた大沼氏の証人尋問だと考えていたので、合宿では模擬裁判をおこなうつもりだった。

具体的には、弁護団を「検察チーム」と「弁護団チーム」に分けて、それぞれのチームが本気で尋問事項を練り上げたうえで、大沼氏役の私に対して、徹底的に尋問をおこなうというものであった。実際の裁判としてやり合ってみた場合、大沼氏はどういう点を突かれるとゴーン氏に不利なことを言うか、あるいは、ゴーン氏に不利なことを言おうとして矛盾が出てくるか、どういう点が問題として残るのか、などを把握したかったのである。

模擬裁判で問題点が明確に浮かび上がることを期待した私は、双方のチームに対して、「どこからでも攻めてきてみろ」という形で質問を受けるつもりでいた。

大沼氏の証人尋問を最大のテーマと考えたのは、金商法事件についてゴーン氏とじかに接点があったのは、彼だけだったからである。司法取引に応じたもう一人のハリ・ナダ氏は、「ゴーン氏の最側近の一人」と言われていたが、実際には、ゴーン氏との直接的な接点はほとんどなかった。ハリ・ナダ氏は、どちらかといえばケリー氏の後輩という立場だったので、ゴーン氏のことについては、供述調書のなかでもあまり喋っていなかった。

私が大沼氏役になったのは、弁護団のなかではいちばんベテランだったこともあるが、何より、大沼氏の調書をかなり読み込んでいるとの自信があったからである。

大沼調書の中心を占めていたのは、役員報酬に関する当時の大沼氏のメモと、それについての大沼氏の説明であった。たとえば、大沼氏が作った毎年の給料に関する計算や、その内訳。ゴーン氏の役員報酬はいくらになるか、それをカットしていくらにするか。カット分については、将来どういうことがあれば支払える可能性があるか、その可能性はないのかの検討といった類のメモに基づいて、その時々の事情を順次説明しているのが、大沼調書の基本的な内容だった。

他の事件にも言えることだが、検察はこうしたメモに対して、検察側に有利になるよう、一定の意味付けをする。大沼調書の場合、「このメモは、ゴーンが未払いの役員報酬を不当に受領するためのものだったのだろう」という意味付けをしており、大沼氏は調書のなかで、それに迎合する形の供述をしていた。

合宿は一泊二日で、もちろん宿も予約し、会議室も押さえてあった。「検察チーム」と「弁護団チーム」は、それぞれ打ち合わせを積み重ね、模擬裁判での尋問事項を練り上げていった。それがどういう内容なのか、当然ながら私は知らない。証人があらかじめ尋問事項を知ってしまったら尋問にならないので、双方のチームは、私には秘密裏に準備を進めていた。

しかし、そのさなかにゴーン氏が出国したため、合宿は中止となってしまった。

私がゴーン氏と最後に会ったのは、一九年一二月二五日だった。

この日に東京地裁で公判前整理の法廷があった。前述のとおり、裁判所がいったん提案した翌年九月からの会社法事件の公判開始プランを撤回して、裁判がいつ始まるかわからなくなった時である。この法廷にはゴーン氏も出廷していた。会社法の公判がいつになったら始まるか見当もつかなくなったことを知って、ゴーン氏は硬い表情になり、黙っていた。

そのあと、一緒に車に乗って事務所に戻った。ゴーン氏に会ったのは、この日が最後となった。

ゴーン事件を振り返って

ゴーン氏の出国後、私と高野さんと、それぞれの事務所の弁護士たちは、弁護人を辞任した。裁判ができなくなった以上、辞任は当然のことだったが、「思ってもみない終わり方をしてしまったな」という思いはあった。ただ、ゴーン氏の刑事裁判は終わったわけではなく、公判が停止になっただけであり、またケリー氏の裁判が続くことなども考えて、主任の河津博史弁護士は辞任せず、弁護人の立場を維持することとした。

もし、ゴーン氏の裁判が開かれていたら、どういう展開になっていただろうか。あくまでも私の予測だが、おそらく金商法事件の公判は二〇年春頃には始まり、大沼氏の証人尋問は二〇年の六月か七月ぐらいから始まっていたのではないかと思う。

金商法事件と会社法事件の二つの裁判をどのように進めるかについては、検察と弁護団の意見が真っ向から対立した。裁判所と我々は、並行して二つの裁判を進めたい考えだった。たとえば、今週は金商法事件をやったら、翌週は会社法事件をやる、という具合だ。だが、前述したように、検察が証拠のない会社法事件の時間稼ぎのために猛反対し、裁判所は当初の考えを撤回してしまった。

結果的に、ゴーン氏は海外に出国し、裁判はできなくなった。もし、彼が〝逃亡〟を企図していることを事前に知ったとしたら、私は止めていたと思う。事件のほうは無罪になる見通しが十分あったし、妻や息子との接触禁止を解く方法もあったはずだから、そんなことをしなくても大丈夫だと、ゴーン氏をなだめていただろう。

弁護士の仕事を半世紀続けてきて、本件と同様に大変な事件は数多くあった。その意味では、ゴーン事件は私のキャリアのなかで、いくつかの大きな事件のうちの一つにすぎないが、日本を去る時の彼の気持ちを思うと、やはり同情を禁じ得ない。

彼は、ニセの取締役会で騙されて日本におびき寄せられ、身に覚えのない罪で逮捕・長期勾留・起訴された。「日産に恩を仇で返された」という気持ちだったに違いない。

それでも闘って無罪を取ろうとしたら、検察に証拠開示をさんざん妨害されたうえ、妻と会うことまで禁じられ、故郷に戻ることもできず、いつになったら裁判が終わるかの見通しすらない状態に置かれた。きわめて非人間的生活を強いられたのである。

それに加えて、事件の本筋とは関係のない部分で、激しいバッシングを受けた。なかでも、「ゴーン氏の報酬は日本の経営者に比べて高すぎる」という批判は、日本の国民感情にマッチして、バッシングの材料としてよく使われた。だが、この批判は見当違いだと思う。

一般に、日本の企業の社長は、一つの会社で長年にわたり、地味に無駄なくコツコツ仕事をしてきた対価として報酬をもらう。一方、海外では、同じ会社で一生食っていくという発想自体がない。企業としての目的を達成できなければ、社長であろうとクビである。

ゴーン氏が日産に来た時の給料は、さほど高かったわけではなく、「日産再建」という目的を達成したらこれだけの報酬を出すという条件の契約が、ルノーとの間にあった。短期間で結果を出した彼は、その契約条件に従って給料をもらった。その意味では、プロスポーツ選手の報酬に近かったと言える。

それを「高すぎる」と批判するのは、トップクラスのプロ野球選手の年俸を一般的な会社員の年収と比べて、「高すぎる」と文句を言うようなものである。

保釈中に〝海外逃亡〟したことで、ゴーン・バッシングはさらに過熱したが、出国に至るまでの日本の仕打ちについても考えてみるべきだろう。

妻と話ができるのはオンラインで一時間だけ。それすら裁判所は、めったに許可してくれない。検察は、裁判が済むまで妻や息子に会わせない。しかも、その裁判はいつ始まるのかさえわからない――。こういうことが積み重なれば、日本から逃げ出したくなるのも当然だろう。日産に裏切られたショックに加えて、いつになったら故郷に帰れるのか、妻に会えるのか、その見通しさえ立たない絶望感のもと、ゴーン氏はひっそりと日本から逃れ出た。

そういう意味で、非常に気の毒だったと思うのである。

〝逃亡〟後の展開

特捜部の暴挙――事務所の家宅捜索

二〇年一月八日、東京地検特捜部は、法律事務所ヒロナカの家宅捜索を試みた。検察官たちは、ゴーン氏が事務所で使用していたパソコンの捜索差押令状を呈示し、事務所に立ち入る旨を申し出た。私は不在で、事務所の小《こ》佐《さ》々《さ》奨《しょう》弁護士が正面入口のドアの外で応対し、押収拒絶権[*1]を行使し、事務所への立ち入りも拒否した。一時間ほど押し問答を繰り返したあと、相手は諦めて引き上げていった。

しかし、一月二九日午前一〇時頃、特捜部の検察官らは再び大挙して事務所に押しかけてきて、「ゴーン氏の海外逃亡事件の関係先」として、捜索差押令状を呈示した。

その日、私は、福岡での裁判期日が入っていて、朝から福岡に出張することになっていた。タイミングが悪いことに、事務所の弁護士から家宅捜索の第一報が入ったのは、飛行機が羽田から福岡に向けて離陸する寸前だった。携帯電話で少し話したところで、キャビンアテンダン

2020年1月8日、東京地検は、捜索差押令状を呈示し、カルロス・ゴーン氏が法律事務所ヒロナカで使用していたパソコンを差し押さえようとしたが、事務所の小佐々奨弁護士が押収拒絶権を行使し、事務所への立ち入りも拒否した。写真は、同日、弁護団の会議を終えて、マスコミの取材に応じる著者（写真提供：共同通信社）

トに通話を制止され、それ以上のやりとりはできなくなった。

福岡空港に着くと、すぐチケットを買って羽田にトンボ返りした。福岡空港には一〇分しかいなかった。しかし、事務所に戻った頃には、特捜部の検事たちは引き上げていた。以下は、事務所の弁護士たちから聞いたことである。

二回目の差し押さえ対象は、ゴーン氏の面会簿に始まり、メモ、手帳、領収書、パソコン、ＤＶＤ、ＵＳＢ、住所録など膨大な数に上るものが列挙されていた。前回同様、事務所の弁護士らと検察官らが、正面入口ドアの外で、「入れろ」「入れない」の応酬となった。そして、押し問答が一時間半ほど続いた頃、検察官らは、勝手に裏口のドアを開錠し、事務所内へ侵入するという暴挙に出たのである。

私の事務所には入口が二ヵ所あるが、正面の入口しか使っていなかった。裏口のドアは、内側からは鍵の開け閉めができないようにしてあったが、外側には当然、鍵穴がある。特捜部は、その鍵を誰かから借りてきたようである。

裏口のドアから十数人の検察官がわっと入ってきて、内側から施錠しておいた正面入口のドアの鍵をやすやすと開けた。それからは、廊下で新たな押し問答が始まった。

弁護士「あなた方がしていることは不法侵入です。一一〇番しますよ」

検察官「どうぞ。すればいいじゃないですか」

弁護士「やめてください。出ていってください！」

検察官「廊下にいるのもなんなんで、ちょっと会議室に入らせてくださいよ」

実際に一一〇番通報はしなかったが、押し問答のなかで検察官は、「それ以上拒否するなら強行しますよ」と言った。「物理的に抵抗すれば公務執行妨害だ」という意味である。

検察官らは、そう言って弁護士らを脅し、ゴーン氏が使っていた部屋に入ろうとしたが、ドアは開かなかった。一回目に特捜部がやってきたあと、我々は「相手はまた来るだろう」と予測し、弁護士がいない時に来られた場合のことを考えて、その部屋のドアに鍵をかけておいたのだ。

すると彼らは、鍵屋を呼び、電動ドリルで鍵穴を破壊した。室内のキャビネットにも施錠しておいたが、それも鍵屋にピッキングまがいのことをさせて無理やりこじ開けた。

その部屋にはキャビネットが二つあった。一つ目のキャビネットは、検察官自身で中のものを確認した程度だった。二つ目のキャビネットには、公判準備のために使っていた資料が入っていたので、弁護士らが「これは駄目です」と言ったところ、検察官はこちらで確認するよう促した。

もちろん弁護士らは、「これは押収拒絶対象物なので、押収拒絶します」と言った。すると相手は、「わかりました」とあっさり引き下がり、キャビネットを閉めた。

ほかに検察官らは、事務所の職員が個人的に使っているキャビネットの中も確認した。その日はたまたま職員が一人休んでおり、キャビネットには鍵がかかっていた。検察官は「開けろ」と言ったが、鍵はその職員が持っているので、こちらは開けようがない。「開けません」と言うと、検察官は、そのキャビネットも鍵屋を使って無理やりこじ開けた。

さらには、ゴーン氏以外の依頼者の事件記録などが置かれている弁護士らの執務室内まで侵入して、ファイルを眺めたり、ビデオ撮影するなどした。

検察官らは、再三の退去要請を無視し、約三時間半も事務所内に滞留した。しかし結局、彼らが押収したのは、それまでにもゴーン氏の保釈条件の履行として裁判所に定期的に提出していた面会簿の、手書きの原本だけであった。しかも、それについては、提出済みの資料と同内容であってまったく秘密性がないことから、提出に問題がなかった。そこで、こちらは、面会簿については任意提出しますと申し入れたが、検察は、それを無視して、無理やり「押収」の形をとって、提出した面会簿を持ち去った。

ゴーン氏が使っていたパソコンが押収を免れたのは弁護士らが断固拒否したからである。

鈴木宗男氏の事件で述べたように、「事務所をガサ入れするぞ」と検察官に言われただけで恐れをなす弁護士もいるが、依頼者を護るのは弁護士の義務である。すでに弁護人を辞任していたゴーン氏についても、それは同じだ。

市民は弁護士の行動を見ている。「あの弁護士は、捜索差押令状に対して押収拒絶権を行使せず、みんな持って行かれた」というのと、「あの弁護士は、令状に対して身体を張って全部拒否した」というのでは、社会的評価は大いに違うだろう。

＊1　押収拒絶権：刑事訴訟法第一〇五条「業務上秘密と押収」では、医師や弁護士などが業務上の委託を受けて保管している他人の秘密に関するものについて、押収を拒むことができる（押収拒絶権が認められる）旨を規定している。

家宅捜索に隠された意図

特捜部が、電動ドリルという暴力装置まで使用しながら、獲得したのは既に内容を把握していたゴーン氏の面会簿の原本のみであったことや、ゴーン氏のキャビネットの中を詳しく見ようとしなかったことなどから考えて、この家宅捜索は、必ずしも確たる成果を期待したものではなく、形式的なものだった、という印象を否めない。

これは私の想像だが、森本特捜部長の気質を考えると、検察官たちには、「ここまでやっておけば森本さんも納得するだろう」という思惑があり、「やれることは、とことんやりました」というポーズを、内部的に示したかったのかもしれない。

他方で、今回の押収捜索が「ゴーン氏の海外逃亡事件の関係先」としておこなわれたことについては、次の二つの政治的意図があったと考えられる。

①弁護士事務所での謀議の捏造と、法務省批判の回避

ゴーン氏の違法な出国は、プライベートジェット機については出国審査を手抜きしていた入管行政におけるものであり、法務省が管轄する入国管理局の不手際である。最大の責任が法務省にあることは明らかであった。検察としては、なんとかして世間の非難の矛先を、法務省ではなく弁護人に向けたい。そこで、「弘中の事務所で海外逃亡の謀議があった」ということに

して、その証拠を捜索している形を装い、世論の風向きを変えようとしたと考えられる。

実際に東京地検特捜部は、二〇年一月三〇日、ゴーン氏の出国を手助けしたとみられる米国人父子[*1]（二一年三月二日逮捕）ら計三名について犯人隠避容疑で逮捕状の発付を受けたあと、「被疑者の一人であるピーター・テイラー容疑者が、一九年七月以降、弘中の事務所でゴーンと四回会っていた」「事務所側は面会者の確認をしていなかった」などと我々を批判し、「ゴーンとピーターは弘中の事務所で逃亡の相談をした疑いがある」と主張した。

これに対して私は、「事務所で〝逃亡〟の謀議がおこなわれた証拠はない」とする書面を報道機関に向けて発表した。ピーター氏に四回の面会記録があることは事実だ。しかし事務所での面会は八月までであり、報道によれば、九月以降は事務所外で何回か会っているということだった。また、面会簿は裁判所に毎月提出しており、検察もピーター氏とゴーン氏との面会はその時点で確認していたはずである。

「面会者の確認」については、弁護士事務所は、捜査機関と違い、ピーター氏の経歴や素性などを調査する能力はない。また、事務所の内外を問わず、ゴーン氏が事件関係者以外の第三者と会うことは裁判所も認めていた。面会の際の弁護人立ち会いが必要とされていなかったことも、先に述べたとおりである。なお、仮に、弁護士が立ち会っていれば、ピーター氏は、弁護士に聞かれて困るようなことはそこでは話さずに、事務所外でゴーン氏と話したであろう。そして、そのことはまったく禁止されていなかったのである。

②弁護士事務所の家宅捜索を可能にするためのテストケース

家宅捜索を強行した検察官らは、「ゴーン氏が使っていた部屋には、関係者の落とし物か忘れ物が残っている可能性がある」と言っていた。これは、弁護士が預かっているものであれば押収拒絶権が行使できるが、「落とし物」はその対象にならないという屁理屈である。

しかし、実際には、部屋はビルの清掃員により、毎日きちんと掃除をされていたので、そんなものがあるはずがなかった。検察官らも実際にあるとは思っていなかったはずだ。

いずれにせよ、この家宅捜索については、捜索差押令状を出した裁判官の問題も含めて考えるべきだ。捜索差押令状を出すかどうかは、当番の裁判官が、検察が提出した若干の資料を見て決めるが、実際にはほとんどノーチェックで〝野放し〟状態なのである。

私はこれまで、担当した事件で国家権力と何度も闘ってきたが、今回の家宅捜索のような事態は経験したことがない。そもそも、検察が弁護士事務所を家宅捜索すること自体、異例中の異例である。各弁護士会も猛反発し、抗議声明を出してくれた。

また、日弁連も、「押収拒絶権が行使されたにもかかわらず、検察官らは退去しなかった。これは正当化の余地のない違法行為であり、刑事司法の公正さを著しく害する」などとする抗議声明を会長名で出してくれた。

裁判官諸氏には、少なくとも弁護士事務所に対する捜索押収は原則認めないという、毅然たる姿勢を持ってほしいものである。

なお、私を含む事務所の弁護士八名は、二〇年一二月二三日、特捜部による家宅捜索は刑事訴訟法第一〇五条（451ページ＊1参照）に違反するきわめて悪質な違法行為であるとして、国に約三〇〇〇万円の損害賠償を求めて東京地裁に提訴した。木谷明《きたにあきら》＊2、石塚章夫《いしづかあきお》＊3、門野博《かどのひろし》＊4という刑事裁判官としてきわめて高い評価を受けてきた三人の弁護士が訴訟代理人を引き受けてくれた。我々は、この事件を契機として押収拒絶権の位置付けを明確化し、違法な捜査を防ぐ必要があると考えている。

＊1　ゴーン氏の出国を手助けしたとみられる米国人父子：グリーンベレー（米陸軍特殊部隊）の元隊員で民間セキュリティー専門家のマイケル・テイラーと、息子のピーター・テイラー。東京地裁は二〇二一年七月一九日、マイケル被告人に懲役二年、ピーター被告人に同一年八ヵ月の実刑判決を言い渡し、被告人側・検察側の双方が上訴権を放棄したため刑が確定した。他に、テイラー親子の知人一名に対して犯人隠避容疑で逮捕状が出ているが、二一年一〇月現在、身柄は拘束されていない。

＊2　木谷明：大阪高裁判事、東京高裁判事、東京高裁部総括判事等を務めたあと、退官、二〇一二年に弁護士登録。裁判官時代に約三〇件の無罪判決を確定させ、刑事司法の現状についても苦言を呈した（「事件ファイル①」第四章「三浦和義事件」445ページ参照）。著書『刑事裁判の心――事実認定適正化の方策』（法律文化社）は、映画監督の周防正行氏が痴漢冤罪事件をテーマにした『それでもボクはやってない』の制作の参考にしたことで知られる。

＊3　石塚章夫：横浜地裁判事、函館地裁判事、大阪高裁判事等を務めたあと、退官、二〇〇七年に弁護士登録。裁判官有志が「自主・自立・独立」を掲げて、あるべき司法の姿を議論し、裁判所の人事制度の透明化や訴訟運営をめぐる先進的な研究等に取り組んだ「全国裁判官懇話会」の世話人も務めた。

＊4　門野博：東京地裁判事、東京高裁判事、名古屋高裁部総括判事、東京高裁部総括判事等を務めたあと、退官、二〇一〇年に弁護士登録。札幌高裁判事時代、「城丸《じょうまる》君事件」（一九八四年に札幌市で起きた小学生男児失踪・死亡事件）において一審の無罪判決を支持し、検察側の控訴を棄却。加えて、一審での検察官の尋問のあり方に対して黙秘権保護の見地から批判的な判示をした（検察側は上告を断念、被告人の無罪が確定）。

無罪の可能性が高いケリー氏の裁判

ゴーン氏とともに金商法事件で逮捕されたグレッグ・ケリー氏の裁判（東京地裁）は、二〇二〇年九月一五日に始まった。ケリー氏は無罪を主張し、検察と全面対決の構えを見せてきた。

ケリー氏が起訴されたのは金商法事件だけであり、ゴーン氏が日本からいなくなったことにより、さらに事件がスリム化した感もあるため、裁判はスピーディに進んできた。

二〇二一年九月二九日の公判で、検察側は懲役二年を求刑。同年一〇月二七日の公判で、ケリー氏は、「私はいかなる罪も犯していない」と、潔白を訴える最終意見陳述をおこなった。ケリー氏の弁護団も最終弁論で、「検察との司法取引に応じた大沼氏とハリ・ナダ氏の証言は、客観証拠と整合せず、信用性がない」などとして改めて無罪を主張し、公判は一年余りで結審した。ケリー氏に対する判決は、二〇二二年三月三日に言い渡される。

私は、ケリー氏は無罪になる可能性がきわめて高いと見ている。検察ストーリーにおいてさえ、彼には動機が希薄であり、登場場面も少ない。

ケリー氏の主任弁護人である喜田村洋一さんとは、ミネルバ法律事務所をつくって七年間一緒に過ごし、また「三浦和義事件」「安部英医師薬害エイズ事件」「小澤一郎事件」などで、同じ弁護団の仲間として検察と対峙してきた。ゴーン弁護団とケリー弁護団には、前述した通訳人の能力問題も含めて共通する問題が多数あったので、必要に応じて連絡を取り合っていた。喜田村さんは英語に堪能で、ケリー氏との意思疎通は十分できているだろうし、ケリー弁護団は早くからいろいろな資料を集めて、裁判の準備をしていたようである。

二一年四月二二～二三日におこなわれたケリー氏の公判には、ゴーン弁護団も助言を求めた田中亘《たなかわたる》教授が、弁護側証人として出廷した。

報道によれば、田中教授は、ケリー氏が罪に問われている有価証券報告書の「虚偽記載」が、金商法では「不記載」と区別されていることを説明したうえで、ゴーン氏をはじめとする日産役員の報酬金額が記載された各年度の有価証券報告書には、「当事業年度に支払われた報酬は以下のとおり」と記されていることを指摘。「支払われた」という文言について、〈記載されている金額は、文字通り、現に支払われた報酬を意味する。未払い報酬額を記載していないことは「虚偽記載」とは言えず、「不記載」にとどまる〉との見識を示した。金商法では、有価証券報告書の「不記載」を刑事罰の対象としておらず、したがって、金商法事件については、ケリー氏もゴーン氏も無罪ということになる。

この見解をめぐり、反対尋問では、田中教授と検察官の間に、五時間にわたる激論が展開したという。田中教授を論破しようと躍起になった検察官は、実務上あり得ない事例を引っ張り出してきて意見を求めたが、田中教授に一蹴された、と報じられた。

また、同年五月一一日のケリー氏の公判では、ゴーン氏が捜査段階で「退任後に報酬が支払われる約束はなかった」と供述していた調書が、法廷で読み上げられた。新聞等では、「ゴーン氏の供述調書二〇通が証拠採用された。捜査段階で事件の詳細についてゴーン氏が語った内容が明らかになるのは初めて」と報じられた。「三浦和義事件」でも述べたとおり、刑事訴訟法は、伝聞証拠の例外として、供述者が国外にいて日本の法廷で証言することができない場合には、検察官調書を証拠として認めることにしている。ゴーン氏がこれに該当することは確かなので、その供述調書の採用自体はやむを得ない。ただ、検察にさほど有利に働く調書があるとは思えない。

エピソード

「Uber Eats」でラーメンを取り寄せたゴーン氏

弁護団会議でのゴーン氏の発言は、検察のやり方を批判することに多くの時間が費やされた。彼の置かれた境遇は、客観的に見て「人生最大のピンチ」だったと思うが、検察権力を前にして怯《ひる》むとか、恐れるということはなかった。

ゴーン氏とプライベートなお喋りをした記憶はなく、飲食をともにすることもなかったが、彼の人柄に触れたことは何度かある。たとえば、こんなことがあった。

ゴーン氏が制限住居から私の事務所に来ることについては、交通手段の問題があった。当初の彼の制限住居は渋谷区内のマンションであり、私の事務所は千代田区麹町《こうじまち》にある。通常なら交通手段は地下鉄だが、ゴーン氏は世界中に顔を知られているので、地下鉄を使うのは無理である。そうかといって、行き帰りにタクシーを拾うのも、ほぼ毎日となるとなかなか大変だ。そこで、ハイヤー会社と月極めの契約をして、送り迎えを頼むことにした。

弁護団は、あちこちのハイヤー会社に問い合わせ、引き受けてくれるところをようやく見つけて、ゴーン氏に、「こういう条件でやっと見つかりましたよ」と告げた。

皆、ゴーン氏は喜んでくれるだろうと思っていた。ところが彼は、こう言ったのだ。

「相見積もりを出してほしい」

これには本当にびっくりしてしまった。

ゴーン氏がきわめて合理的な考え方をすることはよくわかっていたが、まさか、ここまで徹底しているとは思わなかった。

こんなこともあった。昼食時に事務所内でたまたま彼と顔を合わせた時のことだ。

ゴーン氏は平日の日中のほとんどを私の事務所で過ごし、昼食も事務所内でとることが多かった。その日、彼は「Uber Eats」で昼食を取り寄せていた。

新型コロナウイルスの感染拡大にともない、この種のサービスの利用者は急増したが、その頃はまだ珍しく、私は「Uber Eats」の存在自体を知らなかった。けれど、ゴーン氏はとっくに知っていたのだ。

しかも、彼が食べていたのはラーメン（豚骨ラーメン）だった。

私は、妙に感心してしまった。なるほど、彼は「カリスマ経営者」「セレブ」などと呼ばれているが、「Uber Eats」でラーメンを食べる庶民的なところもあるのだな、と。

こうした出来事から、ゴーン氏はなかなか面白い人だな、という印象を受けたのである。

著者が描いたカルロス・ゴーン氏の油絵

あとがき

人生での大事なことの八割は偶然で決まる。そう言われるし、実際、そうだと思う。

この本も、いくつかの偶然が重なってできた気がする。

二〇一四年に、『無罪請負人』（KADOKAWA）という、私としては題名がかなり気に入らない本を出した。そのときのような、無罪になった刑事事件中心ということではなく、これまでやってきた事件全体を俯瞰する形の本が出せたらな、という感じが残っていた。「凄腕の刑事弁護人」などというのは自分とあまりにもかけ離れたイメージで、実像は違うのにな、という気持ちがあった。

また、弁護士を半世紀もやってきて、そろそろ終わりだなという感じになると、今まで携わってきた仕事を振り返りたい気持ちが強くなってくる。誰もがそうだと思う。この本にもたびたび登場する内田剛弘《うちだたけひろ》弁護士も、「司法の独立と正義を求めて半世紀」として、弁護士生活五〇年目にそのような本を出版されている。一〇〇年はないから、五〇年というのは本当に人生での区切りだ。

そんな内心を見透かしたかのように、『無罪請負人』の仕掛け人・岡村啓嗣《ひろつぐ》さんが、また声をかけてくれた。あのとき話に出た「事件簿」のような本を出しませんか、と。

もう一つの偶然は、「カルロス・ゴーン事件」の受任と二〇一九年末の彼の〝国外逃亡〟だ。ゴーン氏の刑事事件は皆の記憶に新しいし、〝国外逃亡〟は驚天動地の大ニュースだった。その件で、ゴーン氏の弁護人でありメディア対応を受け持っていた私のこともかなり取り上げられた。ゴーン事件を一つの目玉にすればインパクトが大きい、と岡村さんも講談社も考えたのだと思う。単なる個人の回顧的な思い出話ではほとんど商品価値はないが、世界を騒然とさせた事件の裏話となると話は別だ。

そこへ、さらにコロナ禍が加わった。この話が持ち上がった直後に、コロナ騒ぎが起きて、私も巣ごもり状態となった。海外旅行どころか、外出もはばかられる事態が続いた。つまり、私として、昔の事件の資料を引っ張り出して、それを組み立てる時間ができたということである。

書き終えてみると、かなり密度の濃い作品になったのではないかと満足している。『無罪請負人』は、各章を一つのテーマでまとめる形になっていたため、個別の事件の経過がわかりにくいということと、取り上げた事件が一部のタイプに偏っていたため、私の実体とずれた弁護士像になっている感があった。その点、今回のこの本は、テーマよりも生の事件中心になっているし、取り上げた事件も幅広くなっているため、納得感がある。

また、予期したことではなかったが、本書所収の「安部《あべ》英《たけし》医師薬害エイズ事件」はコロナ禍のさなかにある現在においても様々な示唆を与えてくれる。薬害エイズ事件の背景には、世界中で感染が生じた未知のヒト免疫不全ウイルスＨＩＶに対する底知れぬ不安・恐怖があり、社会のあらゆる場面で混乱が生じ、感染者に対する不合理な差別が生じ、それらの負のエネルギーがカタルシスとしての犯人捜しに向かった。これが安部医師刑事事件である。現在の新型コロナウイルスの問題は、多少様相を異にするとはいえ、不安、恐怖、混乱、差別には共通し要がある。
た側面が多い。再び過ちを繰り返さないためにも、薬害エイズ事件について冷静に振り返る必

この本を通読してくだされば、ある程度、半世紀の間の私の歩みがわかっていただけると思う。本書では取り上げなかった事件も多数ある。一〇〇件近い医療過誤事件はどれも人間ドラマの面があり、いまでもすべて強く印象に残っている。SEC事件（シンドラー社製エレベーターの死亡事故）や、「ホリエモン」こと堀江《ほりえ》貴文《たかふみ》氏の事件もあったし、係争中の福島県南相馬市の小高《おだか》区避難者訴訟（これについては「事件ファイル①」330ページで少し触れている）もある。また、消費者金融の「武富士《たけふじ》」から頼まれた名誉毀損訴訟で消費者問題弁護士グループの怒りを買ったこともあった。しかし、通じて言えることは、寝技や裏技が不得意な私は、どんな事件でも、ただ真正面から取り組んでいったということである。

私は、弁護士とは、法律的な知識、考え方が多少身についている者として、依頼者が抱えている問題解決のためにサポートする仕事だと思っている。依頼者とは、一緒に問題解決のために闘う対等な立場だと思っている。

だから、「リーガルサービス」という言葉は嫌いである。そのような言葉に当てはまる「軽い」案件は、私が手掛けた事件にはなかった気がする。

深沢七郎《ふかざわしちろう》氏の『人間滅亡的人生案内』という本がある。昔からの愛読書の一つだ。基本的テーマは、〝人間は訳もなくぼーっとして生まれてきたのだから、ぼーっとして生きていけば

いい〟というもの。人生に意味づけをしたり、目的を掲げたりするのはやめたほうがいいということ。

最近の本で気に入ったのは、栗原康《くりはらやすし》氏の『サボる哲学』。将来のために現在を犠牲にするのはとんでもないという話。

私は、そんな考え方なので、とりたてての主義主張もなく、誇るべき専門領域も著書もなく、地位名誉にも縁遠く、財をなすこともなかったが、半世紀の間、そのときどきの事件に首を突っ込んで、私なりに好奇心を満足させてきた。そのうえ、このような形で、それらをひとまとめにできて、ひとり悦に入っている次第である。

最後にあたって、この本の仕掛け人である岡村啓嗣さん、執筆のサポートをしてくださった構成ライターの竹内恵子さん、そして講談社の鈴木章一さん、青木肇さん、栗原一樹さん、髙月順一さん、校閲者の皆さん、本当に有難うございました。

二〇二一年一一月

弘中惇一郎

参考文献

第一章　報道が作り出す犯罪

『安部英医師「薬害エイズ」事件の真相　誤った責任追及の構図』（武藤春光・弘中惇一郎編著　現代人文社　二〇〇八年九月二〇日第一版第一刷）

『安全という幻想：エイズ騒動から学ぶ』（郡司篤晃著　聖学院大学出版会　二〇一五年七月七日初版第一刷）

第二章　弱者と共に

『買春社会日本へ、タイ人女性からの手紙』（下館事件タイ三女性を支える会編　明石書店　一九九五年五月二〇日第一刷）

「日常的被虐待者による殺人と正当防衛」（岡田久美子著　『一橋論叢』１１８（１）、Ｐ１７７～１９３、一九九七年七月　日本評論社）

『スクールゾーン訴訟ニュース』（No.１〈一九七九年三月一五日〉、No.12〈一九八一年九月五日〉、No.16〈一九八二年六月二二日〉　スクールゾーン訴訟を支え共に考える会発行）

『みそらの星』（〈一九七八年一一月、一九八〇年一一月〉松舘忠樹・靖代・浩樹・美樹著・発行）

『試作大型貨物自動車の評価検討中間報告書』（運輸省自動車局試作大型貨物自動車評価検討会　昭和五五年六月）

第三章　名誉毀損・プライバシー侵害と報道の自由

『法学セミナー』（一九九三年七月号　No.４６３　日本評論社　Ｐ16～21　「芸名と商標　加勢大周事件に「商標」を考える」　小谷武著）

第四章　誰もが当事者に

『マスコミ市民』No.１１４　一九七七年五月一日発行　日本マスコミ市民会議

公益社団法人アルコール健康医学協会ＨＰ　http://www.arukenkyo.or.jp/index.html

第五章　日本の刑事司法の現実

『「深層」カルロス・ゴーンとの対話　起訴されれば99%超が有罪になる国で』（郷原信郎著　小学館　二〇二〇年四月二〇日初版第一刷）

『ゴーン・ショック　日産カルロス・ゴーン事件の真相』（朝日新聞取材班著　幻冬舎　二〇二〇年五月一五日第一刷）

『季刊刑事弁護』Ｐ83～１０４「座談会　ゴーン事件弁護士事務所の捜索差押えと押収拒絶」（第一〇二号・夏季号　二〇二〇年四月二〇日第一刷　現代人文社）

弘中惇一郎
（ひろなか・じゅんいちろう）

弁護士。法律事務所ヒロナカ代表。一九四五年、山口県生まれ。東京大学法学部在学中に司法試験に合格。一九七〇年に弁護士登録。クロマイ・クロロキン事件ほかの薬害訴訟、医療過誤事件、痴漢冤罪事件など弱者に寄り添う弁護活動を続けてきた。三浦和義事件（ロス疑惑）、薬害エイズ事件、村木厚子事件（郵便不正事件）、小澤一郎事件（「陸山会」政治資金規正法違反事件）など、戦後日本の刑事訴訟史に残る数々の著名事件で無罪を勝ち取った。

生涯弁護人《しょうがいべんごにん》 事件《じけん》ファイル❷
安部英《あべたけし》 カルロス・ゴーン 野村沙知代《のむらさちよ》……

二〇二一年一一月三〇日第一刷発行

著者 弘中惇一郎《ひろなかじゅんいちろう》 ©Junichiro Hironaka 2021

発行者 鈴木章一

発行所 株式会社講談社
郵便番号一一二―八〇〇一
東京都文京区音羽二丁目一二―二一
電話 〇三―五三九五―三五二一 編集（現代新書）
〇三―五三九五―四四一五 販売
〇三―五三九五―三六一五 業務

装幀者 アルビレオ

印刷所 株式会社新藤慶昌堂 製本所 大口製本印刷株式会社

定価はカバーに表示してあります。Printed in Japan

N.D.C.326 463p 19cm
ISBN978-4-06-526110-1